KB165175

중국은사문화

文藝新書 124

馬華／陳正宏 著
姜炅範／千賢耕 譯

동문선

中國隱士文化

隱士生活探秘

馬 華, 陳正宏

차 례

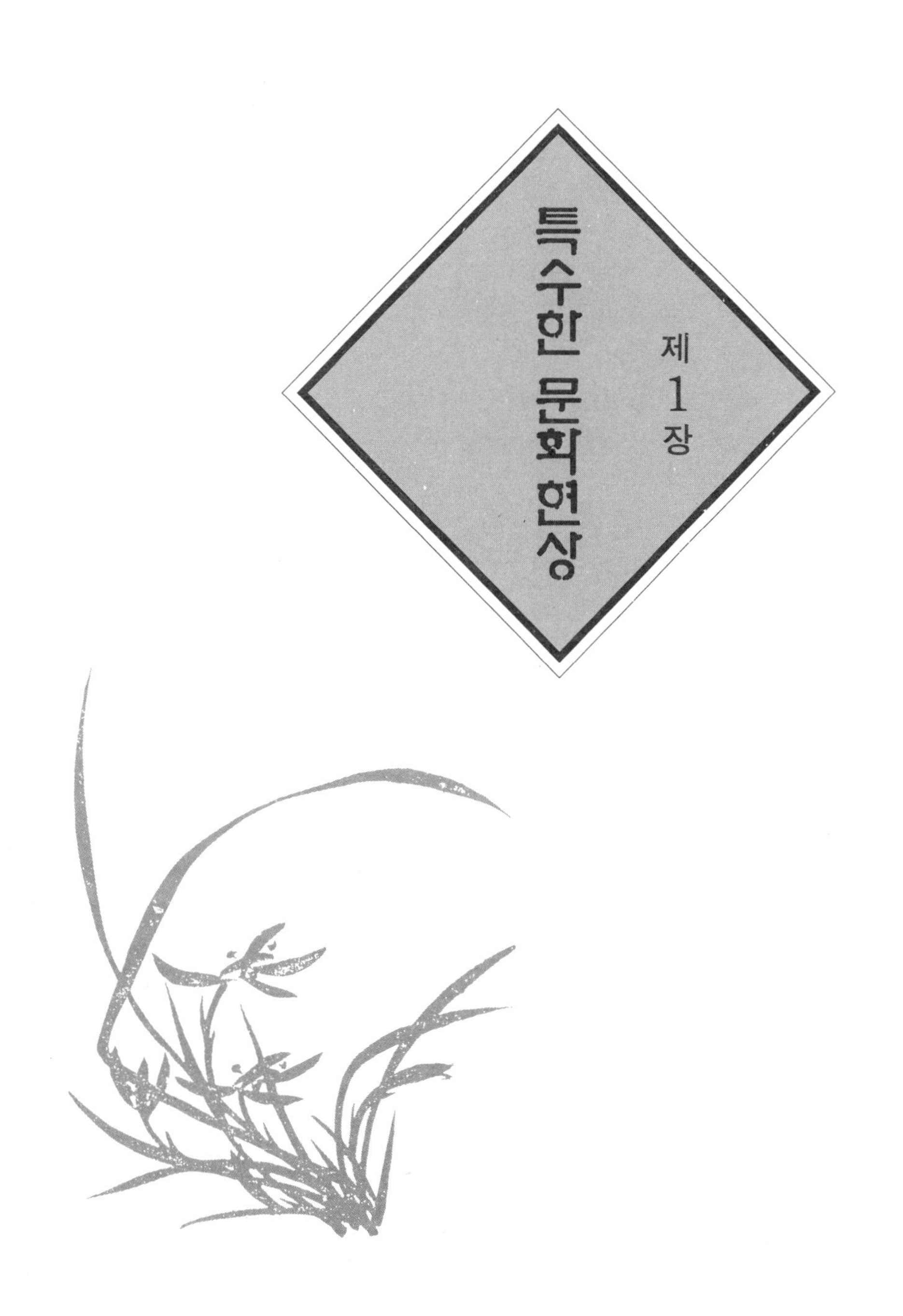

제 1 장

특수한 문화현상

1. 은사란 어떤 사람인가?

독자 여러분이 중국의 문화전통에 대해 어떻게 평가하고 있든지간에, 한 가지 부인할 수 없는 사실이 있다. 그것은 바로 중국문화에는 매우 독특하고도 의미심장한 여러 가지 현상들이 존재한다는 점이다. 이러한 문화현상은 중국의 유구한 역사 발전을 따라 변화하여 중국문화의 특수한 형식과 내용을 구성하였다. 중국의 문화에 대해 이야기할 때는 그 누구도 이러한 현상을 회피할 수 없다. 인류문화의 발전이라는 각도에서 이 문제를 본다면, 중국의 문화는 두 가지 내용을 포함한다.

하나는 인류문화 발전의 일반적인 규칙성을 지닌 것이다. 이 부분의 문화전통은 중국문화에 깊은 영향을 준 것이 사실이지만, 세계문화와 별 차이가 없어 쉽게 소통될 수 있는 보편성을 지니고 있다.

또 하나는 중국만의 독특한 문화현상도 있다. 그것은 민족 특유의 의미를 담고 있어, 본질적으로 다른 민족의 문화와 쉽게 소통되기 어렵다. 따라서 다른 문화의 영향을 받은 사람은 이 점에 대해 핵심을 제대로 파악하지 못하기도 한다. 때문에 설령 중국문화의 영향을 많이 받았다 할지라도, 확실한 개념과 논리로 해석하기 어렵다. 즉, 중국문화의 오묘함을 똑바로 깨닫지 못하는 것이다.

은사隱士의 문화 역시 이렇듯 특수한 문화현상의 하나이다.

중국의 역사와 문화에 대해 약간의 지식이 있는 사람이라면, 중국에는 은사가 많다는 것을 알고 있을 것이다. 범엽范曄이 지은 《후한서後漢書》에 별도로 〈일민전逸民傳〉이라는 항목을 둔 후부터, 역대의 많은 정사正史들은 〈은일隱逸〉·〈일민逸民〉·〈처사處士〉 등의 명칭으로 유명한 은사들의 언행을 적은 전기傳記를 기록해 왔다.

은사는 사람들이 칭송하고 저주하고, 웃고 탄식하는 제왕이나, 장군·재상·공신·열사·문인·시인·열녀·탐관오리·지조 없는 신하 등과 함께 청사青史에 이름을 남기는 역사적인 인물이 되었다.

정사 외에도 각종 야사野史나 소설·필기筆記·지방의 역사서·시詩·사詞·부賦 등에도 은사에 대한 근거나 기록을 찾아볼 수 있다. 또한 《고사전高士傳》·《속고사전續高士傳》처럼 은사를 위해 전문적으로 이름을 붙인 서적이 있기도 하다. 만약 진정으로 신분과 이름을 숨긴 은사들이 있다면——그런 사람들도 매우 많았을 것이다. 은사는 〈숨는 것〉을 최종 목표로 삼았기 때문이다. 〈이름을 숨기는 데〉 실패한 사람들이 있는 반면, 〈이름을 숨기는 데〉 성공한 많은 사람들이 분명히 있었다——중국 역사에 많은 은사의 무리가 존재했음은 이론의 여지가 없는 사실이다.

중국 은사의 한 가지 특징이라면, 그것은 바로 역사상 끊임없이 존재해 왔다는 점이다.

전설에 의하면, 중국 최초의 은사는 상고 요순堯舜시대에 이미 나타났다. 진대晉代의 황보밀皇甫謐이 지은 《고사전高士傳》에는, 상고시대부터 위魏나라에 이르기까지 유명한 은사 90여 명에 대한 기록이 실려 있다. 그들 가운데 첫번째 은사인 피의被衣가 바로 요임금 때의 사람이다. 상고시대부터 청왕조가 멸망할 때까지 태평성대였든지 어지러운 시기였든지, 현명한 군주가 정치를 했든지 어리석고 무도한 황제가 정권을 쥐었든지 간에 은사는 언제나 계속해서 등장해 왔다. 현명한 군왕이 통치하던 시기에는 지속적으로 조서를 발표하여 〈동굴 속에 살던 선비를 나오게〉 하고자 노력하였고, 숨어 살던 은사가 환속하는 것을 태평성대의 지표로 삼고자 하였다. 그러나 〈동굴에 사는 선비〉는 결코 나오지 않았고, 오히려 갈수록 더 많은 사람들이 〈동굴〉 속으로 들어가게 되었다. 또한 난세에는 정상적인 생활의 질서가 모두 무너져 버리게 되므로, 일반인들은 처자식과 이별하고 가정이 풍지박산되며 목숨을 보존하기가 어렵게 된다. 때문에 은사가 되는 것은 그래도 조금 나은 선택이었다. 은사가 되면 목숨을 부지할 수 있으며, 게다가 사회에 항의할 수도 있기 때문이었다. 그러므로 난세에는 은사가 많았다.

중국의 역사를 살펴보면, 어느 시대를 막론하고 은사의 전통이 끊어졌던 적은 결코 없었다. 은사들은 신분을 숨겼든지 드러냈든지, 역사의 무대로 달려나왔든지 막 뒤로 물러났든지간에 언제나 역사의 곁에 있었다. 이러한 현상은 〈은사란 도대체 어떤 사람들인가? 그들은 역사에서 어떤 역할을 담당했을까?〉 하는 의문을 갖지 않을 수 없게 한다.

개괄적으로 말한다면, 은사란 중국사회의 여러 가지 신분 가운데 하나이다. 사회에서 개인은 누구나 특정한 정치적 지위와 경제적 지위, 그리고 문화적 지위를 지니고 있다. 갖가지 사회적 지위가 함께 뒤섞여 개인의 사회적 신분을 구성하므로, 사람은 결국 사회라는 무대에서 특정한 배역을 연기한다고 말할 수 있겠다. 일반적으로 개인의 사회 신분은 상대적인 안정성을 지니고 있다고 말한다. 여러 가지 지위의 변화에 따라 개인의 사회 신분이 변화한다고 하더라도, 특정한 시기나 조건 아래서는 언제나 한 가지의 사회 신분을 지니고 있는 것이다. 현대사회는 비교적 많은 기회를 제공하고, 다양하고 유동적인 사회생활은 자신의 신분을 선택할 더욱 많은 자유를 부여해 준다.

그러나 중국 고대사회에서 사회 신분이 변할 가능성은 극히 적었고, 사회 신분은 보통 외부적인 요인에 의해 확정되는 것이었으므로 개인이 선택할 수 있는 가능성은 매우 제한적이었다. 예를 들어 〈사士〉라는 사회 신분은 많은 제한을 받는 것으로서, 마음대로 취득할 수 있는 것이 아니며 동시에 제멋대로 포기할 수 있는 것도 아니었다. 몇 가지 안 되는 경로를 통해서야 비로소 사인士人이 될 수 있었고, 상인이나 기능공들은 사인의 행렬에 아예 들어갈 수 없거나 들어가기가 매우 어려웠다. 이렇듯 사인이라는 신분을 취득할 가능성은 매우 적었으니, 기본적으로는 관료집단에 들어가 〈관官〉 혹은 〈대부大夫〉 등의 신분이 되어야만 가능했다.

옛날이나 지금이나 독서인이 관료가 되는 것은 쉽고도 어려운 일이다. 쉬운 방법이야 〈단번에 이름을 날려 천하에 알리는 것〉이 제일이다. 가정 형편이 어려운 사람이라도 개인의 노력, 거기에 행운만 따라 준다면 신분이 백배 상승하기도 한다. 청대清代의 높은 관료였던 옹심존翁心存도 이러한 경우였다. 진강기陳康祺는 그의 저작 《낭잠기문郎潛紀聞》에 다음과 같이 싣고 있다.

> 옹심존은 24세의 가난한 학생이었다. 그는 부엌귀신에게 제사지내는 시詩에 『얼마 안 되는 녹봉이지만 주부主簿를 초대할 수는 있네. 탁주로 이웃을 청하면서 어찌 아까워하리?』라고 하였다. 선비가 고난을 당하면 아무런 즐거움이 없어 쉽게 낙담의 말을 하게 된다. 옹심존이 이 시를 지을 때 그가 두 임금에 걸

쳐 재상이 되고, 그의 다음 세대는 황제의 스승이 되며, 손자 세대는 공경이 되고, 4대째에는 한림원이 되어 부귀공명을 얻어 다복해질 것이라고 짐작이나 했겠는가? 우리 왕조에서 이런 인물은 매우 드물다.[1]

옹심존의 경력은 중국 사인士人의 일생에, 자신조차도 전혀 예상하지 못했던 신분의 변화가 언제라도 일어날 수 있음을 증명한다. 그런데 이러한 변화는 주로 사회적 신분의 변화를 말하는 것이다. 변화에 수반되는 것은 단지 정치적 지위의 변동뿐만 아니라, 동시에 정서나 사상·생활방식 등의 변화도 뒤따르게 된다.

옹심존은 행운아였다. 비록 젊은 날에는 곤궁하여 〈낙담하며 불평을 늘어놓기도〉 했지만, 결국은 행운의 벼슬길을 걸었다. 그러나 대다수의 독서인들은 그처럼 운이 좋지는 못했다. 그들의 재능이나 학문이 옹씨보다 크게 뒤떨어지거나 현실에 대한 불평이 적었던 것도 아니었지만, 옹심존과는 달리 평생 그러한 행운을 만나지 못했다. 청대淸代의 경우를 예로 들어보자.

석錫·금金 두 현縣에서 태평할 때는 학원의 시험에 응시하는 학동이 수천 명이었으나, 정원은 고작 30명에 불과했다. 세상에서는 수재秀才를 매우 중시하는데, 이 자격을 얻기란 쉽지가 않다. 왕왕 문학에 고루 뛰어나고 아름다운 문장을 잘 짓기도 하지만 수재라는 자격을 얻는 사람도 있고 못 얻는 사람도 있어, 반백이 되어도 여전히 학동의 무리에 섞여 있기도 한다.[2]

〈칠십 나이에 아직 벼슬하지 못한 어린 서생〉이란 대개 이런 사람들을 가리키는 말이다. 머리는 반백이 되고 치아가 흔들리는 노인이 어찌하여 죽을 때까지 포기하지 않고 한번 높이 날아보려고 했을까? 이는 과거제도가 사람들에게 신분을 변화시킬 수 있는 길을 제공했고, 가난한 독서인들에게는 거의 유일한 신분 상승의 길이었기 때문이다.

신분의 변화가 이처럼 어렵기 때문에 중국 독서인들 가운데 어떤 사람들은 정상적인 방법 외에 다른 길을 모색하였다. 어쨌든 신분의 변화를 위한 노력이 사회의 승인을 받게 되면 성공한 것이기 때문이다. 그들에게 있어 은사가 되는 것은 이런 노력의 결과였다.

많은 은사들이 은거하기 전에는 다른 독서인처럼 공명을 얻어보려고 했으나, 그 방법이 어렵다는 것을 깨닫고는 다른 방법을 모색하여 결국 은사가 된 것이다. 당대唐代의 유명한 은사인 오균吳筠에 대하여 《신당서新唐書 · 은일전隱逸傳》에는 다음과 같이 실려 있다.

> 오균의 자는 정절貞節이며, 화주華州 화음華陰 사람으로서, 경전의 이치에 달통하고 글솜씨가 뛰어났다. 진사에 급제했지만 마음에 맞지 않았다. 그의 성품이 강직하여 시세의 변화를 견딜 수 없자, 벼슬을 버리고 남양南陽의 의제산倚帝山에 은거하였다…….[3]

보리선생甫里先生으로 불렸던 육구몽陸龜蒙이라는 은사 역시 젊었을 무렵 과거에 응시했으나 합격하지 못하자 결국 벼슬길을 포기하였다. 또한 송대의 진단陳摶은 어려서부터 총명하였고 탁월한 기억력으로 갖가지 책을 읽어 과거에 응시했으나 합격하지 못하자, 〈결국은 벼슬을 구하지 않고 산수자연을 벗삼아 안빈낙도〉하였다. 이러한 은사는 중국 역사상 수없이 많다. 그들은 처음부터 벼슬을 원하지 않았던 것이 아니라 과거를 통해 명성을 얻기가 어렵고, 또한 평생 이 길을 힘겹게 걷더라도 꼭 성공하는 것이 아니라는 바를 깨달은 후에야 은사의 길을 택했던 것이다.

그런데 그들이 은사가 되자 신분에 변화가 생겼다. 사회는 더 이상 그들을 일반 독서인과 같이 취급하지 않고 완전히 다른 표준으로 평가해 준 것이다. 은사는 더 이상 학문으로써 벼슬을 구하는 사람이 아니라, 아예 과거를 통하지 않고서도 사회의 인정을 받는 특수한 존재가 된 것이다.

다시 진단의 예를 들면, 그가 산속의 암자에 은거하자 곧 유명해졌다. 후주後周의 세종황제世宗皇帝는 그를 경사로 불러 간의대부諫議大夫에 임명하고자 하였지만 끝내 사양하였으므로 세종도 어쩔 수 없이 많은 선물을 하사하고, 지방관들에게 〈철마다 문안을 드리도록〉 하였다. 이렇듯 진단은 과거를 통해 얻지 못했던 것을 은사가 되어서는 얻을 수 있게 된 것이다. 이 보기를 통해 우리는 은사란 특수한 신분의 사람일 뿐만 아니라, 다른 신분이 쉽게 얻을 수 없는 사회적 혜택을 누렸던 사람이었음을 알 수 있다.

은사를 사회 신분의 한 가지라고 말하는 것은 우선 다음과 같은 사실에 근거한 것이다. 은사란 개인으로서 사회에 존재했을 뿐만 아니라, 하나의 사회 세력으로서 자신의 생존 의의를 표현한다는 것이다. 동시에 은사는 사대부 계층 가운데서도 특수한 유형으로, 자신만의 문화를 형성하였다. 그들의 문화는 사대부 계층에 커다란 영향을 미쳤으며, 어떤 의의에서 말하자면 중국문화 전반에도 영향을 미쳤다. 은사들의 정치·경제·문화의 지위에 대해서는 앞으로 자세히 다루어 나갈 터이다. 먼저 여기서는 은사라는 명칭과 은사에 대한 일반인의 이해에 대해 고찰하고, 이로써 은사란 도대체 어떤 의미를 지니는 신분인지 알아보자.

은사라는 말이 가장 먼저 서적에 나타난 것은 아마도 《장자莊子·선성편繕性篇》일 것이다.

> 도道가 세상을 부흥시킬 수 없고, 세상이 도를 부흥시킬 수 없는 상태에서는 비록 성인이 산속에 묻혀 있지 않더라도 그의 덕은 감춰진다. 덕이 감춰진다는 것은 성인 스스로 도를 숨긴 것이 아니다. 옛날의 이른바 은사란 몸을 숨기어 드러내지 않는 자가 아니며, 입을 다물고 말하지 않는 자도 아니며, 지식을 감추어 드러내지 않는 자도 아니었다. 단지 시운時運에 부합하지 못한 사람이었을 뿐이다.[4]

후세 학자들은 〈선성편〉이 장주莊周 본인이 직접 지은 것이 아니라, 그의 이름을 빌려 후대 사람이 지었을 것이라고 추정하고 있다. 설령 그렇다 할지라도 작자는 〈은사〉라는 용어를 사용하고 있으며, 또한 장자식으로 해석하였다.

『덕이 감춰진다는 것은 스스로 도를 숨긴 것이 아니다』라는 말은 마음은 숨었으되 몸은 숨기지 않았다는 뜻이며, 단지 산속에 사는 사람이어야 은사가 되는 것은 아니라는 말이다. 〈몸을 숨기어 드러내지 않거나 伏身不見〉, 〈입을 닫고 말하지 않거나 閉言不出〉, 〈지식을 숨기고 드러내지 않거나 藏知不發〉하는 것은, 모두 〈시세가 크게 잘못되었기 時命大謬〉 때문이다. 도덕이 무너져 버려 자신이 세상에 도움을 주지 못하게 되자, 덕을 감추어 세상에 드러내지 않은 것이다.

이 책에서 작자는 은사의 한 가지 중요한 특징을 제기하였다. 즉, 정신상으로 세상에서 독립하여 자기 사상의 독립성을 지킨다는 것이다. 어떤 형식으로 은거를 하느냐는 두번째 문제인 것이다. 은사에 대한 이러한 인식은 후대의 많은 사람들에게 영향을 미쳤다. 몸과 마음을 모두 감춰 버리는 은사 외에, 중국에는 은사가 되는 여러 가지 방법이 있었다. 이를테면 〈조정에서 은거〉하거나, 혹은 〈관계에서 은거〉하거나, 〈상업계에서 은일〉하거나, 심지어는 〈학계에서 은거〉하기도 했다. 설령 이런 사람들을 은사의 표준으로 삼을 수는 없다 할지라도, 그들은 은사의 어떤 특성을 표현하고 있는 것이다.

물론 진짜 은사란 몸과 마음을 모두 숨기는 것이므로 조정에서 은거하는 것은 특수한 예에 불과하다.

은사는 장주莊周처럼 관리가 되려고 하지 않는 사람들이고, 벼슬을 하지 않으려 했기 때문에 또 다른 칭호를 갖게 되었다. 즉, 처사處士가 그것이다. 결혼 적령기의 미혼 여성을 처녀處女라고 부르듯이, 관직에 올라야 하는데도 벼슬을 하지 않은 사람 역시 〈처사〉라고 부를 수 있다. 물론 〈처處〉라는 글자에는 또 다른 뜻이 있다. 가만히 천명을 알고 즐거워하고, 인위적으로 무언가를 하려고 힘쓰지 않고 깨끗하고 차분하게 지내며, 갖가지 변화에도 쉽게 응하지 않는다는 뜻이다. 이것이 바로 처사의 처세원칙이기도 하다. 때문에 순자荀子는 『옛날의 이른바 처사라는 이는 덕이 많은 사람이며, 스스로 차분할 수 있는 자이며, 하늘의 명을 아는 사람이고, 굳게 지키며 변하지 않는 인물』[5]이라고 하였다. 이밖에 〈처〉라는 글자는 거처한다는 뜻으로 이해할 수 있으므로, 〈조정에서 벼슬을 않고 집에서 칩거하는 사람〉이라고 말할 수도 있다.

은사는 〈일민逸民〉이라고도 불린다. 공자孔子는 일민을 등용하여 세상 사람들을 한마음으로 돌아서게 한다고 하였다. 《논어論語》에 나오는 백이伯夷·숙제叔齊 등의 유명 인물도 일민이었다. 〈일逸〉이라는 글자는 두 가지 의미로 해석할 수 있는데, 그 중 한 가지는 세속을 초탈하여 고상하다는 뜻이다. 은사는 세상의 아귀다툼에서 멀리 떨어져 있으므로 구애받지 않고 대범하게 인생을 살 수 있었다.

《주역周易 · 둔괘遯卦》에서는 『여유 있게 은거하니 이롭지 않음이 없다 上九, 肥遯, 無不利』라고 하였다. 《정전程傳》은 이를 다음과 같이 해석하였다. 『비肥라는 것은 가득 차고 크고 넓고 여유 있다는 뜻이다. 둔遯이라는 것은 정처 없이 떠돌아 멀리 가는 것이니, 얽매여 머무르지 않는 것을 말한다.』[6] 바로 〈비둔肥遯〉이라는 말로 일민을 설명할 수 있겠다.

〈일〉자의 또 다른 의미는 〈유遺〉이니, 즉 세상을 완전히 잊는다는 뜻이다. 주희朱熹는 《논어》에 주를 달 때 『일逸이라는 것은 세상을 떠나 숨는 것이며, 지위가 없음을 지칭한다 逸, 遺逸, 無位稱』라고 설명하였다. 만약 〈일〉자의 두 가지 뜻을 하나로 합해 본다면 은사의 모습을 완전하게 표현할 수 있을 것이다. 즉, 세상을 떠나 명예와 이익을 구하지 않고, 세속을 초탈하여 속세 밖을 자유로이 떠도는 모습인 것이다. 이로 볼 때 일민이라는 칭호는 은사의 신분에 적확한 것이라 하겠다.

처사 · 일민, 혹은 유인幽人 · 일사逸士 · 은군자隱君子 등의 수많은 호칭은 모두 은사의 별칭으로 볼 수 있다. 은사의 정신세계는 일반인을 뛰어넘어 높은 곳에 자리하므로 〈고사高士〉라고도 칭할 수 있다. 《주역 · 고괘蠱卦》에서는 『왕이나 제후를 섬기지 않고, 고상하게 자기의 일을 한다 上九, 不事王侯, 高尙其事』라고 하였고, 〈상象〉은 『왕이나 제후를 섬기지 않는다는 뜻은 가히 본받을 만하다 不事王侯, 志可則也』라고 하였다. 황보밀皇甫謐은 《고사전서高士傳序》에서 다음과 같이 말하였다.

공자께서는 일민을 등용하여 천하 백성들을 한마음으로 돌아오게 한다고 말씀하셨다. 홍애선생洪崖先生은 상황上皇의 시대에 높은 덕을 창도하셨고, 허유許由는 선행을 행하며 당우唐虞의 조정에 절개를 굽히지 않았다……그러므로 고귀하고 겸손한 선비가 왕정王政에서 우선적으로 해야 하는 일은 혼탁함과 탐욕을 제어하는 것이다.[7]

전술했듯이 은사는 인격과 정신세계가 일반인을 뛰어넘기 때문에 〈고사高士〉라고 부를 수 있다. 사회는 명성과 이익에 급급하고 권세에 연연해 하는 일반인과는 구별되는 은사의 행동을 주목한 것이다. 은사들이 모두 고상하게 자신의 일을 했는지, 그리고 은사들이 실제로 사회에서 〈혼탁함을 없애고 탐욕스러움을 깨치는〉 작용을 했는지간에, 적어도 사람들의 인식 속에서 은사의 형상은 비교적 좋은 것이었고, 사람들은 은사에게 이상적인 인격상을 부여했던 것이다.

은사라는 명칭의 간단한 분석을 통해, 우리는 〈은사란 어떤 사람인가?〉 하는 물음에 대한 초보적인 이해를 할 수 있게 되었다. 즉, 이렇게 말할 수 있을 것이다. 은사는 여러 가지 사회적 신분 가운데 하나이며, 개인적인 의미를 지니고 있을 뿐만 아니라 중국 고대인들은, 특히 독서인에게는 특수한 의미를 담고 있다고 하겠다. 은사는 벼슬을 하지 않는 것을 특징으로 삼고, 정신의 독립과 세속의 초탈이라는 이상적인 세계를 추구한다. 동시에 은사는 하나의 형상形象이다. 중국인에게 있어 은사가 지닌 대범함과 깨끗함, 고상함과 소박함은 독특한 풍격이 되어 사람들의 추앙을 받았다. 역대의 많은 은사들은 이렇게 존재하면서 중국 특유의 은사문화를 형성하였다.

2. 은사문화와 중국 농업문명

중국 은사문화의 산생과 발전은 깊고도 복잡한 사회적 토양을 지니고 있다. 은사문화의 사회·역사적 배경을 분석할 때, 한 가지 중요한 문제에 대한 진지한 연구가 필요하다. 그것은 바로 은사문화와 농업문명의 관계이다.

농경사회는 인류 역사의 중요한 단계로서, 농업은 인류를 먹여 살렸다. 그러나 현대 공업문명의 시각에서 농업문명을 바라보면 단점이 더 많기도 하다. 더욱이 농경사회에서 시간적으로 멀리 떨어진 현대인들은, 환경과 가치기준의 변화 때문에 농경시대 사람들이 지녔던 가치와 문화심리를 이해하기가 어렵다. 설령 어떤 현상이든 다 존재 이유가 있다는 사실을 인정한다 할지라도, 입장을 바꾸어 다른 사람을 이해한다는 것은 극히 어려운 일이다. 〈요즘 사람은 박대하지 않고, 옛날 사람은 사랑한다〉라는 것은 다만 예술 감상 측면에 해당할 뿐, 자기와 다른 시대에 살았던 사람이 지닌 가치관과 문화심리를 진정으로 이해한다는 것은 상당한 이성적 사고능력과 비판적 용기를 갖추어야 하는 일이다.

사람들은 자신이 접하는 현실 세계에 대한 평가를 더욱 믿는다. 이는 현실에 대한 믿음이 과거와 미래에 대한 믿음보다 강하다는 말일 것이다. 그러나 과거·현재·미래 사이에는 밀접한 관계가 존재하므로, 인간은 이들 관계에 의존해야만 살아나갈 수 있다.

다른 문명과 마찬가지로 농업문명 또한 찬란한 전성기가 있었으며, 그 시기에 인류는 문화를 발전시켰다. 비록 농업문명이 벌써 혹은 조만간 과거가 될지언정, 농업문화의 일부 핵심적 내용은 차곡차곡 쌓여 현대문명과 융합하며 여전히 인류의 생존에 깊은 영향을 미치고 있다. 예를 들어 오늘날의 공업사회가 인류에게 많은 도움을 주었다 할지라도 그 모순 또한 날로 증가하고 있다. 고도로 발달한 경제생활은 사람들에게 대가를 치르게 하는데, 그 중에는 받아들이기 어려운 것도 있다. 공업문명의 발달은 심각한 파괴를 초래하여 인류의 생존에 위협을 주기도 했다.

농업문명시대에도 인류는 이런 문제를 안고 있었으며, 이를 해결하려고 시도하였다. 중국의 은사 계층 역시 이 문제를 제기했고, 이를 해결하고자 시도했는데, 이런 점을 이해하면 오늘날의 우리에게도 도움이 될 것이다.

농경생산이나 농업식 생활방법은 중국 은사생활의 커다란 특징이며, 요임금 때의 은사 허유許由 때부터 그래왔다. 《고사전》에 요임금이 허유에게 천하를 맡기려고 하자, 『그는 중악中嶽 영수潁水의 남쪽으로 피하여 밭을 갈며 기산箕山 아래에 숨어 평생 천하를 다스리려고 하지 않았다』라고 실려 있다. 또한 같은 요임금 시기의 양보壤父라는 은사는 〈격양가擊壤歌〉를 지었다.

> 해 뜨면 일하고, 해가 지면 쉬네.
> 우물을 파서 물을 마시고, 밭을 갈아 음식을 먹네.
> 제왕의 덕이 내게 무슨 필요 있으랴?[8)]

이것은 농경생산과 생활방식의 전형적인 묘사이며, 중국 은사가 농경에 의지했다는 중요한 증거이기도 하다.

후대의 은사들도 은거하는 방식과 생활조건에 차이는 있다 할지라도 언제나 농사를 지어 먹고 옷감을 짜서 옷을 만들어 입었으며, 이를 은거생활의 물질적 수단으로 삼았다. 농사는 은사의 시구에 언제나 등장하는 내용이다. 진대晉代의 은사 도연명陶淵明의 시에서도 농사는 하나의 주제였다.

남산 기슭에 콩을 심었는데, 잡초만 무성할 뿐 콩잎은 드물구나.
새벽에 일어나 황무지를 일구고, 달과 함께 가래와 쟁기 메고 돌아오누나.[9)]

오직 농사지어 먹는 가난한 살림, 온 식구가 힘을 합해 밭을 일구네.
봄 밭갈이의 괴로움은 견디겠으나, 기대하던 타작 망칠까 두렵네.[10)]

본래 벼슬살이는 나의 소망이 아니었고, 본업은 오직 밭갈이와 양잠이었네.
몸소 농사지으며 게으른 적 없거늘, 노상 추위와 굶주림에 시달렸노라.[11)]

때가 좋다 생각되면 혼자 나서서 거닐고,
때로는 지팡이를 세워 놓고 김매기도 하네.[12)]

인생이 결국은 도道로 돌아가는 것이지만,
입고 먹는 일이 삶의 기본이네.
누구나 이를 제 힘으로 해결 않고서는,
스스로 안락하기를 구할 수 없네.
이른봄부터 착실히 농사지어야,

가을에 수확을 바랄 수 있으니.
아침 일찍 나가 힘껏 일하고,
저녁에 쟁기 메고 돌아오도다.
……
언제까지 이렇듯 농사짓기 바랄 뿐,
몸소 힘들여 경작하는 것은 걱정할 것 없노라.[13)]

은사의 일대기를 적은 전기傳記에도 은사들이 〈직접 밭을 갈고 뽕나무를 가꿨다〉라는 화제는 언제나 등장한다. 은사들은 농사짓고 책을 읽는 생활에서 기쁨을 얻었다. 청대 금농金農이 지은 시에는 이런 생활을 자랑하는 구절이 있기도 하다.

북쪽 성곽은 높은 나무에 기대어 있고,
푸른 산에는 은거하는 군자들 모여 있네.
내 마음 흰구름의 묘미를 알고,
책을 통해 많은 좋은 점 사랑하네.
풀로 지붕 이은 누각에서 유집遺集을 편집하고,
찰랑거리는 호수에서 옛이야기 모아 적노라.
힘센 소처럼 건강을 뽐내며,
내 일과인 밭갈이하네.[14)]

은사는 왜 농사를 그토록 즐거워했을까? 그들은 정말로 농민처럼 열심히 농사를 지었을까?

은사의 생활이 농경과 긴밀한 관계를 맺는 것은 두 가지 원인이 있을 것이다. 표면적인 이유는, 개인과 사회가 생존·발전하는데 농경은 가장 중요한 생산활동이자 물질의 가장 중요한 근원이기 때문이다. 중국사회에서 통치계급과 상공업에 종사하던 극소

수 외의 절대 다수는 농업에 의존하여 살았다.

따라서 농업은 결정적인 의의를 지니고 있었으며, 이 때문에 황제는 농업을 권장하기 위해 언제나 상징적인 농경의식을 거행하였다. 은사가 되면 〈스스로 농사를 짓고 양잠을 하여〉 배고픔과 추위를 면해야만 했다. 은사가 기타 통치계급과는 달리 직접 농경을 한 것은, 은사라는 신분의 특수성을 드러내는 것이었다.

한편 심층적 원인을 살펴보면, 은사의 사상이 그들을 농업문명에 의존하게 하였다. 은사란 현실사회와 어울리지 못하여 세상을 피한 사람들이다. 전통사상면에서 볼 때, 은사들은 많든 적든간에 노장사상老莊思想의 영향을 받아 현실사회제도에 반감을 가지고 있었다. 장자가 건설하려는 사회는 바로 〈영토가 작고 백성이 적은 나라 小國寡民〉였다. 《장자莊子》에는 다음과 같은 구절이 실려 있다.

그대는 지극한 덕德의 세상을 모르는도다! 옛날 용성씨容成氏……신농씨神農氏시대에는 백성은 노끈으로 매듭지어 글자를 대용했고, 음식을 달게 먹었으며, 자신들의 옷을 아름답게 여기었고, 그들의 풍속을 즐겼으며, 자신들의 거처를 편안하게 여기었다. 이웃나라끼리는 서로 바라다보였고, 닭과 개 짖는 소리가 서로 들렸으며, 백성들은 늙어 죽을 때까지 서로 왕래하지 않았다. 이와 같은 때를 지극히 잘 다스려진 시대라고 한다.[15]

이러한 사회는 환상에 불과할 것이다. 그러나 그 옛날 소농경제 위주의 농촌사회에서는 이러한 환상에 접근할 수도 있었을 것이다.

그러므로 은사는 깊은 산속이나 농촌에서만 〈작은 나라 적은 백성〉의 맛을 조금이라도 느낄 수 있었을 것이다. 도연명의 《도화원기桃花源記》에 묘사된 모습은 바로 장자가 원했던 경지가 아니겠는가? 그런데 사람들은 《도화원기》에는 주의를 기울이면서도 그 시에는 큰 관심을 보이지 않는다. 도연명은 〈도화원시桃花源詩〉에 자신의 사상을 이렇게 털어놓았다.

진秦나라 임금이 천도天道를 어지럽히자,
현자賢者들이 세상에서 몸을 감추었네.
……
서로 도와 농사에 힘쓰고, 해가 지면 편하게 쉬었네.
뽕과 대나무 무성하여 그늘 짙고, 콩과 기장 때에 맞추어 심노라.
봄 누에 쳐서 비단실 거두고, 가을에 추수해도 세금 안 바치더라.
황폐한 길이 희미하게 틔었고, 닭과 개가 서로 우짖네.
……
기쁜 낯으로 마냥 즐겁게 살고, 애를 써서 꾀나 재간을 부리지도 않네.
흔적 없이 가리워진 지 5백 년 만에, 홀연히 신비의 세계가 나타났네.
……
사뿐히 바람을 타고, 높이 올라 내게 맞는 이상理想을 찾으리라![16]

도연명이 묘사한 도화원桃花源이란 세상을 피하여 목숨을 보존하는 장소이자, 은사들이 돌아가고자 했던 이상적인 〈신선의 경계〉였음을 알 수 있다. 다만 세상에는 가벼운 바람을 밟고 가서 자신을 인정해 주는 사람을 찾을 수 있는 곳이 없다는 것이 안타까울 뿐이다.

은사는 농경문화가 생산해 낸 특수한 인물이므로, 그들이 농촌·농업 등에 대해 각별한 정을 지니고 있다는 것은 이상한 일이 아니다.

한편 은사가 농사나 양잠에 대해 이야기하는 것은 좋아했지만, 은사의 실생활은 농민과는 커다란 차이가 있었다. 은사는 농경에 신분 상징이라는 문화적 의의를 부여했으며, 농사짓는 데 있어서 몸보다는 정신을 더 많이 활용하였다.

또한 은사는 자기 소유의 집과 토지가 있었고, 동시에 은사라는 신분의 특수성으로 인해 권력자들의 존중을 받아 대다수 농민이 누릴 수 없는 정치적·경제적 혜택을 받았다. 그러므로 은사의 농경에 대해서는 그 가치를 깎아내릴 수밖에 없을 것이다.

은사문화가 농업문명의 토양에서 생겨났다는 것에는 한 가지 원인이 더 있다. 농경시대에 사람과 자연의 관계는 비교적 밀접하여, 농업문명이 아직 사람과 자연의 거리를 그다지 멀리 떨어뜨려 놓지 않았다. 때문에 은사가 찾아간 자연환경에는 세상을 떠나 숨고자 하는 그들의 바람을 만족시켜 줄 조건이 남아 있었던 것이다.

현실사회에 대한 불만과 부적응은 자연에 대해 특별한 의타심을 갖게 하였다.

초기의 은사들은 산속에 사는 것을 좋아하였다. 〈상산사호商山四皓〉라 칭했던 진대秦代의 유명한 은사인 동원공東園公·녹리선생甪里先生·기리계綺里季와 하황공夏黃公은, 진나라의 포학한 정치 때문에 상락산商洛山으로 숨어 들어갔다. 후한後漢의 은사 대퉁臺佟은 무안산武安山에 은거하며 〈굴을 파서 집으로 삼고, 약초를 캐어 생계를 이어갔다.〉 그들이 은거하던 곳에는 푸른 산과 맑은 물, 파란 하늘과 흰구름이 있었고, 숲은 무성하고 새와 짐승이 떼지어 노니는 자연환경이 있었다. 농촌에 은거했던 은사 역시 푸른 풀이 이끼처럼 넓게 깔리고, 대나무와 매화가 아름답게 빛나는 그윽하고 조용한 환경에서 거했다.

그 당시의 자연계는 아직 심하게 파괴당하지 않았으므로 세상에는 은사가 살 만한 조용하고 깨끗한 곳이 많았다. 또한 자급자족하던 소농경제는 은사의 요구를 만족시켜 주었으며, 농업문명의 안정성과 폐쇄성은 은사에게 낙토樂土를 제공하였다. 도시경제가 번영했던 봉건사회 후기가 도래했어도 농촌의 소농경제가 여전히 우위를 점하고 있었으므로, 은사들은 자신의 농가 주택에서 평온하게 생활할 수 있었다. 명대의 은사 막능학莫能學 같은 이는 부친의 뜻을 받들어 〈평생토록 도시로 들어가지 않았고〉, 진계유陳繼儒 같은 이도 거의 도시에는 들어가지 않았다. 명대에는 왜 그토록 많은 은사들이 도시에 반감을 지니고 있었을까? 명대에는 도시의 발전이 이미 중국 농업사회에 충격을 주었기 때문이었다. 은사는 자신의 전통적 사상을 견지하고 있었으므로 도시문명에 반항적인 정서를 지닌 것이다. 때문에 그들은 도시로 들어가지 않는 등 도시문명과 접촉하지 않는 방법으로 고상한 인격을 유지하려고 하였다.

농업문명은 은사문화를 육성하였고, 은사의 이상에 부합하는 환경을 제공해 주었다. 중국 문학에 있어서 전원시파田園詩派는 중요한 유파이다. 그런데 전원시인 가운데 많은 수는 은사였다. 그들은 전원의 경치를 노래하였으나, 사실은 농업문명에 대한 예찬이었고, 이는 전원시의 발전과정에 중요한 영향을 미쳤다.

농업문명은 2천여 년간 중국인을 먹여 살렸으며, 중국문화의 형상을 만들어 낸 것이다.

3. 은사문화와 사대부 전통

중국사회에서 은사문화가 중요한 지위를 점하는 것은, 은사문화가 기타 전통문화와 밀접한 관계를 가졌기 때문이기도 하다. 중국인에게, 더구나 사대부 계층에게 은사문화는 중요한 영향을 미쳤고, 은사문화와 사대부 전통간에는 상당히 긴밀한 관계가 존재한다.

중국 고대 사대부들은 독특한 사상 체계를 지니고 있었다. 이러한 체계에 대해 그들 스스로는 사회 · 정치세력의 〈정통政統〉에 상대되는 뜻으로 〈도통道統〉이라 칭했다. 〈도통〉의 여러 가지 사상 가운데 사대부들이 갖고 있는 사회적 책임과, 천하를 책임지겠다는 포부는 핵심적인 지위를 차지하고 있다.

이런 의미에서 말할 때, 중국 고대 사대부는 서양의 근대 지식인과 비슷한 특징을 지니고 있다. 공자로부터 〈사대부는 도道에 뜻을 둔다〉라는 훈시가 있었다. 증삼曾參은 『선비는 도량이 넓고 의지가 굳어야 하니, 책임은 무겁고 도道는 멀기 때문이다. 어진 것을 자신의 책임으로 삼으니, 이 또한 중요하지 않은가? 죽은 후에야 그만둘 것이니, 이 또한 멀지 아니한가?』[17]라고 하였다. 후세에 독서인들이 일컬었던 〈집안일 · 나랏일 · 천하의 일 모두에 관심을 가진다〉는 장엄한 말에서 중국 역대 사대부들이 지녔던 호방한 마음을 느낄 수 있다.

그러나 〈도통〉과 〈정통〉 사이에는 융화될 수 없는 모순이 항상 존재하고 있다. 사대부 계층의 이상은 실제 정치에서는 실현할 수 없는 것이었는데, 그들의 가치기준과 이상을 지키다 보면 현실사회와 잦은 충돌이 발생했고, 그렇다고 포기한다는 것은 〈도통〉을 담당하는 자의 양지良知와 인격을 상실하는 것을 의미하였다. 이러한 모순은 언제나 중국 사대부의 마음에 자리잡고 있었고, 이 고민을 해결하기 위해 열심히 노력하였다. 우리는 은사사상이 그들의 이러한 노력 속에서 중요한 작용을 발휘했음을 발견할 것이다.

공자는 지식인의 전형적인 인물로서, 그의 사상에는 적극적으로 세상에 동참하려는 면이 있다. 그러나 현실사회는 그의 정치적 이상을 만족시킬 수 없었기 때문에, 한편으로는 세속을 떠나고 싶어하는 사상이나 정서를 많이 지니고 있었다.

공자께서 말씀하시기를 『믿음을 독실하게 하고 배우기를 좋아하며, 죽음으로 지켜서 도를 선하게 하라. 위태로운 나라에는 들어가지 말고, 어지러운 나라에서는 살지 말라. 천하에 도가 있으면 나아가고, 도가 없으면 숨을 것이다』라고 하셨다.[18)]

공자께서 말씀하시기를 『……군자로다, 거백옥蘧伯玉이여! 나라에 도가 있으면 벼슬을 하고, 나라에 도가 없으면 곧 물러나 숨는구나!』라고 하셨다.[19)]

공자께서 말씀하시기를 『어진 자는 세상을 피하고, 그 다음은 혼란한 지방을 피하고, 그 다음은 예의를 잃은 임금의 얼굴을 피하고, 그 다음은 바른 의견을 반대하는 말을 피할 것이니라!』라고 하셨다.[20)]

공자의 이러한 말은 그의 전체 사상에서는 그다지 중요한 위치를 차지하지 않는다. 하지만 공자 역시 〈도가 행해지지 않기〉 때문에 〈뗏목을 타고 바다를 떠다녔다〉라는 말을 통해, 사대부 사상의 초기 형성기부터 입속入俗과 탈속脫俗이라는 두 가지 선택의 길이 있었고, 그들이 선택한 표준은 사대부가 지켰던 〈도道〉였음을 알 수 있다. 세상에 자신을 〈드러내거나〉 〈숨기는〉 행동은 모두 〈도〉를 유지하기 위한 것이었다. 이 점은 사대부들이 〈은거〉에 대해 근본적으로 이해했다고 말할 수 있을 것이며, 또한 중국 은사문화가 초기 사대부 전통에서 핵심적 위치를 점했던 유가사상과 안팎에서 서로 보충했던 사실의 증거라고 볼 수 있을 것이다.

공자의 시대는 중국문화의 맹아단계로서, 사대부 전통은 물론이고 은사문화 역시 성숙단계에 접어들지 못했다. 사회발전에 따라 사대부의 사상에도 많은 변화가 생겨났다. 이들의 사상은 계속 풍부해져 점차 완전한 체계를 이루어 갔다. 아울러 은사문화 또한 사대부 전통의 형성을 따라 발전해 갔으며, 점차 사대부 전통에서 유기적인 구성성분이 되었다.

중국사상사에 있어서 위진남북조 시기는 매우 활발하고 창조적인 중요한 단계였으며, 이 시기의 사대부 계층 역시 개체와 군체에 대한 뚜렷한 자각을 통해 사상 해방을 활발하게 표현하였다. 이 시기는 은사문화가 가장 발달한 절정기이기도 하다. 위진남북조시대에는 사대부 전통이 분화하는 추세를 보였다. 그 하나는 유가의 정통임을 자처하며, 예교禮教와 명교名教를 사상 무기로 삼아 현실 정치와 상호 이용한 부류이다. 또 다른 일파는, 유가사상을 노장사상과 불학佛學에 혼합시켜 새로운 자연론自然論을 만들어 개성 자각의 요구에 호응한 사람들이다. 이 기간에 자연론 유파는 명교파에 맞서기 위해, 그리고 현실사회의 동란에 반항하기 위해 더욱 은사문화의 힘을 이용하여 명교 이론에 도전하였다.

위진 시기에는 완적阮籍·혜강嵇康을 대표로 하는 죽림칠현竹林七賢이 등장하여 개성 해방을 요구하는 데 있어서 중요한 역할을 하였다. 《삼국지三國志·위서魏書》는 《위씨춘추魏氏春秋》의 기록을 인용하여 다음과 같은 주를 달아놓았다.

> 혜강과 진류陳留 사람 완적, 하내河內 사람 산도山濤, 하남河南 사람 상수向秀, 완적의 형의 아들인 완함阮咸, 낭야琅琊 사람 왕융王戎, 패沛 땅의 사람인 유영劉伶 등은 서로 사이가 좋아 대나무 숲에서 노닐었으므로 칠현七賢이라 불렀다.[21]

죽림칠현 중에 완적과 혜강이 가장 유명한데, 그들은 모두 명교의 이론에 반대했던 인물이다. 《진서晉書·완적전阮籍傳》에 실려 있는 기록은 다음과 같다.

> 완적의 자字는 사종嗣宗으로 진류陳留 울지尉氏 사람이다……그의 용모는 웅장하고 뜻은 드넓고 호방하였으며, 즐거이 혼자 터득하였고 성격은 아무 데도 얽매이지 않았으며, 기쁨이나 슬픔의 감정을 얼굴에 드러내지 않았다. 문을 닫아 걸고 책을 읽으며 몇 달이 지나도록 외출하지 않기도 하고, 혹은 산수자연을 찾아가 며칠이 지나도 돌아올 줄 몰랐다. 많은 책을 두루 읽었는데, 특히 노장을 좋아하였다. 술을 즐기고 소嘯나 금琴과 같은 악기를 잘 다뤘다. 만족스러울 때는 문득 자신을 잊어버리곤 하였다.[22]

당시 많은 높은 벼슬아치들이 다투어 그를 초청했으나, 완적은 거절하고 언제나 세속을 초탈한 태도로 그들을 대했다. 후에 보병步兵 주방에 잘 익은 술이 있다는 소리를 듣고는 자청하여 보병교위步兵校尉가 되기도 하였다. 완적은 위진魏晉이라는 사건 많은 시기에 살았으나 세상을 구하여 편안한 나라를 실현하겠다는 이상을 가지지 않았으며, 〈세상과 함께 하지도 않고, 오로지 즐거이 술 마시는 것만을 일상으로 삼았던〉 것이다. 완적이 벼슬을 버리고 은거하지는 않았지만, 그의 행위는 〈나라에 도가 없으면 몸을 숨긴다〉라는 은사의 태도를 체현한 것이니, 그는 〈조정에서 은거했다〉라고 말할 수 있겠다.

그러나 혜강은 위魏 조정과 남다른 친속관계에 있었기 때문에, 완적과는 달리 사마씨司馬氏가 정권을 장악한 후에는 벼슬을 하지 않았다. 그의 가까운 친구인 산도가 다시 벼슬할 것을 권하자, 혜강은 편지를 보내 그와의 절교를 선언하고 결국은 사마씨에게 죽임을 당하였다. 표면적으로 볼 때, 완적과 혜강은 어지러운 시대에서 가정과 목숨을 부지하기 위해 그런 행동을 하였다. 그러나 좀더 분석해 보면, 완적과 혜강에게는 전통 독서인의 정직함과 양심이 있다는 것을 발견할 수 있다. 사회의 억압은 그들이 독특한 방식으로 사회에 반항하도록 만들었던 것이다. 우리는 여기에서도 은사문화가 그들에게 미친 영향을 발견할 수 있다.

그후로도 계속 은사의 풍속은 시들지 않아 은사문화는 사대부 전통의 중요한 내용으로서 작용하였다. 가장 대표적인 것은 바로 송대宋代의 범중엄范仲淹이 《악양루기嶽陽樓記》에서 한 말이다.

> 종묘에 거하는 높은 자는 자기의 백성을 근심하고, 자연에 거하는 멀리 있는 자는 군주를 걱정한다. 이는 앞으로 나와서도

걱정하고 뒤로 물러나서도 걱정한다는 것이다.[23]

『먼저 세상의 근심을 걱정하고, 나중에 세상의 기쁨을 즐거워한다』라는 그의 말은, 사대부 계층의 〈우국애민憂國愛民〉 사상을 더욱 잘 드러내고 있다. 그들은 어찌하여 조정에서 벼슬하거나 자연으로 물러나거나 항상 나라를 근심했을까? 이는 중국 사대부의 사상 속에는 〈조정에 있든〉 〈자연에 거하든〉 언제나 국가의 흥망을 자신의 책임으로 삼아, 설령 벼슬하지 않더라도 사대부의 사상을 지켜야 했기 때문이다. 오로지 〈숨기〉 위해 은거한다면, 그러한 은거는 의미가 없는 것이다. 그러므로 은사가 자신의 뜻과 도道를 중히 여기어 굳게 지키는 것은, 은사의 중요한 지표였던 것이다. 그들이 세상을 구하든, 혹은 자신만을 수양하든간에 이는 모두 사대부 사상의 양면이다. 이로써 사대부의 사상과 은사문화는 모순되지 않을 뿐만 아니라 서로 보충해 주는 것이었음을 알 수 있다.

은사문화는 사대부의 사상과 심리·성격에도 중요한 영향을 미쳤다. 어떤 의미에서 옛날의 사대부 계층은 전체적으로 볼 때 은사의 심리와 성격을 지녔다고 하겠다.

중국의 유가문화儒家文化는 입세入世 이론이다. 유가문화는 사대부들에게 적극적으로, 그리고 절대 굴하지 않는 정신으로 인생을 살 것을 요구한다.

그러나 사람은 곤란과 좌절을 당하게 되면 영원히 변치 않는 마음을 지닐 수 없다. 관운官運이 순탄하고 만사형통할 때는 득의양양하지만, 벼슬길이 순탄치 못하게 되면 마음의 평형을 잃어 적응하지 못하게 된다. 은사의 사상은 이럴 때 심리 조절 작용을 해줄 수 있어서, 심리적 안정과 보상을 얻게 하므로, 난관을 비교적 수월하게 넘길 수 있도록 한다.

군주를 모시는 것은 호랑이와 함께 있는 것과 같다는 말이 있다. 사대부는 일단 벼슬을 하면 고관대작이 되고 싶어하는데, 이는 물론 인지상정이다. 그러나 벼슬길은 변화가 많아 언제까지나 총애를 받기는 어려우므로, 사대부들은 항상 경계를 하며 진퇴에 매우 주의하였다.

《양서梁書》에 〈지족전止足傳〉이 있는데, 〈지족전서止足傳序〉에는 다음과 같이 실려 있다.

《주역》에는 『항亢이라고 하는데, 이 말은 나가는 것만 알고 물러나는 것은 모르며, 현재 존재하는 것만 알고 없어지는 것은 모른다는 뜻이다. 진퇴존망進退存亡을 알아 그 정도正道를 잃지 않는 자는 오직 성인만이 아니겠는가?』라고 하였다. 또한 《정전程傳》에는 『적당히 만족할 줄 알면 모욕을 당하지 않고, 적당히 그만둘 줄 알면 위험하지 않다고 했다. 그런즉 무릇 진퇴를 모르고 만족하거나 그만둘 줄 모른다면, 위험과 모욕의 재앙이 한 달 안에 찾아올 것이다』라고 하였다.[24)]

여기서 진퇴란 세상을 구하는 공을 세우는 것과, 공을 세웠어도 적당할 때 물러날 줄 아는 지혜를 말하는 것이다. 전국시대의 월越나라 왕 구천勾踐의 신임을 받던 범려范蠡는 월왕이 오吳나라를 평정하는 것을 도왔다. 그후 월왕이 내리는 관직을 받지 않고 배를 타고 떠돌아다니며 장사를 하여 치부를 했는데, 세상에서는 그를 도주공陶朱公이라고 칭했다. 그러나 구천의 또 다른 신하였던 문종文種은 결국 구천에게 피살당하고 말았다.

한대漢代의 개국공신 장량張良은 유방劉邦이 천하를 평정하는 것을 도와 공후가 되었으나, 진퇴의 이치를 잘 알고 있었으므로 다음과 같은 말을 하였다. 『지금 세 치의 짧은 혀로 제왕의 사부가 되어 1만 호의 봉지를 받고 제후가 되었으니, 평민이 올라갈 수 있는 최고의 자리에 이 몸은 만족하노라. 인간 세상의 일을 저버리고 적송자赤松子를 따라 노닐고 싶을 뿐이네』

그는 공을 이루자 관직에 연연해 하지 않고 물러나고 싶어했다. 장량 같은 사람은 옛날이나 지금이나 많이 찾아볼 수 있다. 《한서漢書 · 소광전疏廣傳》에도 장량의 경우와 같은 숙질叔侄의 이야기가 기록되어 있다.

> 소광은 태자太子의 소부少傅였다가 태부太傅가 되었다. 그의 형의 아들인 소수疏受는 현량賢良으로 선발되어 소부에 임명되었다. 이들은 모두 사부師傅가 되어 조정에서는 이를 영광으로 여겼다. 관직에 있은 지 5년 만에 소광이 소수에게 말했다. 『만족할 줄 알아야 모욕을 당하지 않고, 그만둘 줄 알아야 위험을 당하지 않는다 했네. 공을 이루고 물러나는 것이 하늘의 도리일세』 이에 황제에게 물러나기를 청하니 모두가 칭송하였다.[25]

소광과 소수는 후인들에게 〈이소二疏〉라 불리며, 그만두는 시기를 잘 알고 만족을 아는 사대부의 모범이 되었다.

남조南朝 송宋나라의 사영운謝靈運은 은사의 풍격을 아주 많이 지니고 있었다. 《송서宋書 · 사영운전謝靈運傳》에는 이같이 실려 있다.

> 사영운은 영가永嘉의 태수가 되었는데, 그 군에는 명산대천이 있었고 사영운 역시 본래 이런 것을 좋아하였다. 그는 마음대로 노닐다가 문득 시를 읊어 자신의 뜻을 노래하였다. 그는 군을 한바퀴 다 돌아보자 병을 핑계로 사직했다……마침내 회계會稽

로 옮겨와서는 별장을 수리하였는데, 옆에는 산과 강을 끼고 있어 매우 조용하고 아름다웠다. 그는 은사인 왕홍지王弘之·공순지孔淳之 등과 마음대로 즐겁게 노닐며 이곳에서 생을 마감하고자 하였다.[26]

사영운은 산수자연에서 노닐며 물러나 자신을 지켰으니 은사나 다름없었다.

장량이나 소광과 소수, 그리고 사영운 같은 사람들의 예는 수없이 많다. 그들이 이렇게 행동한 것은, 권력의 세계는 아침저녁으로 상황이 달라져 목숨을 부지하기 어려우며, 〈날아가는 새를 다 잡으면 좋은 활을 집어넣고, 토끼를 잡으면 사냥개를 삶는 飛鳥盡, 良弓藏; 狡兎死, 走狗烹〉 경우를 많이 보았기 때문이었다. 벼슬살이를 하면 항상 긴장과 불안·공포를 가슴에 담고 살아야 했다. 따라서 벼슬을 버리고 욕심 없는 생활을 하면 재앙을 피할 수 있었다. 송대의 구양수歐陽修는 자신의 제자들에게 이렇게 이야기하였다. 『난 생전에는 명예와 절개를 깨끗이 하였으니, 내세에는 그림이나 실컷 그리리라. 일찍 물러나 만년을 보전할 것이지, 어찌 쫓겨나기를 기다릴 것인가?』

구양수의 말은 명성을 얻지 못하는 초조함이나 언제 쫓겨날지 모르는 두려운 사대부의 심리를 반영한다. 은사의 사상을 통해 마음의 안정을 구하는 것은, 봉건사회의 어려운 상황에 처하였을 때의 하나의 해탈방법이기도 했다.

사대부의 이런 심리는 그들의 성격을 형성하였다. 일반적으로 사대부는 통치계급에 속했으므로 그들의 성격은 이중성을 지니고 있었다. 그 하나는 청렴하고 고상하여 어떤 경우에도 결코 꺾이지 않는 강인함이다. 또 다른 하나는 유약하고 소심하며, 자기를 굽히고 권세를 따르는 성격이다. 이러한 양면적인 성격은 사대부들을 불쌍하기도 하고 존경스럽기도 하며, 혹은 처량하고 실망스럽게 보이기도 한다. 은사의 심리는 사대부에게 깊은 흔적을 남겨, 그들만의 독특한 성격을 조성하였다.

제 2 장
은사의 인생태도

1. 은사의 생사관生死觀

삶과 죽음의 문제는 인간의 영원한 숙제이다. 태어나고 죽는 문제는 수천 년 동안 줄곧 사람들을 괴롭혀 왔다. 사람은 왜 태어나는가? 왜 죽는가? 삶에 대한 갈망과 죽음의 공포는 언제나 인간을 따라다닌다. 현재에 이르기까지 인간의 모든 활동은 이 문제를 해결하기 위한 노력이라고 말할 수도 있을 것이다. 오늘날 인간의 능력은 부분적으로 자신의 생사를 좌우할 수 있는 주도권을 쥐게 되었으나, 완전한 해결은 아직도 머나먼 일이거나 혹은 영원히 불가능한 일일 것이다. 사상가들은 모두 이 문제의 해결을 시도하였고, 수많은 답안을 제기하기도 했었다. 생사문제에 대한 수많은 이론 속에 은사들도 그들의 의견을 발표했다.

장자莊子는 선진先秦시대의 중요한 사상가로서 노장학설의 창시적 인물이며, 동시에 중국 은사문화에 중요한 영향을 미친 인물이기도 하다. 《장자》에는 전설적인 은사들이 많이 언급되어 있다.

장자의 사상은 후대 은사들이 신봉하는 원칙이 되었고, 동시에 장자 역시 은사의 전형적인 인물이었다고 전해진다.

《사기史記》에 다음과 같은 이야기가 실려 있다.

> 초楚나라 위왕威王은 장주莊周가 현명하다는 말을 듣고, 이내

많은 선물을 내리며 그를 재상으로 삼겠다고 하였다. 그러나 장주는 초나라의 사신에게 웃으며 말했다. 『천금千金이라면 대단히 많은 재물이고, 경상卿相은 존귀한 지위요. 그러나 그대는 제물祭物로 바쳐지는 소를 보지 못했소? 몇 달 동안이나 소를 잘 먹여 수놓은 비단옷을 입히고는 태묘太廟로 들여보내지요. 그러나 막상 그때가 되면 소는 하찮은 돼지가 되고 싶어하지만, 어찌 가능한 일이겠소? 그대는 어서 돌아가시오. 나를 욕되게 하지 마시오. 나는 차라리 더러운 도랑에서 노닐며 스스로 즐거워하리니, 군주에게 얽매이지는 않을 것이오. 죽을 때까지 벼슬을 하지 않고 내 뜻대로 살고 싶을 뿐이오』[27]

《장자》에는 인간의 생사에 대한 많은 이야기가 실려 있다. 〈대종사大宗師〉편에서 장자는 『삶과 죽음은 하늘의 명이며, 밤과 아침이 변함 없이 항상 있는 것은 하늘의 도리이다』[28]라고 하였고, 또한 생사에 대해 진일보한 견해를 제기하였다.

무릇 조물주께서 나의 형체를 만들어 살아서는 고생하게 하고, 늙어서는 편안하도록 하며, 죽어서는 쉬게 하였도다. 그러므로 나의 삶을 잘 영위하는 것이 내 죽음을 잘 맞이할 수 있는 까닭이 된다.[29]

인간의 삶이란 자연의 안배이다. 삶에는 살아가는 즐거움이, 죽음에는 죽는 즐거움이 있는 것이다. 사람이 삶과 죽음의 관계를 간파하려면 평안한 마음으로 삶과 죽음을 대해야 한다. 심지어 장자의 눈에는 죽는 즐거움이 사는 즐거움보다 더 좋아 보였다. 때문에 『사람은 태어날 때 근심과 더불어 태어나는데, 장수하는 사람은 오래도록 걱정을 하면서도 죽지 못하니,

그 얼마나 괴로운 일인가?』라고 하였다. 그러면 죽음에 대해서는 어떻게 생각했을까? 『죽음의 세계에는 위로 임금도 없고, 아래로 신하도 없으며, 또한 사계절의 변화도 없다. 조용히 천지의 수명과 같이 할 뿐이다. 비록 임금의 즐거움이라 해도 이러한 즐거움을 뛰어넘지 못한다』 이런 생각 때문에 장자는 사람들이 목숨을 귀중하게 생각하고, 평생 부귀영화를 추구하느라 노심초사하는 것을 아주 가소롭게 보았다.

장자의 아내가 죽자, 장자는 편하게 앉아 그릇을 두드리며 노래를 불렀다. 그러자 친구가 그를 질책하였다. 『자네 아내는 자네를 위해 자식을 낳고 가르치고 이젠 늙어 죽었으니 통곡을 해야 할 텐데, 그릇을 두드리고 노래를 부르다니 너무 심한 게 아닌가?』 그러자 장자는 이렇게 대답하였다. 『내 아내가 막 죽었을 때는 나도 슬펐다네. 그러나 나중에 생각해 보니 아내는 태어나기 전에는 아무런 생명이 없었고, 생명이 없었을 뿐만 아니라 형체나 기氣 또한 없었지. 나중에야 차츰차츰 생명체로 변한 것일세. 지금 생명이 다시 죽음으로 변한 것은 사계절이 번갈아 오듯이 순환 변화한 것뿐일세. 지금 내 아내가 천지자연으로 돌아갔다고 해서 통곡을 한다면, 이는 자연에 대한 거역이 아니겠는가?』

장자가 〈그릇을 두드리며 노래를 불렀다〉는 이야기는 삶과 죽음이 자연의 변화라는 인식을 반영한 것이며, 동시에 죽음에 대한 대범한 태도를 나타낸 것이다. 장자 이후로 은사들은 생사의 문제에 대해 많은 견해들을 제기했는데, 생사에 대한 태도 역시 각기 달랐다. 은사의 생사관生死觀은 중국 고대 사상에 상당히 큰 영향을 미쳤다. 그 중에서도 특히 도연명의 생사관은 장자의 사상을 계승하였으며, 그 기초 위에 더욱 발전시켜 위진남북조 사상의 중요한 자리를 차지하였다.

도연명은 중국 역사에서 매우 유명한 인물이자, 은사의 대표적 인물이기도 하다. 그는 문학가로서는 물론이고, 사상가로서도 결코 홀시할 수 없는 인물이다. 그는 당시 사상계의 중요한 이론들과 은사의 정신을 융합시켜 자신의 독특한 이론을 형성하였다. 도연명의 저작 가운데 〈형영신形影神〉이라는 시는 철학적 색채가 짙은 작품이다. 유명한 사학가인 진인각陳寅恪은 『이 3수의 시는, 위魏나라 말기부터 동진東晉에 이르는 기간의 사대부들의 정치관・인생관의 발전과정과 도연명 자신이 얻은 결론을 대표한다』라고 평하였다. 진인각은 그것을 일러 〈신자연설新自然說〉이라고 이름하였다.

도연명은 이 시에서 사람이 비록 만물의 영장이라 하지만, 그 생명의 과정은 자연만물에 비해 훨씬 뒤떨어진다고 하였다.

> 천지는 오래도록 없어지지 않고,
> 산과 강도 바뀌지 않네.
> 초목들도 변치 않는 이치가 있어,
> 서리에 시들고 이슬에 되살아나네.
> 사람을 만물의 영장이라 하지만,
> 그들처럼 다시 소생하지는 못하더라.[30]

천지는 없어지지 않고 산천은 변하지 않으며, 초목은 사시사철 무성했다 시들기는 하지만 이 또한 〈변치 않는 이치〉를 지니고 있으니, 오래도록 무성했다 시드는 일이 계속되는 것이다. 그러나 사람의 삶과 죽음은 한번뿐이라서 장생불사하고자 하지만, 별다른 방법이 없어 결국은 죽게 된다. 사람과 자연의 관계는 인류가 오랫동안 사색해 온 문제였다. 사람이 자연을 장악하느냐, 아니면 종속되느냐 하는 문제는 사상에 따라 각기 다른 견해를 보인다. 은사는 자연에 비해 인생은 짧은 것이고, 아무런 결과도 없는 것이라고 인식했다. 때문에 그들은 자신을 자연과 밀접하게 연결지어 자연으로 돌아가, 그 속에서 영원한 생명력을 느껴보려고 했던 것이다.

자연으로 돌아가 자연과 하나가 되고, 자연의 영원함을 빌려 생명의 영원함을 꾀하는 것은 중국 은사의 가장 기초적인 사상이자, 짧은 목숨 속에서 찾아낸 하나의 해탈방법이었다.

그러나 한편으로 생각해 볼 때, 기왕 생명이 유한한 것이라면 공을 세워 영원히 남을 명성을 얻으려고 노력해야 하지 않을까? 유가에는 이른바 삼불후설三不朽說이 있다. 즉, 〈가장 귀한 것은 덕을 세우는 일이요, 그 다음은 공을 세우는 일이고, 그 다음은 옳은 말을 남기는 것〉이다. 사실 살아서 공을 이루고 죽어서 명성을 남긴다는 것은, 영생을 추구하려고 약을 먹는 것과 다를 바가 없다. 이는 개인을 인간사회의 기나긴 강에 집어넣어 쉬지 않고 흐르는 역사의 흐름 속에서 사라지지 않게 하려는 것이니, 유한한 인생을 보상받으려는 것이라 하겠다. 위진 시기의 명교파名教派들이 이해했던 인생이 바로 이런 것이었다.

그러나 도연명은 이러한 인생태도를 부정하였다. 그는 〈신석神釋〉(정신의 해탈)에서 『세 황제 같은 위대한 성인은 지금 어디 계시는가? 팽조彭祖는 영원히 살고자 했으나 살아남지 못했네. 늙으나 젊으나 모두 한번 죽는 것이며, 현명한 자나 어리석은 자나 여러 번 살 수는 없네』[31]라고 하였다.

현명한 자나 우매한 자, 황제이거나 위대한 성인이거나 결국은 모두 죽음을 피할 수는 없는 것이다. 인생은 사라지는 것이 아니라는 말은, 자신이 죽는 것을 위안하기 위한 공상일 뿐이다. 훌륭한 덕을 후세에 전하거나, 공을 세우거나, 좋은 작품을 후세에 전하더라도 육체의 소멸을 피할 수는 없다. 은사가 은거하는 것은, 그들이 인간세상의 부귀공명의 좋은 점을 몰라서이거나 부귀공명에 유혹을 느끼지 않아서가 아니다. 그것은 세상의 부귀공명이라는 것이, 삶과 죽음이란 커다란 문제와 비교해 보면 너무도 미미한 것이라 마음이 끌리지 않은 것이다. 짧은 인생에서 사람을 괴롭히는 수많은 문제들을 아직도 해결하지 못했는데, 부귀공명에 급급해 할 틈이 어디 있겠는가?

인생은 무상하고, 결국 죽게 된다는 사실은 인간을 위협하고 있다. 도연명의 작품 가운데 이러한 정서를 표현한 것이 매우 많아 중요한 주제 가운데 하나를 이루고 있다. 그는 이 문제에 대해 어떤 해답을 내리고 있는가? 바꿔 말하면, 그는 삶과 죽음을 어떻게 바라보고 있는가? 〈신석〉에는 이렇게 씌어 있다.

> 지나친 근심은 도리어 내 삶을 해치는 것,
> 대자연의 운세에 맡기는 것이 당연한 일.
> 우주자연, 그 변화의 물결따라 출렁이듯 하나가 되면,
> 인간적인 기쁨과 슬픔도 없을 것이네.
> 스러져야 할 생명 어서 보내게,
> 혼자 잘못된 생각에 빠져 걱정하지 말고![32]

극히 미미한 개인을 무한한 자연에 집어넣어 인연에 따라 결정하고 경우에 따라 편안히 살며, 기뻐하지도 두려워하지도 않음으로써 유한함에 영원이라는 의의를 부여하는 것이다. 이렇게 생사란 찰나의 일일 뿐이며, 평안한 마음과 태도로 대하게 되면 생사 또한 더 이상 그렇게 두려운 위협이 아니다. 도연명은 이러한 태도로 생사의 문제에 답하였다.

전술했듯이, 위진남북조 시기는 중국 사상사에 있어서 중요

한 단계이다. 어떤 연구가는 이를 〈자각의 시대〉라고 말하기도 하는데, 일리가 있는 말이다. 자각이라는 것은 개체 생명의 의의와 가치에 강한 주관 인식이 생겨나는 것이다. 이러한 사상의 자각시대에서 독서인들은 자연스레 가장 먼저 개성과 군체의식을 표현했다.

짧은 인생과 빨리 흘러가 버리는 시간, 생사의 무상함을 한탄하는 것은 바로 이런 자각의식의 반영이다. 도연명 전에도 일부 독서인들은 개체 생명의 의의에 대해 사고하기 시작했는데, 자연설自然說을 주장한 혜강 같은 이는 강렬한 개성으로 유명하다. 생사에 대한 그의 인식은 여전히 〈구자연설〉의 범주에 머물러 있지만, 그래도 세상을 놀라게 하기에 충분했다. 《삼국지三國志》는 《혜씨보嵇氏譜》를 인용하여 다음과 같이 기록하고 있다.

> 혜강은 자라서는 노장의 학술을 좋아하였고, 평온하고 조용하며 욕심이 없었다. 장생불사약을 복용하였고, 항상 황제에게 올리는 약을 구하였다……신선이란 자연을 본받아서 배우지 않고도 이를 수 있는 것이라 여겼다. 혜강은 수양하여 도리를 얻는데 목숨을 다 바쳐 안기安期 · 팽조彭祖 등의 무리처럼 그것을 구하여 얻을 수 있었다. 그는 《양생편養生篇》을 지었다. 스스로 이익을 두터이 하려는 자는 자신이 태어난 목적을 잃고, 이익을 구하는 자는 자신의 본성을 상실하고야 만다는 사실을 알았다. 이에 초연히 홀로 달통하여 마침내 세상일을 팽개치고, 속세를 벗어나 제멋대로 행동하였다.[33]

혜강의 관점은 생명을 보장할 수 없는 어지러운 현실에 대한 변형된 항의였다. 혜강은 통치자에게 협조하지 않았으므로 명교파와 충돌하였고, 결국은 통치자에게 죽임을 당하였다.

여기서 주의할 것은 혜강의 사상 가운데 어떤 점은 도연명과 다르다는 것이다. 혜강은 『생명은 유한한 것이므로 목숨을 영원히 지속시킬 방법을 강구해야 한다』라고 하였다. 따라서 그는 도교道敎의 양생술養生術을 빌려 신선이 된다는 이론을 신봉하였다. 혜강뿐만 아니라 많은 은사들이 도교의 장생불사를 믿었고, 도사와 은사라는 두 가지 신분을 겸하고 있었다.

제왕들은 은사와 교류하며, 그들에게서 황백술黃白術을 배워 장생불사하고자 하였다.

은사의 생사관은 그들의 사상과 행동에 직접적인 영향을 미쳤다. 〈세상을 피해 목숨을 부지하는 것〉은 은사의 중요한 사상이다. 어지러운 세상을 만나자 은사들은 세상과 백성을 구할 뜻을 잃고, 난세에서 목숨을 보존하기 위해 애쓰며 그럭저럭 살아갔다.

후한後漢시대의 방공龐公이라는 은사가 현산峴山 남쪽에 은거하며 도시로 들어가지 않자, 어떤 사람이 『당신은 자기 목숨은 부지하려 하면서, 어찌하여 천하를 보존하려고는 하지 않는가?』라고 물으니, 방공이 이렇게 대답하였다.

『기러기나 고니는 높은 나무 위에 집을 지어 날이 저물면 깃들 곳을 얻고, 큰 자라나 악어는 깊은 연못 속에 집을 지어 저녁이면 묵을 수 있소. 대저 나아가고 머무르고 행하고 멈추는 것 또한 사람이 거하는 곳이오. 각기 머무르는 곳을 얻으면 그뿐, 세상은 보존할 게 없는 것이오.』

그의 말은 사람도 새나 짐승·어류·곤충과 마찬가지여서 목숨만 부지할 뿐, 천하나 국가는 가장 중요한 일이 아니므로 이 때문에 걱정할 필요가 없다는 뜻이다.

무상한 인생, 짧은 목숨은 눈 깜짝할 새 지나가 버린다. 이렇게 짧은 인생에서 사람들은 각기 서로 다른 선택을 한다. 자신의 일생을 사회에 몰입시켜 인간을 복되게 하고, 후세에 은덕을 미치며, 역사에 이름을 남기는 것은 적극적이며 발전적인 인생태도이다. 교활한 방법으로 명성과 이익을 구하고 향락을 탐하는 것은 부패한 인생태도이며, 욕심 없이 시세에 따라 적당한 행동을 취하고, 노하지도 않고 달리 하는 일도 없이 세상을 피해 목숨을 부지하는 것은 소극적인 인생태도이다. 은사들은 맨 마지막의 인생태도를 선택하였다. 그러나 은사들의 소극적인 인생태도에 철학적인 인생관이 담겨 있다는 것을 직시해야 한다. 동시에 은사들의 소극적 태도는 사회가 조성한 것이며, 이는 현실을 변화시킬 수 없는 봉건사회 독서인들의 비극적인 운명을 반영하고 있는 것이다.

2. 은사의 공명관功名觀

살아가다 보면 수많은 유혹이 여러분을 기다리며 지켜보고 있을 것이다. 어떤 유혹은 우리에게 힘을 주어 인생이라는 망망대해를 힘껏 헤쳐 나가게도 하지만, 어떤 유혹은 초조하게 만들어 쉼없이 무언가를 추구하게 하고, 결국은 유혹의 노예로 만들어 버리기도 한다. 유혹은 피하기 힘든 것이지만, 어떻게 대처하고 무엇을 하느냐에 따라 그 결과는 달라진다.

사회생활을 하는 인간에게 부귀공명은 절대적인 유혹이다. 부귀공명은 그 사람의 사회적 지위와 재능을 대변해 주는 것이자 가치 실현 정도를 반영한다. 부귀공명은 부유하게 살 수 있게 하고 갖가지 욕망을 만족시켜 준다. 그러나 부귀공명을 얻기 위해서는 대단히 큰 대가를 치러야 하는데, 어떤 때는 자신의 인격・원칙・이상과 맞바꾸어야 하는 경우도 있다. 게다가 이미 얻은 부귀공명을 지키는 것은 더더욱 어려운 일이다. 대다수의 사람들은 여러 가지 조건의 제한으로 인해 평생 부귀공명과는 아무런 인연이 없기도 하다. 이런 이유 때문에 부귀공명에 대한 인간의 태도는 모순적이다. 그 하나는 이를 얻으려고 갈망하고, 얻은 후에는 잃을까 두려워하는 것이다. 또 다른 하나는 그것이 영원한 가치를 지닌 것이 아니며, 유한한 인생에서 부귀공명을 추구하는 것이 꼭 가치 있는 것은 아님을 깨닫는 것이다.

이러한 모순은 중국 고대 사대부들에게서 더욱 두드러지게 보인다. 때문에 그들은 부귀공명을 어떻게 다루어야 하는가 끊임없이 숙고해 왔다.

사대부 계층의 특수한 일부분이었던 은사 역시 부귀공명에 대해 그들 나름의 견해를 지니고 있었다. 사회적 신분과 지위의 특수성 때문에 은사는 세상의 부귀공명과는 가장 거리가 먼 사람들이라고 말할 수 있다. 은사는 세상을 피해 벼슬을 하지 않으며, 사회와는 거리를 둔다는 것을 원칙으로 삼았으므로 자연히 공명에 대해서는 냉담하였다. 은사의 태도는 소박한 자연과 깨끗하고도 욕심 없는 마음을 선택하도록 결정했으며, 심지어는 가난을 생활방식으로 삼도록 하였다. 어떤 은사는 여건이 좋아 먹고 사는 걱정이 없기도 했지만, 전체적으로 볼 때 은사의 경제생활은 역시 힘든 편이었다. 부귀공명과 무관하다는 것은 초월한 눈으로 세상의 갖가지 유혹을 바라보게 하였고, 때문에 그들은 독특한 공명관과 부귀관을 지니게 되었다.

부귀공명에 대한 은사의 견해는 그들의 인생태도와 밀접한 관계가 있다. 전술했듯이 자신의 능력으로는 어쩔 수 없는 현실에 대한 비관, 인생의 덧없음에 대한 괴로움이 빚어낸 고통과 비교할 때 인간세상의 명성이나 이익은 정말로 하찮은 것이었다.

도연명의 〈음주飮酒〉 시 20수 가운데 첫수는 다음과 같다.

> 영고성쇠는 정해진 것이 아니라, 서로 뒤바뀌며 돌게 마련이네.
> 오이밭을 가는 소평邵平이 동릉후東陵侯였다는 것을 누가 알리오?
> 여름 겨울 뒤바뀌는 자연처럼, 인간의 이치도 그와 같은 것일세.

심오한 진리를 터득하여 달통한 사람, 앞으로 다시는 현혹되지 않으리라.

갑자기 술 한 동이가 생기니, 날 저물면 술 마시며 즐기리라.[34)]

이 시에 나오는 〈오이밭을 가는 소평이 동릉후였다는 것을 누가 알리오?〉라는 구절은, 다음과 같은 일화에서 비롯된 것이다. 진대秦代에 소평邵平이라는 이름의 동릉후東陵侯가 있었는데, 진나라가 멸망하자 오이를 심어 생활을 이어나갔으므로 세상에서는 그를 동릉과東陵瓜라고 부르게 되었다. 왕조가 바뀌고 사람의 일이 다 변하는데 왕후장상인들 영원할 수 있겠는가! 『영화가 쇠해 버리면 머무를 곳이 없어진다』라는 말 그대로, 과거에 누리던 것을 모두 잃어버리게 되는 것이다. 도연명은 부귀공명이란 동릉후가 동릉과가 된 것처럼 오늘은 이랬다가 내일은 저렇게 되는 변화무쌍한 것이며, 영원히 존재할 수 없는 것이라고 인식하였다.

도道를 잃어버린 지 어느덧 천년이라, 사람들은 서로 정 주기에 인색하네.

술이 있어도 마시기 꺼려 하며, 오직 세속적 명리만 쫓노라.

내 몸 귀하게 해주는 부귀영화도, 고작 내 한평생 누릴 수 있을 뿐.

또한 한평생은 얼마나 될 것인가! 홀연 번쩍하고 지나가는 번개 같은 것.

길어야 백년을 째째하게 살아봤자, 그런 인생 무엇을 하겠는가?[35)]

여기서 주의할 것은 〈내 몸 귀하게 해주는 부귀영화도 고작

내 한평생 누릴 수 있을 뿐〉이라는 명제는, 개체 생명의 가치를 인식하기 시작한 한위육조漢魏六朝 시기의 사상사조와 일치한다는 점이다. 그들은 시간과 공간의 무한함에 비해 생명의 덧없음을 인식하였고, 한걸음 더 나아가 일생에 있어 자신의 가치를 실현하며 자기 뜻대로 살고자 한 것이다. 이러한 시대사조 속에서 사대부들은 각기 다른 내용과 요구를 제시하였다. 어떤 사람들은 인생이 짧다는 것을 깨닫자 〈한평생 이름을 세우지 못하는 것을 괴로워〉하였다. 그래서 그들은 세상의 부귀공명에 더욱 연연해 하며 공을 세워 역사에 자신의 명성을 남기고자 하였다.

동진東晉의 육기陸機라는 사람은 〈장가행長歌行〉이라는 시에, 세월은 흘러가는데 공을 세우지 못하는 괴로움을 적고 있다.

가버리는구나 하늘을 가로지르는 태양아,
슬프도다 대지를 감싸 흘러가는 강물아.
잠깐이라도 해그림자 멈추는 법 없고,
한 척 파도는 어찌 그냥 돌아오는가?
한해는 센 화살처럼 빨리도 가버리고,
시간은 팽팽히 당겨진 시위처럼 언제나 분명히 돌아오는구나.
긴 수명 유지하기 진정 어렵고,
수명을 온전하게 채우기도 진정 힘든 일.
아름다운 용모는 하루 아침에 시들어 버리고,
윤기 흐르던 몸은 그 자리에서 절로 손상되는 법.
만물은 진정 멈추기 어려운 것인데,
나의 천수를 어찌 늘릴 수 있으리!
굽어보고 우러러보니 지나가는 시간은 과거가 될 터.
문득 어디쯤에 와 있는가!

강개하여 하소연하노니,
천도天道란 진정한 자연스러움을 말하는 것일세.
다만 내 공적과 명예가 적어,
책에 내 이름 적힌 바 없음이 한스럽구나.
아직 날 저물지 않았으니,
긴 노래에 내 한가로움이나 달래볼까나.[36]

육기 역시 빨리 흘러가 버리는 시간과, 사람이 금세 늙는 것을 한탄하고 있지만 결론은 다르다. 육기는 공명을 세우지 못해 역사책에 기록되지 못한 것을 한탄한 것이다. 육기는 동진 성도왕成都王 사마영司馬穎의 후장군後將軍·하북대도독河北大都督에 임명되어 〈팔왕八王의 반란〉에 참여했으나 결국은 패배하여 피살되었다. 그의 이름은 그의 바람대로 역사책에 남았으나, 중요한 것은 정치상의 공로 때문이 아니라 뛰어난 문장력 때문이었다.

또 다른 사람들은 부귀공명은 얻기도 어렵고 무상한 것이니, 차라리 편한 마음으로 자기 본성대로 행동하고 즐기며 자신을 굽히지 않고 소요자적하는 것이 낫다고 생각하였다. 그리하여 사마천司馬遷은 은사였던 자신의 친구 지준摯峻에게 이렇게 권하였다.『가장 귀한 것은 덕을 세우는 것이고, 그 다음은 옳은 말을 하는 것이며, 그 다음은 공을 세우는 것일세. 이는 자고 이래로 군자들이 중하게 여기는 세 가지 큰일이지. 그대의 재주와 학문은 탁월하고 명성 또한 높지 않은가? 그런데 어찌하여 그대의 덕행을 세상에 드러내지 않으려는 것인가?』

그러자 지준은『물론 자신의 재주나 덕에 따라 세상에 이름을 빛내며 살아가면 후회하지 않는다는 말을 들었네. 그러나 이익이나 명망이란 제 맘대로 얻을 수 있는 것이 아닐세. 나같이 쓸모없는 사람은 조용하게 한평생을 살고 싶을 뿐일세』라고 대답하였다.

물론 지준의 능력은 사마천과는 비교할 수 없는 것이었다. 그러나 사마천은 뛰어난 재능과 충성심으로 올바른 일을 했지만 결국은 부형腐刑을 당했고, 바로 이런 사회 현실이 지준으로 하여금 은거하며 목숨을 부지하게 만든 것이다. 때문에 지준이 부귀공명을 보자마자 물러선 것은 일리 있는 일이라고도 할 수 있을 것이다.

진대秦代에는 동원공東園公·녹리선생甪里先生·기리계綺里季·하황공夏黃公이라는 4명의 은사가 유명했는데, 이들은 〈사호四皓〉라고 불리던 노인들이었다. 그들은 함께 은거하며 〈자지가紫芝歌〉라는 노래를 불렀다.

울창한 높은 산에는 깊은 골짜기 구불구불하고,
커다란 보랏빛 영지는 병을 낫게 하네.
당우唐虞의 시대는 이미 먼 옛날이니 어찌 돌아갈 수 있으리?
네 마리 말이 끄는, 높은 덮개 씌운 수레를 타는 고관대작의 근심은 더욱 크노라.
부귀해도 남을 두려워하는 것보다는,
빈천해도 내 뜻대로 사는 것이 나으리라![37]

사호의 〈자지가〉나 도연명의 동릉과 이야기는, 난세에서는 왕공장상들도 결국은 끝이 좋지 않았음을 말하는 것이다. 부귀공명은 언제까지나 지킬 수 있는 것이 아닐 뿐만 아니라, 이것이 화근이 되어 재난을 가져다 줄 수 있다. 그러므로 가난하고 지위가 낮은 사람은 오히려 아무것에도 얽매이지 않고 편안히 세상을 살 수 있다. 물론 여기서 말하는 빈천한 사람이란, 일반 백성이 아니라 세상을 피해 은거하는 은사를 가리키는 것이다. 은사는 세상의 분쟁에 끼어들지 않기 때문에 자연히 세상의 재난도 피할 수가 있다.

봉건시대의 제왕들은 항상 억압과 회유라는 두 가지 방법으로 사인士人을 정권에 복종시켰다. 사대부들은 〈부귀에 유혹당할 수 없고, 빈천함 때문에 동요될 수 없으며, 무력에 굴복할 수 없다〉라는 신조를 정신적 무기로 삼아, 통치자들의 위협과 유혹에 맞섰다.

은사 역시 항상 제왕의 협박과 유혹을 받았다. 은사를 정권에 굴복시키기 위해 제왕들은 언제나 높은 관직과 많은 재물로써 그들을 유혹하거나, 살육으로 위협하기도 했다. 한대漢代 성제成帝 때, 한 유명한 은사가 성제의 부름을 받았다. 성제가 그를 복종시키려고 『난 사람을 부귀하게도 만들 수 있고, 죽일 수도 있소. 그대는 어찌 내게 저항하는 것이오?』라고 묻자, 그가 『폐하께서는 사람을 귀하게 만드실 수 있사오나, 신은 폐하의 관직을 받지 않을 수 있사옵니다. 폐하께서는 부유하게 만드실 수 있사오나, 신은 폐하의 봉록을 받지 않을 수 있사옵니다. 폐하께서는 사람을 죽일 수 있사오나, 신은 법률을 어기지 않을 수 있사옵니다. 폐하께서는 신을 어쩌실 수 있겠는지요?』라고 되물었다.

진대晉代의 황보밀皇甫謐이라는 은사는, 동한東漢의 태위太尉였던 황보숭皇甫嵩의 손자로서 명문세가의 자손이었다. 그러나 그는 세상 사람들과 교유하는 것을 원치 않았으므로 낮은 지위와 가난을 기꺼이 받아들였고, 스스로 논밭을 일구며 공부하여 대학자가 되었다. 그는 〈원수론元守論〉이라는 글을 지어 부귀와 빈천에 대한 자신의 견해를 피력하였다.

누군가 내게 『부귀함은 사람이 바라는 바이고, 빈천함은 사람이 싫어하는 바인데, 어찌하여 하늘로부터 받은 몸을 가난함에 두고 변하려 하지 않소? 도의 귀한 점은 세상을 다스리는 것이고, 사람이 훌륭하게 되는 것은 시운에 맞는 것이오. 선생이 늙어 이가 빠지고, 어렵게 살며 추위와 배고픔에 고생하다가 아무렇게나 구덩이에 뒹굴어 죽는다고 해서 누가 알아 주겠소?』라고 하였다.

『그러나 사람이 성스럽게 아껴야 할 것은 목숨이고, 도道가 반드시 갖추어야 하는 것은 드러내는 것이며, 신체가 이길 수 없는 것은 질병이다. 온전한 도를 순순히 따르는데도 생명을 잃는데, 어찌 빈천함을 버린 채 욕심만 부리리오? 나는 말하노라. 〈다른 사람의 봉록을 받는 사람은 다른 사람의 근심을 나누어야 한다〉라고 들었다. 몸이 강한 사람도 감당하지 못하는데, 하물며 나 같은 약골이야 어떻겠는가? 또한 가난이란 선비에게 당연한 것이고, 천하다는 것은 도의 실상이다. 당연한 것에 처하여 그 실질을 얻으면 늙어도 걱정이 없으니, 부귀하지만 정신이 평온하지 않은 것과 비교할 때 어느 것이 낫겠는가?』[38)]

황보밀은 부귀란 정신을 소모시키는 원인이고, 남의 봉록을 먹으려면 타인의 근심을 나누어야 하므로 분명 자신을 잃게 되는 것이라고 여기었다. 부귀하여 자신을 해치는 것보다는 낮은 지위와 가난하면서도 몸을 보전하는 것이 낫다고 생각한 것이다. 그는 부귀란 것은 갈망할 가치가 없으며, 고뇌의 근원이므로 차라리 빈천하게 생을 마칠지언정 부귀공명을 얻으려 벼슬을 하지는 않겠다고 하였다. 나중에 황제는 몇 번이나 더 그를 관리가 되게 하려고 했지만 끝내 거절하였다.

은사들이 부귀공명을 하찮게 여긴 것은, 자신들이 굳게 지키려는 〈도〉가 더욱 중요하다고 생각했기 때문이었다. 이 〈도〉라는 것은 은사들이 신봉하던 도덕원칙이다. 은사의 눈에는 〈도〉와 세상의 부귀공명이 모순되는 것이었다. 〈도〉란 것은 영원히 존재하는 것이지만, 부귀공명은 눈앞의 연기처럼 순간적인 것이다. 때문에 그들은 영원한 가치를 지닌 〈도〉를 선택하고 부귀공명을 버린 것이니, 이는 『뜻을 수양하면 부귀를 가벼이 여기게 되고, 도의道義를 중히 여기면 왕공王公을 가벼이 여기게 된다』[39]라는 순자荀子의 말과 같다.

후한後漢에 정단井丹이라는 은사가 있었다. 제후와 왕자들이 그를 빈객賓客으로 청하려고 천만 냥을 주며 강제로 데려왔다. 그러나 정단은 궁궐에 끌려와서도 전혀 두려워하는 기색 없이 평상시처럼 먹고 마시고 행동하다가, 떠날 때는 그들을 비웃었다. 그러자 혜강은 〈정단찬井丹贊〉이라는 글을 지어 그를 찬양하였다.

> 고결하구나 정단이여, 부귀영화를 선망하지 않는구나.
> 자신의 절개를 지켜 다섯 왕에게 저항하고, 다른 부류와는 사귀지 않았네.
> 거리낌 없이 천하를 책망하니, 좌우가 모두 숨을 죽이네.
> 베옷 입고 길게 읍하니, 그의 의로움은 모여 있는 모든 사람들을 뛰어넘네.[40]

또한 심발沈勃은 양대梁代의 은사 심의沈顗의 종숙부로서, 남조南朝의 고관이었다. 심발은 고향인 오흥吳興에 올 때마다 많은 사람들에 둘러싸여 함께 신나게 먹고 마시곤 하였다. 심의는 한번도 심발의 집을 방문한 적이 없었는데, 심발이 직접 그를 방문하면 심의는 겨우 문지방까지만 그를 배웅하였다. 그러자 심발이 『난 지금에야 부귀함이 때로는 빈천함보다 못하다는 것을 알았다!』라고 탄식하듯 말했다.

은사는 왕이나 제후를 우습게 알았는데, 자신들이 그럴 만한 가치가 있다고 생각했기 때문이다. 은사는 도를 귀히 여기고, 도를 이루고자 힘썼다. 〈도〉의 계승자이자 옹호자인 은사의 가치기준은 세상 사람들의 것과는 달랐다. 일반인들은 부귀공명을 추구하지만 은사는 그것을 위험한 것으로 여겼고, 세상 사람들은 사치와 화려함을 추구하지만 은사는 이를 자연스럽고 소박한 인성에 위배되는 것이라 여겼다. 또한 사람들은 부귀를 추구하지만, 은사는 이것을 인생에 무익한 것이라 생각하였다. 결국 은사는 일반인과는 다른 길을 추구하고 선택하였다. 물론 은사가 부귀공명을 가벼이 여긴 것은 또 다른 이유가 있었다. 부귀공명을 얻는 것은 너무도 어려운 일이었고, 많은 사람들이 모두 얻을 수는 없었으므로 부귀공명을 멸시하는 태도를 취하여 정신적으로 자위하려는 것이다. 그러나 어떻든간에 부귀공명에 대한 은사의 태도는 담담하고 무관심하다고 말할 수 있다. 이는 중국 은사의 중요한 경향이다.

3. 은사와 불도佛道

사대부 계층의 사상은 여러 가지 성분으로 이루어져 있다. 사대부 사상의 주류는 물론 유가사상이다. 그러나 다른 학파의 영향 또한 부인할 수 없다. 더구나 각 시대의 정치적·문화적 원인 때문에 갖가지 사상이 상호작용을 일으켜, 사대부의 사상 속에서 서로 융합하며 각기 그 장점을 드러내었다. 특히 도가와 불가사상은 사대부에게 중요한 영향을 미쳤다. 중국 사상사의 후기에 해당하는 송대와 명대 이후에는 오랜 투쟁과 융합을 거친 유·불·도 3가가 이미 융합하는 추세였고, 이들이 함께 중국 사상의 완전한 체계를 구성하였다.

은사문화 역시 예외일 수 없다. 은사의 사상에 유가의 성분이 많은 것은 사실이다. 그러나 도가와 불가사상의 영향이 많은 것 또한 사실이다. 특히 노장이론을 기본으로 하는 도가사상은 은사문화의 중요한 사상적 근원이다. 은사들은 자기가 사상을 습득한 경로를 따라 유가·도가, 혹은 불가에 편중되었다. 예를 들어 명대의 은사 오해吳海는 유가사상에 근거한 사람으로서, 다음과 같은 의견을 발표했었다.

> 양묵楊墨,(楊走와 묵적墨翟)·석가釋家·노자老子는 성도聖道의 적이고, 관중管仲·상앙商殃·신불해申不害·한비자韓非子는 치도治道의 적이다. 패관稗官 야사野史는 정사正史의 적이

고, 곡사曲詞나 선정적인 이야기는 문장의 적이다.[41]

그는 〈성도聖道〉를 해치는 사악한 말이나 이단적인 유파, 〈성도〉에 맞지 않는 서적은 모두 금하고 없애야 한다고 조정에 청하였다. 또한 〈서화書禍〉라는 글을 지어 자신의 관점을 설명했는데, 완전히 정통 유가사상 옹호자의 모습이다. 만약 조정에서 오해의 말 그대로를 실행했다면, 〈분서焚書〉 사건이 또 한차례 벌어질 뻔하였다.

또 다른 은사들은 노장老莊의 도가사상을 더 숭상하였다. 혜강 같은 사람은 〈여산거원절교서與山巨源絶交書〉라는 글에서 『나는 언제나 탕무湯武를 비방하고 주공周孔을 가벼이 여겼네……노자・장주가 나의 스승일세』[42]라고 하였다.

또한 당대唐代의 왕적王績은 『《주역》・《노자》・《장자》를 책상머리에 두고서 다른 책은 거의 읽지 않았다』라고 하였다. 이렇듯 노장학설의 주요 저작을 필독서로 정해 두고서, 여러 가지 유가 경전들을 제쳐둔 것은 노장사상을 얼마나 숭상하였는지를 보여 주는 예이다. 당대의 은사 오균吳筠은 더욱 노골적이었다. 당 현종이 그에게 가르침을 청하자, 그는 『도에 깊은 책들도 《노자》보다는 못하니, 그 나머지 것들은 종이만 아깝게 축낼 뿐입니다!』라고 그 자리에서 거절하였다. 그는 〈천하를 다스리는 절반의 책〉이라고 칭송되던 《논어》를, 죽은 사람에게나 바치는 지전紙錢이라면서 강한 혐오감을 나타내었다.

노장에 대한 이러한 태도는 물론 시대의 영향을 받은 것이다. 혜강이 살았던 위진 시기는 노장학설이 매우 유행하여 정통 유가사상과 거의 대등한 위치에 있었다. 그러나 당대에 와서는 통치자들이 노자 이이李耳를 자신들의 선조로 받들었고, 특히 당 현종은 도교를 유난히 신봉하였다. 시대적 사조와 통치자의 옹호는 은사사상의 변화를 부채질하였다.

불교는 외래문화로서, 불교와 은사와의 관계는 유가·도가보다 뒤늦었다. 그러나 불교는 은사와 접촉하며 더 많은 사람들을 끌어들여 은사사상에 깊은 영향을 주었다. 불교는 위진남북조 시기에 중국 사상사에 등장하기 시작하여 가장 먼저 상류층, 특히 사대부 계층에 영향을 주었다. 동진 때의 유명한 승려 혜원慧遠은 은사들과 매우 친밀하였으며, 당시의 은사문화에 큰 영향력을 미쳤던 불가의 인물이다. 혜원은 관리의 자제로서, 젊었을 때에 이미 유가·도가의 경전을 섭렵하였으나, 어지러운 사회 현실을 목도하고 세상을 피해 불문에 귀의하여, 당시의 유명한 고승 도안道安의 문하로 들어갔다. 후에 혜원은 여산廬山에 사원을 지어 고관대작이나 문인·명사들과 가까이 지냈다. 많은 은사들이 혜원의 문하로 들어가 불경을 연구하고, 진리를 탐구하였다. 뇌차종雷次宗·종병宗炳·주속지周續之·유유민劉遺民 등은 모두 혜원의 제자였다. 후대의 은사들 중에도 불교를 신봉하여 불문에 귀의한 자들이 많았으니, 이렇듯 은사와 불교의 관계는 매우 밀접했다.

은사가 도교와 불교를 신봉한 것은 그들의 인생태도와 관계가 있다. 은사는 편안하고 차분한 마음으로 욕심을 없애고 세상을 피해 목숨을 부지하는 것을 인생의 목표로 삼아, 현실사회에서 떠나 삶과 죽음이라는 영원한 운명에서 벗어나고자 하였다. 도가의 청정무위淸靜無爲와 불가의 생사윤회生死輪迴 등의 이론은 은사에게 대단한 도움을 주었다. 실제로 종교사상이 일반 백성뿐 아니라 은사에게까지 영향을 미친 것이다.

종교란 본래 인간이 고통에서 벗어나는 데 이용하는 정신적 무기이다. 종교가 지니는 탈속脫俗사상은 은사의 정신과 매우 근접해 있으므로, 은사 가운데 다수가 종교를 가졌다는 것은 당연한 일이다. 외국의 은사에 대해 간단하게 살펴보면, 이 점을 더욱 잘 이해할 수 있다.

서양에도 은사라는 명칭이 있는데, 영어로는 〈허미트hermit〉라고 한다. 이들은 대부분 종교적 동기로 인해 사회를 떠나 은거하는 사람들이다. 서기 3세기경에 로마 황제 데키우스Decius가 기독교도를 박해하자, 이를 견디지 못한 신도들이 광야로 도망가 은거하며 자신들의 신앙을 굳게 지켰다. 성 바울로와 이집트의 성 안토니우스 등은 가장 초기의 은사였다. 그 중에서도 성 안토니우스는 은둔 수행하면서 은수자들의 수도원 생활을 가르치고 조직하여, 다이르마리안토니오스 수도원을 세워 은사 단체의 조직자가 되었다.

기독교도뿐만 아니라 인도에도 종교적 은사가 있었는데, 이들은 산니아신sannyasin 혹은 은둔자라고 불리었다. 이들은 두세 그룹씩 모여 사방을 떠돌아다니기도 하고, 아주 작은 방이나 동굴에 혼자 은거하였다. 그들은 자기들만의 복장규칙을 정하여, 청빈함과 홀로 지내고자 하는 바람을 표현하였다. 종교인인 그들은 사회에서 아주 명망이 높았다.

그러나 외국의 종교적 은사와는 달리, 중국의 은사는 결코 종교적 목적 때문에 은거한 것이 아니다. 중국의 은사는 일반 독서인, 혹은 관계에서 물러난 관리일 수도 있고 종교의 신봉자일 수도 있다. 그러나 그들은 종교의 규칙이나 제약을 받지 않았으므로 진정한 종교인이라고 말할 수 없다. 은사는 어떤 종교를 믿을 수도 있고, 어떤 종교를 생활방식으로 삼을 수도 있다. 그러나 중국에 있어서, 도교를 신앙하는 도사와 불교를 신앙하는 승려는 엄격하게 말하자면 은사가 아니다.

중국의 은사는 원래 속세에 있던 사람이었고, 이는 외국의 종교적 은사와는 커다란 차이가 있다. 이런 차이가 생긴 원인은 중국문화의 세속성 때문이다. 중국 은사문화 역시 세속적인 문화의 일종이다. 은사가 자신은 세상을 떠나 속세를 초월했다고 말할지라도, 실제로 은사가 추구했던 최고의 이상은 역시 사회와 인간에 근거하는 세속정신이다. 은사에게는 〈상제上帝〉나 〈신神〉이라는 초자연적인 의식이 없다. 그들이 이루고자 하는 〈도〉는 언제나 사회도덕을 기초로 한 목표였던 것이다. 종교를 신봉하는 은사라 할지라도 내심 깊은 곳에는 여전히 인간에 대한 의식을 지니고 있었다.

송대의 은사 진단陳搏도 도교의 신봉자였는데, 송 태종太宗의 초청으로 대신들과 토론을 하였다.

재상 송기宋琪가 진단에게 『선생께서는 크게 침묵함으로써 수양하는 도를 얻으셨으니, 사람을 가르칠 수 있으시겠지요?』라고 물었다. 그러자 진단은 이렇게 대답하였다. 『소생은 산에 사는 사람으로, 훌륭하지도 못하고 쓸모도 없습니다. 단사丹砂로 금을 만드는 신선의 일도 모르고 목숨을 길게 유지하는 이치도 몰라, 남에게 전해 줄 만한 방술方術이 없습니다. 설령 신이 해를 하늘 높이 올라가도록 한들 세상에 무슨 도움이 되겠습니까? 지금 성상께서는 용안이 남다르셔서 하늘이 내리신 사람이라는 표시가 있으십니다. 고금을 통틀어 치세治世와 난세亂世를 잘 연구하시면 천도와 인자함을 갖추신 성스런 주인이 되실 것입니다. 군주와 신하가 마음을 합하여 함께 도를 이루면 지극히 잘 다스려지는 세상을 만들 수 있을 것입니다. 그러니 힘써 수련하시면 이에서 벗어나지는 않을 것입니다.』

진단의 이 말은 도술은 세상에 도움이 안 되는 것이고, 천하를 다스리는 큰일은 역시 올바른 정치에 의존해야 한다는 뜻이다. 도교의 방술은 개인의 목숨을 연장하는 데 이용될 수 있을 뿐이며, 나라를 다스리는 것은 훨씬 중대한 일인 것이다.

당대唐代의 의학가인 손사막孫思邈 역시 신선술을 신봉하던 은사였다. 그는 누군가 천성을 함양하는 문제에 대해 물었을 때, 이같이 말하였다.『천성을 수양하려면 먼저 스스로 신중함을 알아야 하는데, 신중함은 삼가는 것이 기본이다. 선비가 삼가지 않으면 인의仁義를 소홀히 여기게 되고, 농부가 삼가지 않으면 농사짓는 것을 게을리 하게 되고, 기능공이 삼가지 않으면 규칙을 소홀히 여기게 되고, 장사치가 삼가지 않으면 재물이 늘지 않는다. 또한 자식이 삼가지 않으면 효도를 잊게 되고, 부모가 삼가지 않으면 자애롭지 못하게 되고, 신하가 삼가지 않으면 공을 세울 수 없으며, 군주가 삼가지 않으면 어지러움을 다스릴 수 없게 되는 것이다. 가장 중요한 것은 도를 경외하는 것이요, 그 다음은 하늘을 경외하는 것이며, 그 다음은 사물을, 그 다음은 사람을, 그 다음에야 자신의 몸을 삼가 경외해야 하는 것이다』

손사막이 말한 도·하늘·사물·사람·자신을 경외한다는 것은, 사실 유가사상과 도가 이론을 하나로 결합한 매우 현실적인 관점이다.

〈가장 중요한 것은 도를 경외하는 것〉이라는 말은, 〈도〉의 이상을 세속적으로 해석한 것일 뿐이다.

중국의 은사가 종교를 신봉했다 하더라도 속세 사상의 영향을 벗어나지는 못했다. 은사의 관심은 서양 기독교도의 〈천당〉이나, 인도 종교인의 〈윤회〉가 아니라 바로 〈사회〉였다. 만약 피안彼岸의 세계와 차안此岸의 세계, 이렇게 두 가지로 나눈다면 외국의 종교 은사는 이쪽에 서서 저쪽을 바라보며, 오로지 종교적으로 해탈한 피안의 세계만을 생각하고 있다. 그러나 중국의 은사는 종교를 신봉하면서도 인간세상의 편에서 피안의 세계를 바라본다. 그들이 생각하는 것은 역시 이 세상인 것이다.

한편 많은 은사들은 종교를 빌려 정신세계와 생활을 풍부하게 함으로써 은거생활에 또 다른 정취를 더해 주었다. 은사 중에는 도교를 신봉하는 사람이 매우 많았고, 뛰어난 도술을 갖추거나 도사의 풍격을 지닌 사람들이 많았다.

남북조 시기의 도홍경陶弘景은 은사인 동시에 매우 유명한 도사이기도 했다. 《양서梁書·처사전處士傳》의 기록에 의하면, 도홍경은 열 살 때 갈홍葛洪이 지은 《신선전神仙傳》을 보고 신선이 되려는 뜻을 품었다고 한다. 나중에 모산茅山에 은거하며 신선의 약을 만드는 방법을 찾고, 단사를 단련하는 수행을 하였다. 그는 벽곡辟穀과 양생술을 습득하여 80세가 넘어서도 청년처럼 건강하였다. 도홍경은 도사였지만, 만년에는 불교를 신봉하여 오대계五大戒를 지켰다.

또한 수대隋代의 은사 서측徐則은 천태산天台山에 은거하여 〈험한 골짜기에서 천성을 함양하며 오로지 소나무 물만 마셨고〉, 겨울에도 무명옷을 입었다. 수 양제煬帝 양광楊廣은 황제가 되기 전, 서측을 양주揚州 진왕晉王의 저택으로 불러 그에게 도술을 전수받고자 하였다. 서측이 죽어서는 시체를 며칠이나 그대로 두었는데도 여전히 살았을 때처럼 탄력 있고, 화색이 돌았다고 한다.

송대의 조맹한趙孟僩은 본래 송왕조의 종실이었으나, 도사가 되어 도연道淵이라는 이름을 지니기도 하였다. 그러나 몇 년 후에는 다시 승려가 되어 순창順昌이라는 법명을 받아 스스로 3교 모두에 빼어난 은사라고 칭하였다.

은사 중에는 불교를 신봉하여 불가에 귀의하는 사람도 많았다. 상술한 종병·뇌차종·유유민·주속지 외에도 많은 사람들이 이런 부류의 은사였다. 남조南朝 양梁나라 때의 은사 유혜비劉慧斐는 여산廬山의 동림사東林寺에 은거하며 〈불경에 더욱 정통해졌고, 전서와 예서를 잘 쓰게 되었으며, 산에서 불경 2천여 권을 필사하였고, 1백여 권은 항상 암송을 하였다.〉

어떤 은사들은 불교를 신봉하여 신도들처럼 금욕의 계율을 지키느라 아내나 첩을 들이지 않았다. 주속지 같은 사람은 가족을 귀찮아 하여 평생 결혼하지 않고, 삼베옷에 거친 음식을 먹으며 마치 고행승처럼 살았다.

은사는 깨끗한 마음과 무욕無慾을 표방했기 때문에 도교와 불교의 금욕주의와 통할 수 있었다. 또한 은사는 생명을 보존하고자 했기 때문에 목숨을 연장하려는 도교의 방술은 그들에게 더욱 소용이 있었다. 은사는 종교라는 이러한 옷을 이용하여 자신의 신분을 장식한 것이다.

제3장

은사와 정치

1. 겸제천하兼濟天下와 독선기신獨善其身

은사는 중국사회의 특수한 문화현상이다. 그렇게 많은 은사가 생성되어 독특한 은사문화를 형성한 데에는 분명 그에 따른 복잡한 원인이 있을 것이다. 이는 문화에 관계되는 것도 있고, 정치적인 원인에서 비롯되는 것도 있으므로, 결국 중국 고대의 사회·정치 현실이 은사문화를 형성한 주요 원인이라고 할 수 있다.

중국 봉건사회에는 수차례의 왕조 변화와 정권 교체가 있었다. 왕조가 바뀔 때마다 사회는 언제나 일대 진동하였다. 옛사람들은 한번 평안한 시기가 있으면, 한번은 어려운 시기가 있는 것이 천도天道의 법칙이라고 하였다. 이러한 대변동의 시대에는 옥좌에 여러 사람이 올랐으므로, 중국 역사상 황제의 재위기간은 짧은 편이었다. 유방劉邦·주원장朱元璋처럼 일반 백성이 투쟁을 통해 제위에 오르기도 했고, 이세민李世民·조광윤趙匡胤 같은 권문세가의 자손이 기회나 연줄을 통해 권력의 정상에 오르기도 했다.

이민족이 왕이 된 것까지 포함하면 황제의 수는 이루 다 헤아릴 수 없을 정도이다. 황제의 짧은 수명에 비한다면 사대부 계층은 오래 지속되었다. 비록 사대부 개인은 한 사람 한 사람 죽었다 해도, 하나의 계층으로서의 사대부는 한 세대 한 세대 계속되어 왔다. 사대부 계층은 왕조의 교체와 수많은 변란에 대응해야 했다. 새로운 왕조가 세워지면 사대부의 〈태평성세〉는 지나가 버렸고, 사회가 혼란해지면 사대부들은 아주 어려운 선택에 직면해야 했다. 어떤 이는 제왕이 될 만한 인물을 보필하여 개국공신의 공을 세우고자 했고, 또 어떤 이들은 숨어서 나오지 않은 채 시대의 변화를 조용히 지켜보기만 했다. 사회의 변화에 어떻게 적응해야 하는가? 어려운 상황 속에서 어떻게 자신의 가치관을 지킬 것인가? 어떻게 목숨을 부지해야 할 것인가? 이는 사대부 계층이 해결해야 했던 절실한 문제들이었다. 이 문제에 대해 사대부는 철학적이고도 융통성 있는 방법을 사용했는데, 바로 『상황이 어려울 때는 자신을 바르게 수양하고, 잘 다스려질 때는 천하를 바르게 다스린다』[43]라는 것이다. 〈자신을 바르게 하는 것 獨善〉과 〈세상을 바르게 하는 것 兼善〉은 《맹자·진심盡心》편에 보인다.

> 선비는 궁해도 의를 잃지 않고, 영화롭게 되어도 도를 떠나지 않는다. 궁해도 의를 잃지 않으면 선비가 자신의 목숨을 온전히 할 수 있고, 영화로워도 도를 떠나지 않으면 백성이 희망을 잃지 않게 된다. 옛사람이 뜻을 얻으면 은택을 백성에게 더해 주고, 뜻을 얻지 못하면 자신을 수양하여 세상에 드러낸다. 궁하면 홀로 자신을 바르게 하고, 세상이 편안할 때는 천하를 아울러 바르게 할 것이다.[44]

이 말은 선비는 자신의 덕성과 인격을 지켜야 한다는 것이다. 자신을 바르게 수양하는 것은 덕을 세상에 드러내려는 것인데, 여기에는 은사의 색채가 그렇게 많이 보이지 않는다. 그러나 후대에는 이 말이 점차 은사의 행동철학에서 이론적 근거가 되었다.

사대부가 마주했던 것은 사회 전체이자, 복잡다단하고 변화무쌍한 정치상황이었다. 이런 상황 아래서 은사가 〈자신을 바르게 하라〉는 말을 이론적 근거로 삼는 것은 정상적인 생각일 것이다. 많은 은사들이 〈세상까지 아울러 구제한다〉라는 웅대한 생각을 하지 않은 것은 결코 아니었으나, 사회 현실이 그들의 이상을 무너뜨려 버렸다. 세상을 구제하려고 노력한 결과가 처음 품었던 이상에 어긋나고, 심지어 화를 당하는 것임을 알게 되었을 때는 〈독선기신〉의 길을 걷는 것은 아주 자연스러운 일이다. 《원사元史 · 은일전서隱逸傳序》에 이 문제에 대해 언급되어 있다.

> 옛날의 군자는 세상을 다스리는 일을 책임졌는데, 세월이 지나도록 무엇을 이루지 못하면 현실사회와는 동떨어진 태도로 자신의 뜻을 지키면서도, 언제나 적당한 때가 되면 벼슬을 하고 싶어했다. 벼슬을 하여 배운 바를 행한다면 만물에 미치는 공이 어찌 적겠는가?[45]

즉, 사대부는 〈적당한 기회를 얻지〉 못했기 때문에 〈자신을 수양〉한 것이다. 은사는 대개 박학하고 재주가 뛰어났으므로, 벼슬을 하여 나라를 편안하게 다스릴 수 있는 조건을 갖춘 사람들이었다.

그러나 그들은 관계官界의 험악함을 목도하고 벼슬길이 어렵게 되자 은거한 것이다. 후한 시기에 하복夏馥이라는 사람이 있었는데, 당시 〈팔고八顧〉(후한 靈帝 때의 명사 여덟 사람. 곧 郭泰 · 劉儒 · 尹勳 · 巴肅 · 宗玆 · 夏馥 · 蔡衍 · 羊陟. 顧는 덕행으로써 사람을 愛顧 · 敎導한다는 뜻)라 불리던 명사 가운데 하나였다. 파벌 싸움에 하복이 연루되어 체포령이 떨어지자, 그는 〈스스로 머리를 깎고 산속으로 들어가 버렸다.〉 나중에 그의 동생이 많은 물품을 준비해 찾아가자, 그는 동생에게 이같이 말했다. 『나는 도를 지켜 나쁜 것을 싫어하다가 권력자에게 모함을 받았지. 그래서 이젠 구차히 몸을 보존하여 목숨을 지키려 하고 있네. 동생은 어쩌자고 이렇게 많은 물건을 가지고 나를 찾아왔는가? 이는 자네에게도 재앙이 미치는 일일세!』 결국 하복은 그곳을 떠나 타향에서 일생을 마쳤다. 하복처럼 정치에 연루되어 재앙을 당하자 어쩔 수 없이 은거하여 목숨을 부지한 은사는 식견이 높다고는 할 수 없다. 진정 현명한 사람이라면, 위험이 닥치기 전에 잘 생각하여 정치에 아예 불참함으로써 위험한 경우까지 가지 않는다. 후한 말년의 신도반申屠蟠이라는 자는 앞날을 깊이 생각할 수 있는 사람이었다.

> 중평中平 5년, 순상荀爽·정원鄭元과 영천潁川의 한융韓融·진기陳紀 등 열네 사람은 모두 박사에 초빙되었으나 응하지 않았다. 다음해 동탁董卓이 임금을 폐위시키고, 신도반과 순상·한융·진기 등을 다시 불렀는데 신도반만 가지 않았다. 사람들이 모두 그에게 가라고 권했으나 신도반은 웃으며 응하지 않았다. 머지 않아 순상 등은 동탁에게 핍박을 받게 되었고, 서도西都 장안長安과 경사가 혼란해졌다. 급기야 천자가 서쪽으로 옮겨가니 공경대신의 병사는 굶주리고, 가족들은 뿔뿔이 흩어지게 되었으며, 한융 등은 겨우 몸만 빠져 나왔다. 오직 신도반만 난세에 처해서도 끝까지 고고한 뜻을 지킬 수 있었다. 그는 나이 74세에 자기 집에서 세상을 떠났다.[46]

신도반은 사람들이 박사 초빙에 응할 것을 권했지만 응하지 않았다. 그는 군벌의 혼전으로 복잡하던 동한東漢 말년의 사회가 사대부에게 〈세상을 바르게 다스릴〉 기회를 제공하지 못하리라는 것, 그리고 벼슬에 응하면 치욕만 얻게 되리라는 것을 알았기 때문이었다. 〈웃으며 응하지 않은〉 그의 행위에는, 정치와 앞날에 대한 선견지명이 담겨 있다. 신도반이 70여 세까지 순탄하게 살 수 있었던 것은 그의 지혜 덕택이었다.

신도반 같은 은사에게 〈독선기신〉은 자신을 지키는 생존방법이었다. 이러한 생존방법은 분명 재난을 피하는 효과를 볼 수 있기 때문에 〈독선기신〉은 하나의 호신부護身符로서 많은 은사들에게 이용되었다. 아주 특수한 신분의 은사를 통해, 그가 어떻게 이 호신부로 목숨을 지켰는지 살펴보자.

무유서武攸緖는 당나라 무측천武則天의 조카였다. 이런 특수한 관계 때문에, 그는 태자통사사인太子通事舍人·양주대도독부장사揚州大都督府長史·홍려소경鴻臚少卿 등의 고위관직에 임명되었다. 무측천이 여황제가 되자, 무씨 집안 사람들 모두가 갑자기 출세를 하여 무유서도 군왕郡王이 되었다. 그러나 그는 왕이 되는 것이 죽도록 싫어 산속으로 들어가 은사가 되겠노라고 하였다. 무측천은 우선 허락은 했지만, 그의 말이 거짓일 것 같아서 몰래 감시하도록 명했다. 그러나 오랫동안 은거한 은사같이 산에 집을 짓고 편안히 살아가는 그를 발견하였을 뿐이었다. 무유서는 황제가 내린 보물과 왕공대신들이 보내 준 선물은 전혀 사용하지 않았으며, 자기 종에게 농사지을 땅을 사 주고는 일반 백성과 한데 어울려 살았다.

나중에 무씨 집안이 화를 당했을 때, 오직 무유서만이 재난을 피할 수 있었다. 왕의 신분으로 은사가 된 것은, 아마 무유서가 처음이자 마지막인 유일한 사람일 것이다. 그에게는 은사라는 신분이 재난을 면하게 해준 것이다.

은거함으로써 목숨을 부지하는 것은 물론 좋은 일이지만, 은사가 되는 것은 사실 어쩔 수 없는 선택이다. 살아가자면 당연히 처세술이 있어야 했는데, 은사의 〈독선기신〉 역시 일종의 처세철학이었다.

왕범王範이라는 은사는 삼국시대 오吳나라 사람이다. 오나라가 멸망하자 세상과 연을 끊고 살았다. 사람들이 왜 세상에 나오지 않느냐고 묻자, 그는 『화살을 보고 피하지 않는 것은 영리한 새가 아니고, 난세에 명성을 구하는 것은 총명한 사람이 아니다』라고 대답하였다. 왕범의 이 말은 〈독선기신〉이라는 처세철학의 구체적인 설명이다. 은사가 세상을 피하는 것은 그들에게 던져진 현실의 자극에 대한 반사임을 알 수 있다. 어려운 세상에서, 아무런 권력도 재산도 연줄도 없었던 옛날 사대부들은 은거 외에는 달리 선택할 방법이 없었던 것이다.

통치자들은 사대부의 두 가지 처세철학을 이용하고자 하였다. 만약 은사가 세상과 백성을 구제하고자 하는 생각을 가졌다면, 관직을 내려 조정을 위해서 온 힘을 바치도록 하는 것이다. 반면 절대로 벼슬하지 않고 자연에 은거하여 살겠다고 해도, 통치자는 이 또한 자신의 통치에 역이용하였다. 은사는 어떻게 해서라도 정치와의 관계를 끊고자 했지만, 결국은 언제나 정치권력의 올가미에서 벗어나지 못했다.

통치자가 은사를 이용하는 방법은 다양하다. 유형·무형의 것, 정치적 혹은 문화적인 것, 단기적인 것과 장기적인 것이 있다. 은사와 정권의 관계는 느슨하면서도 밀접했으니, 그 몇 가지 예를 살펴보자.

동한 시기의 은사 엄자릉嚴子陵과 한漢의 광무제光武帝 유수劉秀는 어린 시절의 동학同學이었다. 유수는 황제가 된 후에도 옛정을 잊지 않고, 엄자릉을 경사로 불러 관직을 주고자 하였다. 그러나 엄자릉은 경사에 와서도 유수를 알현하러 가지 않았으므로 유수가 직접 여관으로 엄자릉을 찾아갔는데, 그는 침상에 누워 일어나지도 않았다. 유수가 엄자릉을 궁궐로 데리고 가서 지난일을 이야기하다가 한침상에서 잠이 들었는데, 엄자릉은 아무 거리낌 없이 유수의 배 위에 발을 올려놓기까지 하였다. 유수가 아무리 벼슬을 주고자 해도 엄자릉이 이에 응하지 않았으므로, 할 수 없이 그를 고향으로 돌려보내고 곡식과 돈을 대 주었다.

엄자릉과 유수의 관계를 보면 황제는 옛정을 잊지 않고 은사를 존경한 것이고, 엄자릉은 권세에 굴하지 않고 자신을 지킨 것이다. 그러나 실제로 두 사람의 관계는 상호 표방·상호 이용이다. 엄자릉은 제왕에게 복종하지 않음으로써 칭송받았고, 광무제는 엄자릉을 예우함으로써 도량이 넓은 현명한 군주라고 인식된 것이다. 송대의 범중엄은《엄선생사당기嚴先生祠堂記》에서 이렇게 적고 있다.

> 선생의 마음은 해와 달보다 위에 있고, 광무제의 도량은 천지의 바깥까지를 아우르고 있노라. 선생이 없었으면 광무제의 관대함이 없었을 것이고, 또한 광무제가 없었던들 어찌 선생의 고결함이 있을 수 있으리오?[47]

엄자릉은 이 일 때문에 고결하다는 명성을 얻었지만, 실제로 이익을 본 사람은 오히려 유수였다. 광무제가 관대하게 보인 것은, 그가 제왕의 기초를 닦는 데 무형의 도움을 주었기 때문이다. 후대의 황제들도 유수를 본받아 은사를 우대함으로써 정치적 기반을 닦거나 어질다는 칭송을 받고자 하였다.

만약 유수가 엄자릉을 통해 명성을 얻었다고 한다면, 그의 후손 유비劉備는 이 방법으로 제갈량諸葛亮을 이용하여 정치적인 이익을 얻었다. 제갈량은 훌륭한 재상이라고 칭송받았지만, 유비를 만나기 전에는 은사에 속하는 사람이었다.

《삼국지 · 촉서蜀書 · 제갈량전》에 『제갈량은 손수 농사를 지었으며, 〈양보음梁父吟〉을 좋아하였다. 키는 8척에 언제나 자신을 관중管仲 · 악의樂毅에 비교하였는데, 당시 사람들이 인정하지 않았다』[48]라고 실려 있다. 제갈량은 〈전출사표前出師表〉에서 자신에 대해 『본래 신은 아무 벼슬도 하지 않고 남양南陽에서 농사지으며 어지러운 세상에 목숨이나 보존하면 그뿐, 제후들에게 제 명성이 알려지기를 원치 않았습니다』[49]라고 말하고 있다.

만약 유비가 자신을 굽히고 세 번씩이나 그의 오두막을 찾아가지 않았다면, 제갈량은 평생 남양에서 은사로 살았을지 모른다. 유비가 몇 번씩이나 예의를 갖추어 그를 초빙했기에 제갈량은 현명한 군주를 만났다고 생각했고, 때문에 〈자신만을 바르게 하겠다〉라는 생각을 버리고 흔쾌히 산을 떠나 유비가 세상을 제패하는 것을 도왔으며, 결국은 〈세상까지 아울러 구제한〉 훌륭한 재상이 된 것이다. 유비와 제갈량은 역대에 칭송받는 군주와 신하의 모범일 뿐만 아니라, 군주가 은사를 성공적으로 이용한 본보기이기도 하다.

또한 어떤 황제들은 등용할 수 있는 사람은 쓰고, 할 수 없으면 강요하지 않는 대신 은사와 좋은 관계를 유지하는 방법을 사용하였다. 양 무제武帝 소연蕭衍과 은사 하점何點과의 관계가 그 대표적 예이다. 소연과 하점은 원래 아는 사이였다. 소연은 제왕이 되기 전에는 하점이 은거하는 곳을 찾아가 〈대나무 숲에 앉아 맑은 연못을 바라보면서 현실을 잊고 옛날을 이야기하며〉 즐겁게 지냈었다. 소연이 황제가 되자 수차례 하점에게 벼슬을 권했지만, 그는 응하지 않았다. 그러나 소연은 하점을 책망하지 않고 오히려 많은 선물을 하사하여 그가 편안하게 은거할 수 있도록 도와 주었다. 양 무제는 은사의 심정을 이해한 사람이었다. 그가 하점을 예우한 것은 현명한 신하·선비들에게 자신의 명성을 알리려는 목적이 담겨 있기도 했는데, 이 때문에 그는 대표적인 은사의 보호자가 되었다. 그는 하점뿐만 아니라 도홍경·유신庾詵·유승선庾承先·하윤何胤 등도 잘 돌봐 주었다. 소연이 이렇게 행동한 것은 책략적인 것이었다. 남북조 시기는 군벌이 할거하여 수시로 왕조가 바뀌었고, 사람들은 이러한 변화에 대해 심한 반감을 갖고 있었다. 양 무제는 본래 남제南齊의 대사마大司馬였다가, 나중에 스스로 제왕이 되었다. 그는 사대부를 구슬려 이용해야 했고, 적어도 자신이 왕이 된 것에 대해 반대는 하지 않도록 하여야 했다. 하점·도홍경·하윤 등은 모두 제나라에서 양나라로 들어온 사람들이었으므로, 당연히 양 무제가 구슬려야 할 대상이었던 것이다.

제왕과 은사의 관계는, 실제로는 통치자와 사대부 관계의 특수한 표현형식이다.

은사는 사회를 완전히 떠나서는 살 수 없으므로 그들 역시 먹을 것과 입을 것, 그리고 정권의 보호가 필요했다. 또한 제왕은 은사를 이용하여 자신의 통치를 공고히 하여야 했으므로, 약간의 재물과 관대함만 들여 은사를 우대하면 커다란 이익을 얻을 수가 있었다.

은사들이 자신만 수양했던 것은 〈독선獨善〉이라는 말에 이미 〈세상을 구제한다〉라는 의미가 담겨 있기 때문이다. 이 점이 바로 은사문화의 특색이며, 사회와 통치자에 대해 은사가 지니고 있던 생각이었다. 만약 이런 생각이 없었다면, 은사들이 어떻게 세상에 존재할 수 있었겠는가?

2. 은사와 사회교화社會敎化

앞에서는 은사가 자신을 수양하는 것이 사회와 아무런 관계가 없는 것이 아니며, 통치자에게 통치의 도구를 제공하는 것임을 이야기했다. 은사가 교화정책의 이용 대상이었다는 데서 은사와 사회의 관계를 알 수 있다. 이렇듯 은사와 사회교화는 매우 밀접한 관계를 지니고 있다.

교화정치는 고대 중국의 통치자들이 보편적으로 채용한 통치정책이었다. 그러면 교화란 무엇인가? 〈천하를 가르쳐서 만물을 감화시킨다 敎于天下, 化成萬物〉라는 뜻이다. 다음은 교화에 대한 자세한 설명이다.

> 먼저 군주가 가르침을 보이면 백성을 감화시킬 수 있다. 때문에 군주가 먼저 널리 사랑하면 자신의 부모를 돌보지 않는 백성이 없게 되고, 덕과 의로움을 말하면 백성들이 감동하여 옳은 일을 행하고, 군주가 먼저 공손히 양보하면 백성은 다투지 않게 된다. 예악禮樂으로써 그들을 인도하면 백성은 화목하게 된다. 백성에게 좋은 것과 나쁜 것을 보여 주면, 백성은 해서는 안 되는 일이 무엇인지 알게 된다.[50)]

역대의 통치자들은 교화를 최우선의 통치방법으로 생각하여 특히 중시하였다. 교화정책의 실시에 있어 사대부 계층은 매우 중요한 작용을 한다. 《한서·무제기武帝紀》에는 『공경대부를 통솔하는 방법은 다른 류의 사람들을 한마음으로 통솔하고, 교화를 널리 베풀어 풍속을 아름답게 하는 것이다』[51]라고 실려 있다.

사대부는 자신들의 군주가 성군聖君이 되도록 보좌하고, 풍속을 순화하는 것을 자신들의 피할 수 없는 책임이라고 생각했다. 사대부가 교화에 있어서 중요한 작용을 한 것은 세 가지 이유 때문이었다. 첫째는 사대부가 도덕과 전통가치의 옹호자이기 때문이며, 둘째는 사대부가 문화의 매체이고, 문화는 교화의 핵심이자 기초이기 때문이다. 셋째는 사대부의 이상적인 인격은 풍속을 순화하는 작용을 할 수 있기 때문이다. 따라서 역대의 통치자들은 교화정치에 있어서 사대부의 기능을 중시하였다. 벼슬을 하는 자는 만민을 교화하는 것을 자신의 최우선적인 임무로 알았고, 통치자는 은사문화에서 교화에 도움이 되는 요소를 발견하였다. 때문에 어떤 의의에서, 은사는 교화정치의 이용 대상이었던 것이다.

은사는 한걸음 물러나는 것이 오히려 한걸음 더 나아가는 것이라는, 비교적 소극적인 인생태도를 지니고 있다. 차분함과 깨끗함, 양보하고 물러나 한가롭게 은거하고, 명성을 얻지 못해도 달갑게 여기며 세상과 다투지 않는 것은 은사의 중요한 인생태도이다.

이러한 인생태도는 통치자에게 사회기풍을 배양·변화시키는 데 이용되었다. 황보밀은 《고사전서》에서 『고고하고 겸손한 선비는 왕도정치를 우선으로 여기고, 혼탁함과 탐욕스러움을 없애는 것이 의무이다』라고 하였다.

또한 《양서·처사전서》에는 다음과 같은 기록이 실려 있다.

어지러운 세상에 몸을 던져 항상 이익을 다투는 자들과 은사를 어찌 함께 논할 수 있으리오? 맹자는 『오늘날의 벼슬이란 그것을 얻으면 살게 되고, 잃으면 죽는 것과 같다』라고 하였다. 《회남자淮南子》에서는 『사람이란 누구나 흐르지 않고 괸 물처럼 조용하여 동요되지 않는 마음을 거울로 삼으며, 흐르는 물처럼 쉽게 동요되는 마음을 본보기로 삼지는 않는다』라고 하였다. 맑은 것을 일으키고 탁한 것을 없애며, 탐욕을 내리누르고 다툼을 멈추게 할 수 있는 자는 은사뿐이다! 옛부터 제왕은 모두 도를 숭상하여 당요唐堯는 소부巢父와 허유許由를 굴복시키지 못했고, 주周의 무왕武王은 백이伯夷와 숙제叔齊를 복종시키지 않았다. 한 고조高祖는 거만했으나 하황공夏黃公과 기리계綺里季에게 경의를 표했고, 광무제는 법을 따랐지만 엄광嚴光과 주당周黨에게는 자신의 뜻을 꺾었다.[52]

양 무제는 《수은일조搜隱逸詔》에서 『은사는 분쟁을 그치게 하여 온화하게 만들고, 나쁜 풍속을 고칠 수 있다』라고 하였다.

세상에는 명성과 이익을 추구하는 〈탐욕스럽고 탁한〉 인간이 많기 때문에, 통치자는 은사를 표본으로 삼아 〈자신의 뜻에 만족하고 이해득실을 따지지 않는〉 은사의 정신을 제창하여 풍속을 순화시키고자 하였다. 그러나 은사의 정신이 나쁜 풍속을 정말로 고칠 수 있었는지, 이런 정신을 제창한 의도는 어디 있었는지 분석해 보아야 할 것이다.

〈욕심스럽게 다투는 풍속〉은 아무런 이유 없이 생긴 것이 아니다. 이런 풍속이 조성된 원인은 사회제도와 황제에게 있었다. 봉건사회의 〈관官 본위〉 사상은 어떻게 해서라도 관직을 얻어야만 하도록 만들었다. 때문에 정상적인 방법으로 관직을 얻을 수 없는 사람은 수단을 가리지 않고 염치 없는 행위까지 서슴지 않았다.

특히 사대부는 관리가 되는 것이 목적이었기 때문에, 관직을 얻지 못하면 재능이나 학문을 드러낼 수 없었고 생계에도 영향을 받았다. 벼슬을 못하면 어찌 조상을 빛내고 처자를 먹여 살릴 수 있겠는가? 이런 사회 현실은 자연히 명성과 이익에 급급하고 벼슬을 탐하는 심리를 조성하였다. 황제는 사대부를 유인하여 복종시키기 위해 높은 관직과 부귀영화로써 그들을 구슬렸으므로, 사대부 스스로 선택할 기회가 아주 적었다. 때문에 부귀공명을 탐하는 풍속이 쉽게 없어지지 않은 것이다. 세상 사람 중에 은사가 되는 자는 아주 적었는데, 그렇다고 해서 누구에게나 〈기산의 뜻 箕山之志〉을 품고 은사가 되라고 요구할 수는 없었다. 봉건사회의 나쁜 풍속은 사대부의 책임이 아니라 사회제도의 산물인 것이다.

통치자가 은사의 바람직한 풍격을 제창한 진정한 의도는 사대부의 심리를 평정시키려는 것이었다. 이는 관직을 얻으면 내게 유익하고, 얻지 못해도 원망하지 않는다는 은사의 태도를 표방함으로써 신세가 몰락해도 안위할 수 있게 하려는 것이었다. 이렇게 하면 벼슬한 자는 조정을 위해 힘껏 일하게 하고, 벼슬하지 못해도 만족하는 순한 백성으로 만드는 두 가지 이점을 얻을 수 있었다. 물론 이런 이유 외에 은사의 청렴함이 인격적으로 취할 만하기 때문이기도 하였다. 많은 사람들이 부귀영화를 추구하느라 아첨하며 자기를 팔아 영화를 구할 때, 자신의 존엄을 중히 여기어 현실에 굴하지 않고 자신의 뜻을 지킨다는 것은 찬탄할 만한 일이 아니겠는가!

모든 사람들이 명예와 이익을 추구하느라 급급해 할 때, 은사의 청렴고결함은 분명 사회에 신선한 바람을 불어넣어 주었다. 때문에 은사의 풍격이 풍속을 확실하게 변화시키지는 못했을지라도, 언제나 사대부의 인격 추구에 커다란 영향을 미쳤다.

일반적으로 은사는 도덕적인 사람들이었으므로, 대개의 사람들이 은사는 고귀한 도덕을 지녔다고 생각하였다. 그러므로 은사의 덕행을 널리 알리면, 사회에 좋은 영향을 주고 세상 사람들을 자극할 수 있으리라고 생각한 것이다.

은사의 덕행에 관한 기록은 매우 많으며, 은사에 관한 전기의 대부분이 은사를 좋게 평하고 있다. 사서史書에는 효성이 지극했다거나 의리를 지켰다거나, 혹은 박학하다거나 과묵하고 침착하다는 등 은사에 대한 칭찬의 말이 많이 실려 있다. 한마디로 은사는 모두 인륜의 모범이 될 수 있는 것이다.

옛날 중국에서는 효도를 중시하였는데, 은사는 남달리 효성이 지극하여 칭송을 받았다. 《후한서 · 신도반전》에는 이렇게 기록되어 있다.

> 아홉 살에 부친을 여의자 슬퍼하며 예를 행하였다. 옷을 벗어버리고 술과 고기를 10여 년간 먹지 않았으며, 기일忌日이 될 때마다 사흘간 음식을 먹지 않았다.[53)]

이밖에도 많은 기록이 보인다.

> 집안이 매우 가난하고 청렴하여 직접 농사를 지어 부모를 공양하였다. 부모가 돌아가시자 흙을 져 날라 봉분을 하고, 묘 옆에 오두막을 지었다.[54)]

> 대옹戴顒의 자字는 중약仲若인데……열여섯 살에 부친상을 당하자 너무 슬퍼하여 몸이 야위고 기운이 없어져 오랫동안 병을 안고 살다시피 하였다. 그는 부친 때문에 벼슬도 않고 부친

의 업을 계승하였다. 부친이 거문고와 글씨에 정통했으므로, 대옹 역시 그것을 이어받았다.[55]

유우劉訏의 자는 언도彦度인데……어려서부터 효자라고 칭찬이 자자하였다. 어려서 부모가 연이어 세상을 떠나자, 부모를 몹시 그리워하며 울다가 거의 죽을 지경에 이르러 조문객들이 모두 불쌍히 여기었다. 나중에 백부가 그를 데려다 길렀는데, 백모와 형들을 잘 섬겨 효성과 우애가 극히 돈독하여 종친들로부터 칭찬을 받았다…….[56]

이사겸李士謙은 자가 자약子約으로……어렸을 때 부친을 잃자 모친을 잘 섬겨 효성이 자자하였다. 일찍이 모친이 토하자, 그 속에 독이 있나 싶어 무릎을 꿇고 맛을 보았다.[57]

척동문戚同文의 자는 동문同文으로……어려서 고아가 되어 할머니가 그를 품고 외가에서 길렀는데 효성이 지극하였다. 할머니가 세상을 떠나자 밤낮으로 울고 며칠 동안 먹지를 않으니, 마을 사람들이 모두 감동을 받았다.[58]

주설朱雪의 자는 원백元白이다……그의 성품은 효성이 지극하여 모친상을 당하자 몹시 슬퍼하였다. 예전에 부친을 모시고 동쪽 별장으로 가다가, 부친이 튀어나온 돌부리에 발을 헛디뎠다. 그러자 나중에 그곳을 지나갈 때면 매번 크게 울었으므로, 사람들이 그 돌을 〈효사암孝思岩〉이라 명명하였다.[59]

또한 은사는 위급한 사람들을 도와 주는 선행을 베풀기도 하였다.

고봉高鳳의 자는 문통文通이다……이웃에 재물 때문에 다투던 사람들이 무기를 들고 싸우자, 고봉이 가서 말렸지만 멈추지 않았다. 그러자 고봉이 두건을 벗고 땅에 머리를 찧으며 몇 번이나 간청하다가 『인의란 겸손히 사양하는 것인데, 어찌하여 이를 저버리시오?』라고 말했다. 그러자 다투던 사람들이 느낀 바가 있어 무기를 버리고 사죄하였다.[60]

같은 군에서 구씨緱氏의 딸 옥玉이 부친을 위해 복수하고자 부씨夫氏의 무리를 죽였다. 관리가 옥을 잡아 외황령外黃令 양배梁配에게 보고하자, 양배가 옥을 사형시키려고 하였다. 그때 신도반은 열다섯 살의 학생이었는데, 『옥의 절개는 부끄러움을 모르는 이들을 깨닫게 할 수 있고, 치욕스러운 일을 참고 하지 않는 이들을 격려할 수 있습니다. 이러한 일은 밝은 세상이 아니더라도 오히려 그 효성을 칭찬하여야 할 텐데, 하물며 지금 같은 태평성대에 어찌 불쌍히 여기지 않으십니까?』라고 말했다. 그러자 양배가 그의 말을 옳게 여겨 곧 사형을 면하도록 재심의하였다. 이에 마을 사람들이 신도반을 칭찬하였다.[61]

묘苗는……성격이 반항적이고 강경하였으며, 재물을 가벼이 여기고 의리를 중히 여기었다……그의 형제들이 모두 요절하자 남겨진 조카들을 거두어 길렀는데, 그 자애로움이 동리에 자자하였다. 자신의 노비들은 모두 고향으로 돌려보냈으며, 이웃에 죽은 자가 있자 직접 밭을 갈아 관을 만드는 데 도와 주었고, 제자가 집에서 죽자 강당에서 염하였다. 그의 행위는 지극히 순수하여 사람들이 모두 그와 같이 하였다. 가깝고 먼 곳의 사람들이 모두 그의 의로움을 본받고 그의 행위를 모범으로 삼았다.[62]

수대隋代의 은사 이사겸은 재물을 가볍게 여기고 남에게 베풀기를 좋아한 것으로 유명했는데, 《수서隋書·은일전》에 그에 관한 상세한 기록이 남아 있다.

사겸은……재물이 많았으나, 근검절약하며 남을 구휼하는 것을 임무로 삼았다. 마을에 상을 당하고서도 처리하지 못하는 사람이 있으면 사겸은 곧 달려가 모자라는 것을 제공해 주곤 하였다……나중에 곡식 수천 석을 마을 사람들에게 꾸어 준 적이 있었는데, 채무자가 상황이 나아지지 않아 빚을 갚을 수가 없었으므로 모두들 와서 사죄하였다. 그러자 사겸은 『내 집에 있는 여분의 곡식은 본래 어려운 사람을 구제하려던 것입니다. 그런데 어찌 제 이익을 도모하겠습니까?』라고 말하였다. 그리고는 부채를 지고 있는 사람들을 모두 불러 술과 음식을 마련하고 계약서를 불사르게 하고서, 『빚은 처리되었습니다. 이 일로 걱정하지 말기 바랍니다』라고 말하고는 잔치가 끝나자 모두 돌려보냈다. 다음해에 풍년이 들자 빚을 졌던 사람들이 달려와서 갚았으나, 사겸은 거절하고 전혀 받지 않았다. 다른 해 또 큰 흉년이 들어 굶어죽는 사람이 많이 생기자, 사겸은 아무것도 없는 집을 위해서는 죽을 끓여 도와 주고, 온전히 움직일 수 있는 자에게는 앞날을 위한 계획을 세우게 해주었다. 또한 들판에 널린 해골을 모아 묻어 주니 버려진 시체들이 보이지 않게 되었다. 봄이 되자 다시 양식을 내어 가난한 자들에게 나누어 주었다. 조군趙郡의 농민들은 그의 덕을 기리어 자식을 어루만지며 『이는 모두 이참군李參軍의 은덕이다』라고 말했다.[63]

은사 중에는 신도반·이사겸처럼 타인을 어려움에서 구제해

준 사람이 많았다. 또한 은사들은 학업에 근면하고, 다재다능함으로 세상에 이름을 남겼다. 은사들 중에는 도연명 같은 시인도 있고, 왕부王符 · 완효서阮孝緒 · 육구몽陸龜蒙과 같은 학자들도 있으며, 예찬倪瓚 · 심주沈周 같은 화가도 있다. 역사책을 펼쳐 보면 은사들은 대개 〈박학다문하고 학문을 좋아했으며〉 〈배움에 근면하였다〉라고 씌어 있다. 어떤 은사들은 지식과 진리를 전수하는 것을 직업으로 삼기도 하였다. 학문을 흥하게 하고 가르침을 중히 여기는 것은 교화정치의 주요 내용이므로, 은사들의 깊은 학문은 통치자의 중시를 받았다.

교화정치에 있어서 은사는 특별한 작용을 하였다. 은사는 일반적으로 하층 생활을 하며 일반 백성과 접촉할 기회가 많았으므로, 그들의 도덕 수준이 무형 중에 백성들에게 영향을 주었다. 교화정치는 특히 소리 없이 감화시키는 것을 중히 여겼으므로, 은사는 이 방면에 장점을 발휘할 수 있었다. 통치자들은 은사가 〈덕으로써 백성을 감화시키고, 백성의 풍속을 개선시키는〉 점을 중히 여겼으므로, 은사의 덕행 · 학문을 특히 기리었다. 교화정책의 주요 도구로 은사를 이용하는 것은, 역대 군주의 주요 통치 내용의 하나가 되었다.

3. 현실 참여〔入俗〕인가, 은거〔脫俗〕인가?

당 태종은 『천하의 영웅이여, 내 손 안으로〔彀中〕 들어오너라!』[64]고 자신 있게 말한 적이 있다.

〈구중彀中〉의 본뜻은 〈화살이 미치는 사정거리〉라는 뜻이다. 그러나 당 태종이 그렇게 말한 후로는 황제가 천하를 제압했다는 뜻으로 쓰이게 되었다. 봉건시대에는 일반 백성이나 독서인 모두 황권정치皇權政治에 장악되었다. 더욱이 사대부는 봉건 황제의 위협과 유혹 때문에 재능과 학문, 심지어는 인간의 존엄성까지도 봉건 왕조에 넘겨 주었다. 은사는 〈손아귀로 들어가지 않고자〉 하는 사람이며, 그들의 희망은 천하통일이 아니라 자유세계를 찾아 속박에서 벗어나는 것이었다. 이 때문에 그들은 어려운 노력과 중대한 대가를 지불하였다. 따라서 은사의 행위는 당 태종의 외침에 대한 반항이라고 말할 수 있는 것이다.

은사는 사회를 피하는 데 목적이 있었는데, 사회를 피한다는 것은 곧 정권을 피한다는 것이다. 그러므로 그들은 벼슬을 하지 않고, 정권에 복종하지 않는 것을 행위의 기준으로 삼았다. 즉, 은사라는 신분을 판단하는 중요한 조건은 벼슬을 하지 않는 것이다.

은사가 관리가 되지 않은 상황은 각기 다르다.

어떤 은사는 처음부터 벼슬을 원치 않아 벼슬을 하지 않으려고 하였다. 동한東漢 시기의 은사 교신矯愼은 〈젊어서 황로黃老를 배우고 산골짜기에 은거하여 동굴을 파 집으로 삼았는데〉, 그는 어려서부터 황로의 무위사상無爲思想의 영향을 받아 절대로 벼슬을 하지 않겠다고 결심하였다. 진대晉代의 초수譙秀라는 은사는 〈젊어서부터 조용히 지내며 세상과 교류하지 않았다. 그는 장차 세상이 혼란해질 것을 알고 세상과는 단절해 버렸다. 비록 내외 종친이라 할지라도 만나지 않았다.〉 초수는 초주譙周의 손자로서, 할아버지에 비해서는 절조가 있는 인물이었다. 초주는 촉한蜀漢에서 벼슬을 하여 공경이 되었으나, 나중에 위魏나라에 투항하여 후주後主 유선劉禪에게 〈미련한 신하〉라는 비웃음을 받은 인물이다. 초수가 처음에는 조부를 본받아 제왕의 손아귀로 들어가려고 했는지는 알 수 없지만, 뜻을 이루지 못하자 결국 은사로 평생을 마치기로 결심하였다.

젊었을 때부터 욕심이 적고 마음이 깨끗하여, 부귀영화를 선망하지 않고 자연을 좋아한 사람들도 있었다. 진대晉代의 유린지劉驎之가 그러한 사람이었다.

《진서晉書 · 은일전》에 『유린지는 젊어서부터 소박함을 숭상했으며, 물러나 욕심을 버리고 사소한 예의에 힘쓰지 않았으며, 남들을 개의치 않았다. 유린지는 산과 연못을 유람하기 좋아했고, 은거하는 데 뜻을 두었다』[65]라고 실려 있다.

유린지 같은 사람은 부귀공명에 연연해 하는 사람들과는 달리, 자기 본성만을 만족시키고자 하였다. 관리가 되면 분명 복잡한 〈속세의 일〉로 들어가게 될 것을 알았기 때문에, 벼슬을 하지 않은 것은 속세의 일에 신경 쓰지 않으려는 것이었다. 남조南朝 제齊나라의 은사 종측宗測은 『실로 황금에도 마음이 동요되지 않을 수 있어, 날이 채 밝기 전에 잉어 낚시를 간다.

마땅히 천도天道를 이용하고 땅에서 나는 이익을 나눠 가져야 하는데, 어찌 다른 사람이 주는 후한 봉록을 받고서 다른 사람의 일을 걱정할 것인가?』라고 하였다. 이런 사람은 자기 성격 때문에 은사가 된 것이다.

부모 형제의 영향을 받아 집안 전체가 은사인 부류들도 있다. 앞에서 언급한 효자 대옹은 부친과 형제가 모두 은거하였으므로, 대옹은 부친의 뜻을 계승하였다. 그는 형 대발戴勃과 함께 회계會稽 섬현剡縣에 은거하였는데, 대발이 병이 났음에도 약을 사거나 의사를 부를 만한 돈이 없었다. 그러자 대옹은 형에게 『나는 형을 따라서 은거한 것뿐이지, 정말로 은사가 되고 싶은 마음은 없었어요. 형이 병이 났어도 치료할 돈이 없으니 벼슬을 하여 형의 병을 고쳐야겠어요』라고 말했다. 그러나 대옹이 막 현령縣令이 되려고 하였을 무렵, 그의 형이 죽었으므로 그는 벼슬을 하지 않았다. 대옹의 이 말은 형을 위로하려는 것이기도 했겠지만, 어느 정도는 진심이었던 듯하다. 대옹은 부친과 형 때문에 은사가 된 것이었을 뿐, 벼슬에 대해 특별히 반감을 갖고 있지는 않았던 것이다.

적법사翟法賜라는 사람은 그의 증조부·조부·부친이 모두 은사였고, 그 또한 벼슬을 하지 않았으니 〈세습은사〉라고 할 수 있겠다.

처음에는 은거할 뜻이 전혀 없었으나, 관직생활을 몇 년 하다가 결국 견디지 못해 벼슬을 버리고 은거한 은사들도 있다. 이런 인물들의 가장 전형적인 예가 바로 도연명이다. 도연명은 주州의 제주祭酒·참군·현령을 지냈으나, 나중에 『쌀 다섯 말 때문에 내 허리를 굽힐 수는 없다』[66]라는 생각에 전원으로 돌아가 은거할 결심을 하였다. 〈귀전원거歸田園居〉 제5수에는 다음과 같은 구절이 실려 있다.

젊어서부터 속세의 시끄러운 소리에 적응하지 못했고,
내 천성이 자연을 좋아하였네.
어쩌다 잘못하여 속세의 그물로 떨어져,
어느새 30년이 흘러가 버렸네.
새장에 갇힌 새는 옛날 놀던 숲을 그리워하고,
연못의 고기는 옛날 살던 깊은 바다를 생각하네.
……
오랫동안 새장에 갇혀 있다가,
이제야 자연으로 돌아왔네.[67]

그런데 〈잘못하여 속세의 그물로 떨어졌다〉라는 말은 사실이 아니다. 그가 전혀 원하지도 않았는데, 어쩌다 잘못하여 벼슬을 하게 된 것은 아니었기 때문이다. 물론 그에게는 분명 은사 기질이 있었으나, 집안이 가난했으므로 벼슬을 하지 않을 수 없었다. 그가 절실히 원했던 것은 아니지만, 벼슬살이를 했기에 은거할 수 있는 자본을 모았던 것이다. 《도연명전陶淵明傳》에는 『잠시 벼슬살이를 하여 은사가 될 자본을 마련하려 했는데, 이는 옳은 일일까?』라는 도연명의 말을 인용하여, 그가 팽택의 현령을 지낸 것은 은사가 될 재산을 모으기 위한 것이라고 하였다. 만약 사실이 그러하다면 도연명은 〈잘못하여 속세의 그물로 떨어진〉 것이 아니라, 일부러 〈속세의 그물로 들어가〉 돈을 번 후에 다시 〈새장〉을 벗어나 자연으로 돌아간 것이 아닌가?

실제로 도연명이 일부러 벼슬을 하여 돈을 모아 은사가 되었다고 할지라도 그렇게 비난할 일은 아니다. 왜냐하면 독서인들은 거의가 청빈했으므로 다른 방법으로는 살아가는 데 필요한 물질적 보장을 얻을 수가 없었다. 벼슬살이 외에 또 무슨 방법이 있었겠는가? 게다가 도연명은 관계에 오래 있으면서 관직 사회의 나쁜 면을 목도하고, 자신은 이러한 세계에 적응할 수 없다는 것을 깨달았기 때문에 자연으로 돌아가고 싶어했고, 그래서 은사생활의 귀중함을 더욱 잘 이해하였다. 도연명처럼 〈먼저 벼슬하고 나중에 은거한〉 사람들은 〈포도를 먹고 나서야 포도가 시다는 것을 알았기〉 때문에, 관직에 있어 보지 못한 은사들보다는 더욱 깊고도 절실한 바람을 갖게 되었다.

은사는 무슨 수를 써서라도 〈새장〉에서 벗어나 〈통치자의 손아귀〉로부터 멀리 달아나려 하였고, 반대로 통치자는 은사를 자신의 〈손아귀〉에 넣을 갖가지 방법을 생각해 냈다. 따라서 왕조마다 은사를 초빙하는 수많은 조서를 공포하였다. 황제뿐만 아니라 고관대작들도 은사를 산에서 세상으로 불러내기 위해 갖은 수를 다하였다. 이렇게 통치자와 은사 사이에는 오랫동안 밀고 당기는 싸움이 전개되었다.

새 황제가 즉위하면, 언제나 어진 사람을 예우한다는 것을 보이기 위해 저명한 은사를 초빙하고자 하였다. 삼국 시기 위魏 명제明帝 조예曹叡가 즉위하자, 사공司空이라는 직책을 맡았던 진군陳群이 황제에게 은사 관녕管寧을 초빙하라고 권하였다. 관녕의 〈행동은 세상의 본보기가 되고, 학문은 온 백성의 스승이 될 수 있기〉 때문에, 명제가 관녕을 초빙하여 벼슬을 시키기를 바랐던 것이다. 만약 그를 불러올 수만 있다면 〈분명 고금에 밝게 빛나게 하고, 덕화德化에 이익이 되게 할 수〉 있었다. 그래서 명제는 관녕을 불러 광록훈光祿勳에 삼는다는 조서를 다음과 같이 내렸다.

> 태중대부太中大夫 관녕은 즐거운 마음으로 도덕을 따르고, 그의 온 몸은 육예六藝로 가득 차 있다. 그의 맑음은 옛 선조들과

같을 수 있고, 청렴결백함은 세상을 떠맡을 수 있다. 예전에 왕도가 쇠락했을 때는 바다 위를 떠다니며 은거했으나, 위나라가 하늘의 명을 받자 많은 사람이 몰려들었는데, 이는 용이 물속에 잠겼다가 승천하는 이치와 밝고 어진 사람이 등용되는 뜻에 따른 것이다. 그러나 황초黃初 이래로 여러 차례 은사를 초빙하라는 명을 내렸으나, 은사들은 매번 사양하고 내 뜻을 거절하여 오지 않았다. 조정의 정치와는 다른 그 어떤 재미가 있길래 산으로 들어가 즐거워하며 한번 가면 돌아오지 못하는 것인가? 대저 희공姬公의 성스러운 인품으로도 덕 있는 노인을 내려오게 하지 못한 것은 시끄러운 새소리 때문에 듣지 못한 것이다. 또한 진 목공穆公처럼 현명한 사람도 오히려 노인에게 여쭈어 보았다. 하물며 짐은 이토록 부덕하니, 어찌 그대들에게 도에 관해 묻지 않을 수 있으리오? 이제 관녕을 광록훈으로 삼으리라. 예의에는 대륜大倫이란 것이 있는 법이니, 임금과 신하의 도리는 없앨 수 없는 것이노라. 반드시 속히 오기를 바라며, 짐의 뜻을 헤아려 주기 바라노라.

이 조서는 관녕을 칭찬하면서, 동시에 자신의 통치가 얼마나 뛰어난지를 선양하고 있다. 예전에 관녕이 벼슬을 하지 않으려 한 것은 세상이 어지러워서였지만, 지금 우리 조씨가 장악한 위나라는 이미 안정되었고, 게다가 어진 임금이 나와 정치를 하고 있으니 어찌 내게 와서 벼슬을 하지 않겠느냐는 뜻이다. 본래 관녕은 위 문제文帝 조비曹丕 때 태중대부에 임명되었으나 끝까지 거절하고 물러났다. 지금 명제는 강압책과 회유책을 함께 쓰면서 군신의 도가 어떻고 인륜의 예의가 어떻고 하니, 관녕은 어찌해야겠는가? 그래서 관녕은 글을 올렸다. 그는 먼저 명제의 덕을 칭송하며, 그의 통치는 매우 뛰어나 삼황오제

三皇五帝와 견줄 만하고, 요임금에게도 절대 뒤지지 않는다고 칭찬하였다. 그리고는 자신에게 벼슬을 내리신다니 감격하여 몸둘 바를 모르겠다고 거듭 말하였다. 그러나 자신은 재능도 없고 부덕하여 중임을 감당하기 어려우며, 병까지 앓아 수레를 타고 경사로 들어갈 기운이 없다고 하였다. 만약 꼭 자신에게 벼슬을 내리시겠다면 하는 수 없겠으나, 도중에 죽을지도 모르겠으니, 부디 벼슬을 맡지 않도록 해달라고 간청한 것이다. 황제는 관녕의 상주문을 읽고, 관녕이 거주하는 청주青州의 자사刺史 정희程喜에게 관녕이 절개를 지키려는 것인지, 아니면 진짜로 병이 난 것인지를 물었다. 정희는 관녕을 감싸 주려고 그가 정말로 병을 앓으며, 아주 노쇠한 상태라고 하였다.

관녕이 사양하는 뜻을 잘 헤아려 보니, 혼자 은거하면서 오래도록 목숨을 부지하려는 것입니다. 또한 늙고 지혜가 쇠해져 벼슬을 하지 않고 편안히 지내려고 번번이 이렇듯 사양하는 것이옵니다. 관녕의 뜻은 목숨을 부지하려는 것이지, 자신의 고고한 절개를 지키려는 것이 아니옵니다.

관녕은 벼슬을 하지 않으려고 엄숙한 방법으로 이를 거절했지만, 송대의 양박楊朴은 익살을 부리는 등 심각하지 않게 거절하였다. 송나라 진종眞宗이 정주鄭州를 지나다가 양박이 뛰어난 은사라는 말을 듣고는, 그를 관리로 삼고자 하여 『나를 위해 지은 송별시는 없소?』라고 물었다. 양박은 진종의 마음을 알아차리고 『신이 지어놓은 시는 없지만, 신의 아내가 제게 지어 준 시는 한 편 있사옵니다』라고 거짓말을 하였다.

『정신을 놓고 쉬며 술을 탐하고, 시를 짓는 것만큼 좋아하는 다른 일 없었네. 오늘 관리로 잡혀간다면, 이번에는 머리를 잘

라보내리라』 진종은 이 시를 듣고서 파안대소하며 양박에게 많은 선물을 주어 돌려보냈다. 양박의 태도는 대범하고도 거리낌이 없는 은사의 성격을 반영하며, 오직 은사만이 황제 앞에서 이러한 행동을 할 수가 있었다.

은사 중 일부는 정권과 특수한 관계를 유지하였다. 황제가 은사를 초빙하는 조서를 내리면 그들은 언제나 흔쾌히 응했고, 황제의 앞에서는 자신을 낮추며 황제의 공덕을 칭송하거나 건의를 하기도 하였다. 그러나 관직은 절대로 받지 않았다. 경사에서 몇 달, 심지어 몇 년씩 배회하다가 다시 산으로 들어가겠다고 하면, 황제는 돈이나 선물을 하사하였다. 그러다가 산에서 어느 정도 은거하면, 황제는 다시 그들을 경사로 불렀다. 이렇게 반복하면서, 황제는 그들을 우대하였고, 대신들 또한 은사들과 매우 친밀한 관계를 유지하게 되었다. 이런 사람들은 산림에 은거하거나 조정으로 나아가거나 언제나 유유자적하였다. 그들은 은사이자 동시에 황제의 귀빈이었던 것이다. 특별 대우를 받으면서도 아무런 구체적 책임을 지지 않을 수 있었고, 산수에서 편안히 노닐 수도 있었다.

송대의 유명한 은사 진단陳摶도 그런 인물이었다.

《송사宋史·은일전》에는 다음과 같은 기록이 실려 있다.

진단의 자는 도남圖南이다……후당後唐 장흥長興 연간에 진사에 응시했으나 급제하지 못하자, 산수자연에서 즐거움을 찾았다……후주後周의 세종世宗은 황백술黃白術을 매우 좋아했는데, 진단의 명성을 듣고 현덕顯德 3년에 그를 대궐로 보내라는 명령을 화주華州 지방에 보냈다. 그가 대궐에 한달 남짓 머물렀을 때 방술에 대하여 물었다. 그러자 진단이 『폐하께서는 천하의 주인이시니 언제나 극진한 정치를 염두에 두셔야 합니다. 그런데 어찌하여 황백술 같은 데 마음을 두시는지요?』라고 아뢰었다. 하지만 세종은 그를 책망하지 않고 간의대부諫議大夫에 임명했으나, 끝내 받아들이지 않았다. 이에 세종은 다른 방법이 없음을 알고는 그를 은거하던 곳으로 돌려보내고, 그곳의 관리로 하여금 철마다 안부를 여쭈도록 하였다. 현덕 5년 성주成州 자사 주헌朱憲이 폐하에게 임지로 간다고 아뢰자, 세종이 비단 50필과 차 30근을 주헌에게 주어 진단에게 대신 전하여 주도록 하였다. 태종은 나라가 태평스러울 때 그가 알현하러 오면 후히 대접하였다. 9년에 그가 다시 경사로 오자 더욱 극진히 대접하고……희이선생希夷先生이라는 호를 하사하고 자주색 옷 한벌을 주었다. 또한 진단을 대궐에 머무르도록 하고, 그가 머물 수 있는 운대관雲臺觀 등을 증수하라고 명하였다. 황제는 그와 여러 차례 화답시를 주고받다가 수개월 만에야 산으로 돌려보냈다.[68)]

진단은 은사이자 도사이며, 황제에게 환영받는 귀빈이었다. 진단의 행동은 은사와 정권간의 또 다른 면모를 보여 준다. 은사는 비록 벼슬을 하지 않더라도 역시 통치자의 신하이자 백성인 것이다. 은사라는 명망을 빌려 관리가 되는 것보다 더욱 부담 없고 위험 없는 이익을 얻을 수 있었으며, 이는 은사가 사회에 발붙일 수 있는 방법이기도 했다.

그러나 대개의 은사들은 이러한 행운을 만날 수가 없었다. 그들은 개성이 매우 강하여 통치자의 회유에 응하지 않았으므로, 어리석은 군주와 탐관오리를 만나게 되면 곤란을 겪지 않을 수 없었다.

혜강은 황로술을 좋아하였고, 세속을 벗어난 자유로운 경지에 마음을 두었다. 대장군 사마의司馬懿가 그를 관리로 삼고자 하였으나 듣지 않았고, 세력가인 종회鍾會에게도 미움을 받아 결국 죽임을 당했다.

후한의 은사 강기姜岐도 괴롭힘을 당했다.

> 강기의 자는 자평子平이다……어려서 부친을 잃었고, 어머니·형과 함께 살았다……연가延嘉 연간에 교원橋元이라는 자가 한양漢陽의 태수가 되었다. 그는 강기를 불러 공조功曹로 삼으려 하였으나, 강기가 병을 핑계로 응하지 않았다. 이에 교원이 노하여 독우督郵 윤익尹益으로 하여금 강기를 잡아들이라고 명하였다. 만약 임용되기를 원치 않는다고 하면, 그의 모친은 재가시키고 그는 죽이겠노라고 하였다.[69]

교원의 행동은 이렇듯 악독하였다. 그는 강기의 모친이 과부라는 것을 알고, 모친을 재가시키겠다고 위협한 것이다. 또한 그를 참수시키겠다고 위협해서라도 기어코 기용하려고 했는데, 다행히 독우 윤익이 죽음을 불사하고 말려서 그에 따른 재난을 면할 수 있었다. 은사를 협박하여 벼슬을 시키는 것이 그렇게 흔한 경우는 아니었지만, 은사가 자신의 뜻을 지키기가 매우 어렵고도 위험한 것임을 이를 통하여 알 수 있다.

은사가 정계로 들어가지 않으려는 데는 물론 여러 가지 원인이 있었다. 이는 은사들 개개인의 사상과 생활 경력·정치태도 등이 달랐으므로 벼슬을 사양한 이유 또한 각기 달랐던 것이다.

어떤 이들은 세속에 물들지 않고 자신을 지키고, 부패한 정치와는 야합하지 않겠다는 생각에 군주의 손아귀로 들어가지 않으려 하였다. 그러나 많은 은사들은, 단지 개인적인 성격이나 취향 때문에 인간세상에서 자신의 성격에 맞는 극락정토를 찾았다. 어떤 원인이 은사를 정치에서 멀어지게 했던지간에, 은사는 한번도 정치와 거리를 둔 적이 없었다. 통치자에게는 강한 활이 있어, 언제라도 날쌘 화살을 은사들에게 발사할 수가 있었다. 때문에 은사는 정치와의 틈에서 그럭저럭 자신의 목숨을 부지했던 것이다.

4. 종남첩경終南捷徑과 〈산속의 재상〉

은사의 사회적 명성과 지위는 세상을 피해 은거했기 때문에 얻어진 것이며, 깊이 숨을수록 명성과 지위는 더욱 높아져 갔다. 제왕이든 공경대신이든간에 모두들 은사를 덕행을 지닌 군자로 중히 여기었다. 은사는 대단한 사회적 명망을 얻고 있었으므로 많은 사람들이 이 점을 이용하여 이익을 보았다. 〈종남첩경〉이란, 은거하여 명성을 얻고 벼슬을 하는 방법이다. 《구당서舊唐書·은일전서隱逸傳序》에 실린 기록을 보자.

> 몸은 강호에 있으나 마음은 조정에서 노니네. 은사라는 신분에 의탁하여 요행으로 이익을 얻으려 하고, 거짓으로 암자나 골짜기에서 살며 명성을 얻으려 하네. 물러나도 여유 있게 은거하는 절개가 없고, 벼슬을 해도 세상을 구제할 그릇으로는 부족하네. 산으로 옮겨 들어와도 비난을 받고, 바닷가에서 살더라도 질책을 받는구나. 덕이 부족한 사람이 많도다![70]

몸은 재야에 있으면서 마음은 조정에 있는 이러한 은사들은 당대唐代에 가장 많았다. 《대당신어大唐新語》에는 노장용盧藏用에 관한 다음과 같은 이야기가 실려 있다.

> 노장용은 처음에는 종남산에 은거하였는데, 중종中宗 때는 여

러 차례 요직에 올랐다. 사마승정司馬承禎이라는 도사가 있었는데, 예종睿宗이 그를 경사로 오게 하였다. 사마승정이 돌아가려 할 때, 노장용이 종남산을 가리키며 말했다. 『이 산에도 아름다운 곳이 있는데, 어찌 꼭 먼 곳까지 가야 하겠소?』 그러자 승정이 『내 소견으로는 이 산에 사는 것은 관직에 오르는 첩경일 뿐이오』라고 대답하였다. 이에 장용이 매우 부끄러워하였다. 노장용은 학문이 깊고 문장을 잘 지었으며, 초서와 예서를 잘 썼고, 투호投壺나 거문고 연주 등 못하는 것이 없었다. 아직 벼슬을 하지 않았을 때는 생식生食을 하여 기氣를 단련하는 등 고상한 풍취가 있었으나, 조정에 들어와서는 권력에 빌붙어 방종하게 행동하다가 결국은 법에 걸려들었으니, 슬프다![71]

〈종남첩경〉이라는 말은 노장용의 이야기에서 비롯된 것이다. 그리고 이러한 노장용의 행위는 그의 이름에 부합하는 것이었다. 〈장용〉이라는 이름은, 숨긴다는 〈장藏〉자와 쓰이다 · 등용되다라는 〈용用〉자가 합쳐진 것이므로 〈자신을 숨겨 등용된다〉라는 뜻이 되는 것이다.

종남첩경을 걸어간 은사는 〈자신을 숨겨〉 명성을 높이고, 명성을 높여 벼슬을 구해야 했다. 사실 노장용 전에도 이러한 선례가 있었으니, 수대隋代의 은사 두엄杜淹도 이 방법을 사용하였다.

《구당서 · 두엄전》에 이같이 실려 있다.

두엄은 말을 잘하고 견문이 넓어 명성이 자자하였다. 수나라 개황 연간에 친구인 위복사韋福嗣에게 『황제께서 은사를 좋아하시기 때문에, 소위蘇威는 은사라는 이유로 좋은 벼슬을 얻었다』라고 말하고는, 벼슬을 하지 않고 그와 함께 태백산으로 들

어가 은거하였다. 문제가 이 사실을 알고 괘씸히 여기어 그들을 강표江表의 수자리로 보냈다.[72]

두엄은 총명한 까닭에 은사가 되는 것이 벼슬을 하는 데 있어서 첩경이라 여겨 이를 좇고자 하였다. 그러나 수 문제가 두엄의 이러한 수작을 간파하여 벼슬도 얻지 못하고 죄인이 되어 쫓겨나는 수모를 자초하게 되었다.

또 유명한 인물이 있으니, 바로 《시품詩品》을 지은 사공도司空圖이다. 그는 중조산中條山에서 은거하며 정자와 누각을 짓고 살았는데, 어느날 부름을 받자 흔쾌히 달려가 병부시랑兵部侍郞직을 제수받았다.

송대의 은사 상질常秩은 인종仁宗의 부름에 응하지 않았는데, 이는 당시의 한림학사 구양수를 감동시켰고, 구양수는 상질에게 다음과 같은 시를 지어 보냈다.

> 여양汝陽의 상常처사 생각하며 통쾌히 웃노라.
> 이 몸은 10년 동안 말이나 타며 조정에서 벼슬을 하는데.[73]

그러나 신종神宗 때에 상질은 부름을 받아 벼슬을 하고, 자신은 관직을 버리고 집으로 돌아오게 될 줄은 미처 몰랐다. 그래서 혹자는 구양수가 지었던 위의 구절을 『여음汝陰의 구歐소보少保 생각하며 통쾌히 웃노라. 그러나 새로 온 처사는 조정에서 벼슬을 하네』[74]라고 고치어 짓기도 하였다.

이 이야기는 매우 풍자적인 의미를 담고 있다. 은사는 소요자적하면서도 항상 조정에 들어가 벼슬하기를 열망하였다. 은사 중에는 소요자적하는 즐거움을 진정으로 이해하여 흘러가는 구름처럼 한가하게 노니는 생활을 하고자 하는 것이 아니라, 어떻게 하면 은거한다는 명성을 이용하여 벼슬을 구할까만 생각하는 사람들도 있었다. 그들은 산을 떠날 수 있는 구실이 생기면, 언제라도 벼슬을 하는 것이 옳은지 그른지를 전혀 생각지 않고 곧장 조정으로 달려갔다. 더욱 불쌍한 것은, 그들이 고관대작들과의 교유를 통하여 추천을 받아 황제에게서 벼슬자리라도 받으려고 온갖 노력을 아끼지 않았다는 사실이다.

송대 선화宣和 연간 진강鎭江에 이형李迥이라는 유명한 은사가 살았는데, 명망이 높아 진강의 교관敎官인 동분董枌이 지부知府 우섭虞燮에게 그를 추천하였다. 우섭이 술과 음식을 들고 이형을 찾아가 보니, 깨끗하고 수려한 용모가 마치 고상한 선비 같았다. 음식을 다 먹고 나자, 이형이 갑자기 자신을 황제에게 추천하여 총애를 받게 해달라고 제안하였다. 이에 우섭이 그냥 대답만 하고 돌아갔는데, 다음날 동분이 찾아와 이형을 몹시 질책하였다.

『그대는 어찌하여 지부가 벼슬을 주겠노라고 할 때까지 기다리지 못하고, 먼저 벼슬을 달라고 요구하였소?』 그러자 이형이 매우 부끄러운 듯 자신의 성급함을 후회하며 『난 지부께서 다시는 찾아 주지 않을까 걱정이 되어서 그리하였소!』라고 말하였다.

앞에서 언급한 몇몇 은사는 진정한 은사, 적어도 고상한 은사라고는 말할 수 없다. 은사가 사회의 존중을 받는 중요한 이유는, 그들이 사회를 벗어나 홀로 유유자적하며 일반인을 뛰어넘는 고상한 인격과 정신을 지녔기 때문이다. 그러나 은사가 사회에서 존중을 받게 되면, 어떤 무리들은 이를 이용하여 〈우회적인 벼슬길〉로 달려나갔다. 은사집단에서 많은 이들이 은사라는 명성을 자신에게 유리하도록 이용하였다. 사대부가 통치계급의 부속품이 되는 것은 불쌍하고도 한심한 일이다. 그들은 통치자에게 관직을 얻기 위해 과거시험 등의 공개된 경로를 거치지 않고, 갖가지 방법으로 관직에 오르고자 했던 것이다.

은사 중에는 〈종남첩경〉을 통해서 통치계급으로 들어간 자들도 있고, 비록 조정에서 벼슬을 하지는 않았지만 〈재야에서 조정의 이익을 위해 봉사〉한 자들도 있었다. 이들은 음으로 양으로 조정을 위한 계책을 내놓기도 했고, 조정의 고관대작보다 중시되기도 했다. 따라서 이들은 〈산속에 사는 재상〉이라고 말할 수 있겠다.

〈산속의 재상〉 가운데 가장 먼저 서적에 보이는 이는, 남북조 시기의 양梁나라 은사 도홍경이다. 《속세설續世說》에는 도홍경의 일이 다음과 같이 기록되어 있다.

> 양나라의 도홍경은 모산茅山에 은거하였는데, 무제武帝가 길흉대사를 계획할 때마다 그의 자문을 구하였고, 한달에도 몇 번씩 소식을 전했으므로 세상에서는 그를 산속에 있는 재상이라고 일컬었다.[75]

도홍경은 젊었을 무렵 남제南齊에서 벼슬을 하였는데, 《양서梁書·처사전處士傳》에는 다음과 같이 기록되어 있다.

> 도홍경이 약관이 되기도 전에, 제齊나라 고제高帝가 그를 불러 제후왕의 시독侍讀으로 삼았다. 벼슬을 하여 비록 관직에 있었으나, 자기 모습을 감추어 바깥세상과는 교유하지 않았다. 오직 독서하는 것만을 일삼아 박학했으므로, 조정의 의식이나 옛일에 대해서는 그의 결정을 많이 받아들였다.[76]

이는 도홍경이 젊었을 때 이미 남제에서 중요한 직무를 맡고 있었다는 이야기이다. 나중에 그는 은사가 되었으나, 양 무제와 오랜 친구였기 때문에 나라에 큰일이 있을 때마다 도움을 주었던 것이다. 도홍경이 어떤 계책을 내놓았는지에 대해서는 자세한 기록이 없지만, 양 무제가 남제를 벌하고 제왕이 될 때도 도홍경의 도움을 받았다.

의병이 건강을 평정하고 선대禪代의 의식에 대한 자문을 구하자, 홍경이 도참圖讖을 인용하여 『곳곳이 모두 양나라의 〈양梁〉자가 될 것이니, 부하들에게 그대로 진행시키시오』라고 말했다.

도홍경은 제대齊代와 양대梁代가 바뀌는 중요한 시기에 양 무제 소연을 크게 도왔다. 때문에 소연은 황제가 되어서도 도홍경의 공로를 기리어 관직을 내리고 계속해서 선물을 하사하였던 것이다.

도홍경처럼 나라를 세우는 데 공훈을 한 이들 가운데 원대의 두영杜瑛이 유명하다.

두영의 자는 문옥文玉이다……세조世祖가 남쪽을 정벌하여 상相 땅에 다다르자, 그를 불러 계책을 물었다. 이에 두영은 『한나라와 당나라 이래로, 군주가 나라를 다스리는 데 믿고 의지해야 할 것은 법과 병사 · 식량 세 가지뿐입니다. 나라에 법이 없으면 자립할 수 없고, 사람에게 식량이 없으면 살 수 없으며, 난리가 나도 병사가 없으면 지킬 수 없습니다. 그런데 지금 송나라는 이런 것을 모두 능멸하여 거의 망할 지경에 이르렀습니다. 나라를 흥하게 하는 것은 어진 군주에게 달려 있습니다. 만약 그들의 군대를 공격하여 포위하고, 군대를 아래에 두고서 배후를 공격한다면 위대한 사업을 결정지을 수 있을 것입니다』라고 침착하게 말하였다. 그러자 세조가 『선비 가운데 이런 자가 있다니!』 하며 매우 기뻐하였다. 두영이 황제에게 여러 가지 일을 권하며 『신의 말처럼 하시지 않는다면, 나중에는 저들 송나라처럼 망하고 말 것입니다』라고 하자, 황제가 그 말을 받아들였다.[77]

두영은 본래 금金나라의 백성이었는데, 금이 멸망하자 중원으로 피난하였다. 원 세조世祖 쿠빌라이가 남송을 토벌하려 하자 두영이 계책을 올렸고, 원 세조는 이에 대한 보답으로 그에게 벼슬을 내리려고 하였다. 그러나 막상 토벌하러 갈 때가 되자 두영은 병이 나서 갈 수가 없었다. 나중에 두영이 대신들에게 어떻게 천하를 다스려야 하는가에 대한 글을 올렸다. 두영은 원나라가 일어나고 송이 망하는 시기에 큰일에 참여하여, 원왕조 건국에 지대한 공을 세웠다.

그와 도홍경은 은사의 신분으로 정치에 참여하였고, 중요한 문제에 공로를 세워 황제의 인정을 받았다. 그들이 비록 끝까지 벼슬을 하지는 않았지만, 그들의 영향은 더할 수 없이 큰 것이었다.

어떤 은사들은 구체적으로 실행할 수 있는 의견을 내놓지는 못했지만, 제왕에게 사상적으로 지대한 영향을 미치기도 하였다. 당대의 사마승정은 은사이자 도사였다. 그는 무측천과 중종中宗이 수차례 불렀음에도 응하지 않다가, 예종睿宗이 도교를 숭상하자 부름에 응하여 장안으로 갔다. 예종이 사마승정에게 『몸을 수양할 때는 자연 그대로 인위人爲를 보태지 않으면 깨끗하고 고상하여지는데, 나라를 다스릴 때는 인위적으로 하지 않고 그대로 두면 어떻게 되겠소?』라고 물었다. 그러자 사마승정이 『나라를 다스리는 것도 몸을 다스리는 것과 같은 것이니, 무위無爲사상을 가장 중요하게 생각하셔야 합니다. 노자老子가 말한 〈무위이치無爲而治〉를 정치의 근본으로 삼으셔야 천하를 다스릴 수 있을 것입니다』라고 답하였다.

그는 황제를 설득하고, 황제가 자신의 건의에 따라 나라를 통치하기를 바랐으니, 이 역시 정치 참여의 한 방법이라 하겠다.

은사가 정권에 도움을 주면 통치자는 그들에게 많은 혜택을 주었으므로, 설령 벼슬을 하지 않는다 해도 특별 대우를 받을 수가 있었다. 때문에 그릇된 생각을 가진 은사들이 본분을 잊고 방자하게 향락을 일삼는다면, 그 어떤 탐관오리보다도 심할 수가 있었다. 송대의 은사 종방種放이 이러한 부류의 대표적 인물이었다.

종방은 본래 학문과 덕행을 겸비한 뛰어난 은사로서, 조정에서 여러 차례 벼슬을 권하였으나 한사코 사양하였다. 나중에 그는 수차에 걸쳐 경성을 드나들었고, 황제와의 우의가 깊어지자 많은 선물을 받았다. 그러다가 만년에 이르러서는 은사의 절개를 저버리고 사치한 생활을 일삼았다. 《송사宋史 · 은일전》에는 종방의 만년 생활에 대한 기록이 실려 있는데, 적지 않은 문제점이 곳곳에 드러나 있다.

> 왕이 하사한 녹봉과 재물이 많아, 그의 만년에는 화려한 수레와 의복 등을 아주 많이 소유하게 되었다. 장안에 넓은 옥토전답을 가지고 있었는데, 세금을 매우 무겁게 거두었다. 또한 값에 대해 거세게 항의하는 자가 있으면 결국 소송까지 갔다. 그의 제자나 가족들까지도 모두 그를 믿고 방자히 행동하였다. 왕사종王嗣宗은 경사를 지키는 자였는데, 종방이 술기운을 빌려 그를 모욕하자 여러 차례나 사람을 보내 꾸짖고는 이 일을 상소하였다. 그러자 공부낭중에게 그 일을 철저히 규명하라는 조서가 내려졌으나, 은혜를 베풀어 사면에 그쳤다……종방은 종남

산을 왕래하며 전답을 순찰하였는데, 나가서는 항상 길에서 역리에게 망신을 주었다……그리하여 세상 사람들이 점차 그의 박정함을 비난하기에 이르렀다. 궁중에서 연회가 열려 모든 신하들에게 시를 짓게 하였다. 두호杜鎬가 자신은 시를 짓지 못한다 하고는 〈북산이문北山移文〉을 읊어 그를 조롱하였다. 그리고 가까운 신하들에게 『종방은 내게 많은 말을 해주지만, 조정 밖의 일에 대해서는 모르는 자이다』라고 조용히 말하며 상소문 13편을 꺼내놓았다…….[78]

이렇듯 종방은 황제의 총애를 믿고 방자하게 행동하여 사람들의 비난을 받았다. 그러나 그는 황제를 위해 많은 의견을 내놓았으므로, 황제는 그의 행위를 그냥 눈감아 주었다. 종방의 만년은 고상한 품격이나 근엄을 갖춘 은사와는 거리가 먼, 안하무인격으로 마음껏 설쳐대는 권세가와 같았다. 은사가 정권에 대해 때로는 대신들보다도 중요한 작용을 했으며, 이 때문에 은사는 실권자의 총애와 옹호·용인을 받았다.

〈산속의 재상〉이나 종남첩경은 은사와 정치관계의 변형이다. 은사의 청렴고결함은 그 자신의 본성이기도 하였지만, 혹자에게 있어서는 명성이나 이익·관직을 얻기 위해 일부러 꾸민 행동이기도 하였다.

봉건왕조가 은사를 예우한 것은, 풍속을 개선하고 교화하는 데 일익을 담당케 하려는 것이었다. 은사는 세속의 탐욕스러움을 가장 부끄럽게 여겼기 때문이다. 그러나 사실 은사가 아니더라도 청렴고결한 선비는 많았고, 은사이면서도 명성과 이익이나 좇는 소인배도 많았다. 남북조 시기의 문인 공치규孔稚珪가 지은 〈북산이문〉은, 그렇듯 허위적인 은사들을 풍자한 좋은 재료이다.

본심은 조정에 두고 거짓으로 산수를 걸어다니면서도, 전혀 부끄러움을 모르는 거짓 군자들에게는 이런 호통을 쳐도 좋으리라.

속세로 돌아가 벼슬이나 하고,
그대를 위해서라도 은사 노릇은 그만두시지!

제 4 장

은사와 자연

1. 은사의 자연미학自然美學

은사는 〈진선미眞善美〉에 대하여 어떤 가치관을 지니고 있는가? 그들은 진솔함이나 천진함 등, 자신의 본성대로 행동하는 〈있는 그대로의 참됨〔眞〕〉을 가장 중요한 가치로 여겼다.

또한 〈선善〉이란 몸을 편히 하여 천명을 지킨다는 은사의 도덕기준에 부합될 수 있다. 〈선〉에는 인의·효제孝悌·충절·겸양과 온화함·동정심 등이 포함되고, 〈선하다〉라는 것은 자연에 대한 은사의 요구이자 도덕에 대한 기대이기도 하다. 은사의 대부분은 맹자의 〈성선설性善說〉과 같은, 인간의 본성은 선하다는 이론을 신봉한다.

그러면 아름다움이란 무엇인가? 〈미美〉라는 것은 인류가 창조한 가장 매력적인 문자이다. 인간이 객관 대상에 대해 미의식을 갖게 된 후부터, 세상의 모든 것은 아름다운 옷을 입게 되었다. 인간 자체가 심미의 대상이 되었고, 인간의 창조물에서도 아름다운 이상을 찾게 되었다. 뿐만 아니라 자연의 풀 한 포기, 나무 한 그루, 산과 강도 인간의 눈에는 살아 움직이며 즐거움을 제공하고 감상의 대상이 됨으로써, 인간의 정과 뜻을 기탁하는 미적 의의를 지니게 되었다.

은사와 자연의 관계는 상대적으로 더욱 밀접하여, 자연은 은사에게 매우 중요한 존재이다. 일찍이 공자는 『어진 자는 산을 좋아하고, 지혜로운 자는 물을 좋아한다』라고 말했다. 은사는

〈어질고 지혜로운 선비〉라고 자처하는 자이므로 산수자연에 대한 감정 또한 남달랐다. 그러므로 그들은 산수에서 은거하고 노닐며, 자연에서 아름다움을 찾고 자신의 감정을 기탁하였다.

남조南朝의 은사 종소문宗少文이 그 대표적인 경우이다. 종씨는 남조의 송宋나라 시기에 남양南陽 일대에서 유명했던 은사로, 산수를 좋아하여 유람을 즐겼다. 그는 〈서쪽으로는 형산荊山·무산巫山에 올랐고, 남쪽으로는 형산衡山에 올라 집을 짓고 평생을 살고자〉 하였다. 나중에 병이 들어 강릉江陵으로 돌아오게 되자 『늙은 몸에 병까지 찾아오니 명산을 두루 살펴보지 못하게 되었네. 이젠 오직 맑은 마음으로 도를 생각하며 누워서 명산대천을 노닐 수밖에 없으리』라고 하였다. 누워서 노닌다는 것은, 자신의 발자취가 이르렀던 명산대천을 그림으로 그려 방안에 걸어두고 밤낮으로 노닐 듯 흉내낸다면, 진짜로 그 경치에 가 있는 것처럼 느낄 수 있다는 말이다. 그는 또 『거문고를 끌어안고 연주하여, 모든 산들이 따라 울리게 하고 싶구나!』라고 말하기도 했다. 누워서 유람하는 방법은 『산에서의 즐거움을 알게 되면, 비록 산과 멀리 떨어져 있어도 뭉게뭉게 피어오르는 구름이나 무성했다가 시들어 버리는 초목의 변화 등의 빼어난 경치가 내 방안에 있게 된다』라는 명대明代 화종욱華宗煜의 말과 같은 것이다. 자신이 비록 직접 안개와 노을 등의 경치를 접하지 못하더라도 마음 속에는 언덕과 골짜기가 자리잡고 있으니, 산수의 아름다움은 은사를 도취시킬 수 있다는 것이다.

산수자연에 대한 은사의 애착에는 일반인과는 다른 독특한 정이 담겨 있다.

청대의 은사 주학령朱鶴齡은, 은사가 산수에 대하여 가지는 특별한 의미를 이같이 이해하였다. 그는 〈유무수산거기兪無殊

山居記〉에서, 유무수兪無殊라는 은사의 산중생활을 통하여 은사와 산림의 관계에 대한 자신의 견해를 피력하였다.

> 산에 사는 즐거움은, 일단 들어가기만 하면 모든 것을 잊어버리는 정도가 아주 심하다. 사람들은 오랫동안 도회에서 생활하며 떠들썩함이나 천박함과 더불어 지내면서 세속적인 일과 교유하였는데, 그렇듯 빽빽이 뒤섞여 혼탁한 생활에는 절로 짜증이 나게 마련이다. 그러나 재빨리 산을 찾아 높은 언덕에 올라서 산봉우리에 서리서리 감겨 있는 구름과 나무를 흥건히 적시는 샘물, 울창한 숲을 보게 되면 갑자기 기뻐져 심신이 확 트이게 된다. 그러다가도 흥이 다하여 돌아오면 예전 그대로의 북적거림과 혼탁함만이 남을 뿐이다. 산에서의 즐거움이란, 기름진 고기와 좋은 음식만 먹고 자란 부잣집 자식이 잠깐은 채소 반찬을 달게 먹고 맘에 들어하는 것과 같다. 그러니 거기에 무엇이 있겠는가?
>
> 하지만 현실과 동떨어져 산림에 은거하는 은사는 그렇지가 않다. 그들은 잇닿은 산등성이나 산봉우리를 병풍처럼 여기고, 동굴이나 움푹 들어간 구덩이를 항아리인 양 생각한다. 좋아하고 싫어하는 것이 모두 맑고 그윽해진 후 산수의 아름다움을 보는 눈을 성숙시키면 진정한 흥취가 될 수 있고, 이러한 심정을 표현하면 맑은 노래가 되는 것이다. 대개 산수자연과 오래 더불어 지내다 보면 모든 것을 잊고 빠져들게 되나니, 얻은 바가 많거나 적거나간에 모두 그 안에 있는 것이다.[79]

주학령은 일반인과 은사가 산수와 더불어 노니는 것을 이와 같이 비교하였다. 일반인이 산수를 좋아하는 것은, 다만 시끄러운 도회를 떠나 잠시 깨끗하고 조용한 곳에 머무르는 데 그 목적이 있고, 그들에게 산수자연이란 바깥세상에 존재하는 것으로서 실리적인 것일 뿐이라고 생각하였다. 그러나 은사는 그들과 달리 산수를 자기 자신으로 보았으므로 자연과 일체가 되었다. 그들에게 산수의 아름다움은 더 이상 감상거리만 제공하는 죽은 물체가 아니라, 은사의 마음 속에서 살아 움직이며 그들의 정서·성격과 하나가 되어 즐기는 것이다. 이렇듯 은사는 산수의 아름다움을 즐기는 가운데, 순간의 즐거움이 아닌 인생의 참뜻을 얻었다.

주학령은 여기서 하나의 문제에 부딪혔다. 감상이라는 것은 실용적인 것인가, 아니면 비실용적인 심령 활동인가? 그의 해석에 의하면, 감상을 단순히 실리적인 즐거움으로 보는 것은 하층단계의 것이다. 은사처럼 대상의 미적 특징과 감상자의 주관세계가 융합되어, 감상 활동이 실용적인 목적을 갖지 않아야만 고차원적인 감상 체험인 것이다. 이러한 감상 취향은 은사의 논리와 일치한다.

은사가 자연풍경을 자신의 소유로 여기는 것은, 대자연을 자신과 동일시한 결과이다. 은사는 정상적인 사회생활에서 도피했기 때문에, 자신의 정신세계 외에 대자연만이 자신의 소유로 여겨지는 것은 당연한 일일 터이다. 다음은 널리 전송되는 도홍경의 시 〈산속에 무엇이 있느냐는 조서에 답하여 答詔問山中何所有〉이다.

이 산속에서 무엇을 소유하냐고요?
산봉우리 위에 흰구름 많지요.
그러하나 나 혼자만 즐길 수 있을 뿐,
가져다가 그대에게 바칠 순 없지요.[80]

양 무제 소연과 도홍경의 관계는 전술하였듯이 매우 친밀했는데, 소연이 산에는 무엇이 있느냐는 편지를 보내자 도홍경이 이 시를 보내었다. 산에 있는 흰구름은 은거하는 도홍경의 동반자이자 그만이 즐기는 것이며, 속세를 떠난 상징이기도 하였다. 양 무제는 제왕이 되자 인간세상의 부귀영화, 미녀와 재물을 모두 즐겼다. 그러나 그는 도홍경이 소유한 깨끗함과 한가로움을 이해할 수 없었고, 자연의 아름다운 경치를 평정한 마음으로 즐길 수도 없었다. 도홍경은 이처럼 산수자연과 인간세상의 부귀영화를 비교함에 있어서, 다른 사람이 빼앗을 수 없는 경치와 아름다움을 더욱 좋아하노라고 말한 것이다.

산수의 아름다움에 대한 모든 감상은 체험의 과정이고, 이 과정에는 상당한 문화적 수준과 한가로운 생활이라는 필수적 조건이 있어야 한다. 이것은 은사를 자연의 아름다움을 진정으로 이해할 수 있는 인물로 만드는 요인의 하나이다. 어떤 은사들은 당대唐代의 전유암田游巖이 『태백산에서 노니니 마음에 드는 숲이나 샘을 만날 때마다 머물러 떠나지 못하네』라고 한 것처럼, 직접 대자연 속에서 아름다움을 찾기도 하였다.

또 다른 은사들은 자신이 거처하는 곳으로 자연의 경치를 옮겨와 아름다운 자연환경을 정성들여 만들기도 하였다. 북위北魏의 은사 풍량馮亮은 산수자연을 자신의 실제 생활 속으로 끌어들였다.

《위서魏書 · 일사전逸士傳》에 『풍량의 자는 영통靈通으로, 남양南陽 사람이다……풍량은 본래 산수를 사랑한 까닭에 여러모로 궁리하여 숲의 가파른 곳에 건너지르는 다리를 만드니, 은거하기에 아주 적당하였다. 그후 그는 이 일로 유명해졌다』[81] 라고 기록되어 있다.

이렇게 자연을 감상하는 것에서 자기 생활환경으로서 즐기는 것으로 발전하게 된 것은, 실용적인 사물을 감상의 대상으로 보는 중국 고유의 전통이다. 이렇게 되면 자연은 더 이상 사람과 대립되는 외부세계의 사물이 아니라, 실제 생활로 융화되어 없어서는 안 될 존재가 되는 것이다.

자연에 대한 은사의 사랑은 중국 문학에도 많은 영향을 미쳤다. 진대晉代에 형성되기 시작한 산수시파山水詩派와 수많은 산수유기山水游記는 산수의 아름다움을 글로 표현한 것이다. 산수시는 중국 문학과 세계 문학에서 아주 중요한 위치를 차지한다. 먼저 외국의 경우를 살펴보자.

18세기 말에서 19세기 초에 영국에서는 호반파湖畔派라는 유파가 등장하였다. 호반시인 윌리엄 워즈워스와 새뮤얼 테일러 콜리지·로버트 사우디는 잉글랜드 북부의 호수 지역에 살면서 중국의 은사와 같은 생활을 하며, 자연의 아름다움과 전통의 도덕관을 노래한 시를 지었다. 그들이 중국 산수시파와 다른 것은, 호반파는 자연주의적인 방법으로 자연을 노래함으로써 현실 정치에 대한 강한 불만을 표현했다는 것이다. 그들의 작품은 강한 현실 참여의식과 정치태도를 담고 있다.

반면에 호반파와 중국 은사의 사상 가운데 공통점이 있기도 하다. 그들 역시 시끄러운 도시생활을 싫어하며, 정신없이 소란스러운 사회는 인간으로 하여금 자연의 존재를 망각하고, 아름다움을 이해하지 못하게 만든다고 생각한 것이다. 워즈워스는 〈우리는 너무 세속에 묻혀 있다〉에서 이같이 노래하였다.

> 우리는 너무 세속에 묻혀 있다.
> 꼭두새벽부터 밤늦도록 벌고 쓰는 일에 헛되이 힘을 소모한다.
> 우리에게 주어진 자연도 보지 못하고, 우리의 마음마저 저버렸으니, 이 비열한 흥정이여!

달빛에 가슴을 드러낸 드넓은 바다, 늘 울부짖다.
시든 꽃포기처럼 잠잠해지는 바람.
이 모든 것과 우리는 조화를 이루지 못한다.
아무것도 우리를 감동시키지 못한다. 신이시여!
차라리 진부한 믿음으로 자라는 이교도나 되어,
이 아름다운 풀밭에 서서
나를 슬프게 하지 않을 풍경들을 바라보고,
바다에서 솟구쳐 오르는 프로테우스를 보고,
트리톤의 뿔나팔소리를 들을 수 있도록…….

중국의 산수시에는 이와 같은 분위기가 많지 않다. 중국 시인이 산수를 노래한 것은 주로 자연의 아름다움을 묘사하고, 자연에 대한 인간의 정을 드러내거나, 혹은 자연을 노래함으로써 은거하고 싶은 심정을 나타낼 때이다. 남송南宋의 대시인 사령운謝靈運은 산수시의 시조라고 말할 수 있다. 그의 〈등지상루登池上樓〉라는 시를 보자.

물속에 잠겨 있는 규룡虯龍은 그윽한 자태 자랑하고,
날아가는 큰 기러기는 멀리까지 들릴 큰소리를 내네.
얕은 하늘은 구름이 뜨기에 부끄럽고,
머물러 있는 시내는 연못 깊어지기에 부끄럽네.
덕과 지혜에 나아가지만 서툴러,
물러나서는 힘써 밭갈며 다른 일은 맡지 않노라.
……
귀 기울여 물결소리 들어보고, 눈 들어 가파른 산을 바라보네.
초봄이라 겨울바람 사라지고, 새 볕에 묵은 그늘 바뀌었네.
못둑에 봄풀 돋아나고, 정원 버드나무에 새소리 달라졌네.

쑥 많이 캐나니 빈풍豳風에 가슴 아프고,
봄풀 무성하게 돋았구나, 초가〔楚辭〕에 감개해지네.
은거할 곳 찾으면 오래 살기 쉬우나,
무리를 떠나 있으니 마음 두기 어렵네.
절개 지키는 것이 어찌 옛날 일이기만 하리오,
끊임없이 지금에도 나타나는 것을…….[82]

이 시에서 사령운은 벼슬과 은거라는 두 가지 괴로운 심경을 자연경물을 빌려 표현하고 있다. 결국 그는 『세상을 피해 여유롭게 은거해야 번민이 사라진다 遯世無悶』라는 주역의 점괘를 근거로 은거하고자 하는 심정을 나타내었다.

사령운은 은일사상을 지닌 관료라고 말할 수 있을 뿐 진정한 은사라고는 할 수 없다. 당대唐代의 으뜸가는 산수시인이자 진정한 은사였던 맹호연孟浩然의 시 〈여름 남정에서 신대를 그리며 夏日南亭懷辛大〉를 보자.

산에 있던 햇빛 문득 서쪽으로 지니,
연못에 비치는 달 차츰 동쪽으로 떠오르네.
머리카락 헤치고 저녁 바람 쐬며,
들창 열어젖히고 편안히 눕네.
연꽃에 부는 바람에 실려오는 향기,
댓잎에 떨어지는 이슬의 맑은 소리.
거문고 타고 싶지만,
감상해 줄 사람 없음이 한스럽구나.
이에 옛 친구 그리워,
한밤 꿈속에서 애써 찾노라.[83]

이는 자연의 아름다운 경치와 한적한 시인의 생활이 잘 어우러진 작품이다.

명대 말기 항주杭州의 은사 장대張岱가 쓴 〈호수 한가운데 정자에서 설경을 바라보며 湖心亭看雪〉라는 글은, 은사의 분위기를 지닌 산수 소품으로 볼 수 있다.

> 숭정崇禎 5년 12월, 나는 서호西湖에 갔는데 폭설이 사흘이나 내려 호수에는 사람이나 새소리가 전혀 들리지 않았다. 이날에야 눈이 그쳐 작은 배를 저어 털옷과 화로를 들고, 혼자 호수 한가운데 있는 정자로 가서 눈을 구경하였다. 눈같이 내린 서리가 모든 것을 덮어 버리니 하늘과 구름과 산·물, 세상의 위아래가 모두 흰색이었다. 호수 위의 모습은 긴 제방의 흔적 하나로, 호수 가운데 정자가 점 하나로, 내 배가 먼지 한점으로, 배 안의 사람 등이 점 몇 개로 남아 있을 뿐이었다…….[84]

눈이 내린 서호는 온통 흰색으로 뒤덮인 광활한 대지 같았다. 아무 인적도 없는 이 광경에 생명을 불어넣는 것은 긴 제방과 호수 가운데 있는 정자, 작은 배와 배 안의 사람뿐이다.

미술적인 각도에서 말한다면, 시에 그려진 모습은 작자가 직접 본 것이 아니라, 공중에서 굽어본 조감도이다. 흔적 하나, 점 하나, 먼지 한점, 점 몇 개 등의 소도구 속에는 작자 자신도 포함되어 있다. 그러므로 이 풍경은 작자가 실제로 본 것이 아니라, 상상을 통한 머릿속의 그림인 것이다. 작자는 자신까지도 자연풍경에 집어넣어 자연에 융화된 모습을 보여 주고 있다. 〈나 속에 네가 있고, 너 속에 내가 있는〉 창작방법을 통해, 무생명의 자연이 감정을 지닌 생명체로 변하여 사람과 통하게 된 것이다.

평생을 벼슬하지 않고 자연에 은거하던 송대의 유명한 시인 강기姜夔는 〈점강진點絳脣·정미년 겨울 오송을 지나며 짓다丁未冬過吳淞作〉에서 이렇게 노래하고 있다.

> 제비와 기러기는 무심하게
> 태호太湖 서쪽 기슭에서 구름따라 날아가 버리네.
> 여러 봉우리들은 고고하게 어려움을 견디는데,
> 이런 모습 보니 황혼 무렵엔 비 내리겠네.
> 네번째 다릿가에서
> 모든 것을 살펴보고 날씨에 따라 머무르려 하네.
> 지금은 어디로 갈까?
> 난간에 기대어 옛날을 회상하나니,
> 쇠잔한 버드나무는 들쭉날쭉 춤추네.[85]

그는 〈고고하게 어려움을 견뎌낸다〉라는 의인화된 표현으로 산봉우리에 인격을 부여했는데, 이런 표현법은 고대 시인들이 좋아하고 또 잘 쓰였던 경치 묘사법이다. 은사들은 은거하기에 가장 좋은 장소는 자연이라고 생각하였으므로, 자연에 대한 친근감을 이렇게 글로 표현했던 것이다.

2. 전원정취田園情趣

제1장의 은사문화와 농업문명에서, 은사가 농경사회 생활에 각별한 애정을 지니고 있음을 이야기하였다.

여기서는 은사가 농촌에 기거하면서 갖는 심정에 대하여 살펴보자. 당대唐代의 은일시인 저광희儲光義의 〈전가잡흥田家雜興〉 8수는 많은 사람들에게 애송되는데, 그 가운데 한 수를 본다.

뽕나무 백여 그루를 심고,
기장 서른 이랑을 심었네.
의복과 양식 이미 여유 있고,
가끔 가까운 친구를 만나네.
여름이 오면 줄의 열매를 먹고,
가을이 되면 국화로 술 담그네.
아내는 즐거이 마중하고,
어린 자식은 제멋대로 내달리네.
해 저문 한가로운 정원에는
느릅나무와 버드나무 둥글둥글 그늘 드리웠네.
술에 잔뜩 취해 밤에 돌아오니,
상쾌한 바람이 창문으로 불어오누나.
맑고 얕은 은하수 바라보고,

낮았다 높았다 하는 북두성 바라보네.
아직 열지 않은 술독 있는데,
내일 아침에는 마실 수 있을까?[86)]

저광희는 무엇을 심고, 어떤 음식을 먹으며, 어떤 술을 마시는지를 가볍고도 친절한 필치로 이렇듯 묘사하였다. 또한 농사일을 마치고 돌아오는 남편을 맞이하는 아내의 기쁜 심정과, 농부가 즐거운 마음으로 술을 마시고 밤늦게 돌아와서도 다음날 또 마음껏 마시려는 등, 한가롭고도 즐거운 생활의 분위기에 특히 주의를 기울였다.

그러나 이 시에 보이는 농촌의 모습은 풍경화나 한 편의 시와 같아 노동의 고통이나 무거운 세금, 관리에게 핍박당하며 어렵게 살아가는 정경은 보이지 않는다. 이 시에는 오직 한 가지의 정취, 즉 농촌생활의 편안하고 자연스러움만이 있을 뿐이다. 사실 이러한 농촌생활이란, 밭일로 고생스럽게 생계를 꾸려나가는 어려운 농민을 묘사한 것이 아니라, 시골에 은거하는 은사 자신의 심경이 만들어 낸 모습이다.

시라는 것은 약간은 상상적인 예술창작으로서 실제 생활과는 분명 거리가 있다. 시골에 은거하는 은사는, 농민의 심경을 체험하기 위해 그들과 같은 생활을 하기도 하였다. 당대唐代의 은사 육구몽陸龜蒙은 재산가였지만, 농촌을 찾아가 몸소 농사를 짓는 일이 많았다. 또 어떤 은사들은 교외에 살다가 시골로 가서 농민생활을 직접 체험하기도 하였다. 《신당서 · 은일전》에는 사덕의史德義에 대한 일화가 다음과 같이 실려 있다.

사덕의란 자가 있는데 곤산崑山 사람이다. 그는 호구산虎丘山에 살면서 소를 타고 표주박을 허리에 차고는 야외로 나가곤

하였다.[87)]

그는 소를 타고, 표주박을 허리에 차고서 왜 시골로 갔는가? 여행을 갔을지도 모르지만 그곳에는 구경할 만한 절경이 없었고, 친지나 친구를 만나러 갔다면 굳이 표주박을 가져갈 필요는 없었을 것이다. 아마도 사덕의는 농민의 생활과 농촌의 숨결을 체험하기 위해 시골로 갔었을 것이다. 이는 자연스럽고 소박한 농촌으로 가서 전원의 풍경과 더불어 즐거움을 누리려 하였던 듯하다. 이렇듯 사덕의가 보여 준 전원에 대한 친근감은 전원에 대한 은사의 애정표현이다.

여기서 지적할 것은, 중국 은사의 절대 다수가 농민이 아니었으므로 그들의 정취는 농민이 지닌 것과는 달랐다는 점이다. 그들의 문화수준과 사회 신분은, 비록 몸은 시골에 있어도 여전히 문화인의 심리를 지니게 하였다.

도연명은 중국 전원시의 시조로서, 한 일본 학자는 그의 작품을 『자기 생활 자체를 시로 표현해 낸 생활문학』이라고 평했다. 그러나 그의 시 가운데 가장 유명한 〈귀전원거歸田園居〉를 읽어보면, 이 작품에 표현된 농민의 심경이 상당한 문화수준을 지닌 은사의 여과를 거친 것임을 발견할 수 있다.

> 젊어서부터 속세의 시끄러운 소리에 적응하지 못했고,
> 본성이 자연을 사랑했네.
> 어쩌다 잘못하여 속세의 그물에 빠져 버려,
> 어느새 30년이 지나가 버렸네.
> 갇힌 새는 노닐던 옛숲을 그리워하고,
> 웅덩이 속의 물고기는 옛날 살던 연못을 그리워하네.
> 남쪽 황무지를 일구고,

서툴지만 나의 처세를 지키어 전원으로 돌아가노라.
십여 무 넓이의 밭과
띠풀로 이은 여덟아홉 칸의 집.
느릅나무와 버드나무는 뒤처마에 그늘을 드리우고,
복숭아와 오얏은 집 앞에 죽 늘어서 피어 있네.
멀리 흐리게 보이는 인가,
황량한 마을에 가물가물 피어오르는 밥 짓는 연기.
깊은 골목에는 개 짖는 소리,
뽕나무 위에선 닭 우는 소리.
뜰에는 속세의 잡스러움 없고,
방에는 한가로운 여유 있네.
오랫동안 새장에 갇혀 있다가,
이제야 자연으로 돌아왔네.[88)]

이 작품에 나타난 한가함과 고요함, 그리고 조화로움은 평론가들의 칭찬을 받아왔다. 세속을 떠난 자연의 분위기가 잘 표현되어 있으면서도, 〈황무지를 일구고〉 〈황량한 마을에 밥 짓는 연기가 피어오르고〉, 개가 짖어대고 닭이 우는 등, 농가의 정취가 가득한 세속의 모습도 아울러 묘사되어 있다. 그러면서도 전체적으로는 여전히 세속을 벗어난 듯한 인상을 주고 있으니, 이 작품은 속세와 자연의 대비를 읊은 것이라 하겠다.

도연명의 시에 전원의 정취가 표현되기는 했지만, 기본적인 분위기는 역시 은사의 것이지 하루 종일 고생스럽게 일하는 농민의 것은 아니다.

도연명의 시를 칭찬하다 보면 육조六朝시대의 귀족, 그리고 귀족의식과 신분을 지닌 후대의 사람들은 도연명의 시를 과히 좋아하지 않았음을 알 수 있다. 또한 하층계급의 농민 역시 그의 시에 보이는 우아한 풍격이나 정취에 그다지 흥미를 느끼지 못했다. 농민들에게 공감을 주는 것은 원진元稹·백거이白居易의 신악부新樂府처럼 더욱 통속화되고, 자신들의 생활상을 그대로 반영한 시였다.

전원의 풍취를 담은 도연명의 시 중에는 농민의 실생활에서 벗어난 작품이 있기도 하지만, 그래도 우리는 그런 시들을 여전히 전원시라고 평가한다. 〈음주飮酒〉 시의 제5수 같은 작품이 그 대표적인 경우이다.

> 사람이 사는 곳에 오두막집을 지었으나,
> 수레나 마차의 시끄러움은 들리지 않네.
> 이것이 어떻게 가능한 일이냐고 묻는구나.
> 마음이 심원하면 땅 또한 스스로 멀리 떨어지는 것이라네.
> 동쪽 울 밑에서 국화를 따들어 올리니,
> 한가히 보이는 남산.
> 산기운은 저녁 되니 좋고,
> 나는 새는 짝지어 돌아오누나.
> 이런 속에 참뜻이 있는데,
> 설명하려 하나 이내 할 말을 잊노라.[89]

〈이런 속에 참뜻이 있는데, 설명하려 하나 이내 할 말을 잊노라〉는 구절은, 그 심오한 내용 때문에 거칠고 소박한 것과는 거리가 멀어지고 위진시대의 사변철학적인 냄새를 풍기고 있다. 예술적인 측면에서 말한다면 도연명의 시는 탁월하지만, 중국의 은사가 농촌에 은거하면서도 그 정서는 여전히 문화인의 색채를 뚜렷하게 드러낸다는 것을 보여 주고 있다.

이렇듯 세속의 바깥세계에 서 있으면서도 시골과는 상당한 거리를 유지하고 있는 정서는, 은사의 독립적인 인격 투영이라고 말할 수 있다. 그러나 이와 동시에 그러한 정서는 실제의 시골생활과는 어정쩡한 거리를 두고 있어, 때로는 가깝고 때로는 멀기도 하다.

미학적인 각도에서 말하자면, 은일문인이 표현한 전원적인 정취는 그윽하면서도 독특하고, 평범함 속에 기이한 매력을 지닌다. 물론 이러한 매력은 실제 농촌생활에서는 재난이나 생계 때문에 자취도 없이 사라져 버릴 수 있다. 그러나 예술의 범위 안에서는 영원한 생명력을 얻어, 역대의 수많은 은사들을 전원에 뛰어들게 하였다.

청대 초기에 〈세상을 피해 황폐한 시골에 은거하며, 삼베옷을 입고 도道에 대해 이야기하던〉 은사 육세의陸世儀는 이같은 시를 지었다.

내가 막 문을 나설 때,
새들은 이미 지쳐 돌아오네.
내가 외출하는 것과 새들의 그침이 비록 다르지만,
각자 자신들의 천명을 즐기는 것.
어젯밤에서야 비가 흡족하게 내리니,
밭두둑이 그윽이 아름답구나.
목동은 송아지를 지키며 누워,
오늘은 편안히 쉬노라.[90]

이 작품은 전원의 풍광을 문인의 필치를 빌려 묘사했는데, 도연명의 시에 보이는 고요함과 편안함이 드러나 있다.

명대의 은사로서 산곡散曲을 짓기도 한 시소신施紹莘의 《촌

거오일村居午日》이라는 투곡套曲 가운데 〈쥐엄나무의 씨앗 皂角兒〉을 보자.

하얀 눈을 날리며 보리싹을 키우는 바람이 비껴 불고,
질펀히 장대비가 내리면,
푸른 잎사귀 뾰족한 논엔 비로소 물이 넘치고,
버들개지처럼 지저귀던 새끼제비 자라기 시작하네.
그대와 나 좋은 날 택해, 옛일을 제재로 가락을 붙여가며 어부 노래 부르네.
고금의 한가로운 이야기하다 보니,
거룩한 뜻을 스스로 즐기게 되나니,
이런 풍류 자랑할 만하구나.
한번 모여 옷자락 풀어헤치고 모자는 비스듬히 하고서,
장난삼아 석류꽃을 꽂아보네.[91)]

이 작품은 고요하고 편안하며 조화로운 도연명의 시와는 달리 명쾌하고 시원스럽다. 그러나 이 역시 일반 농민보다는 고상한 심경을 나타내고 있다. 앞의 네 구절은 농촌의 풍광을 묘사하고 있지만, 그 뒤부터는 온통 문인의 정회를 드러내고 있다. 그렇지만 시나 산문·곡이라는 서로 다른 예술형식을 통해 은사의 정취를 동일하게 표현하는 것은, 중국 은사의 또 다른 특징이라고 말할 수 있을 것이다.

3. 은사와 조경원造景園

자연의 산과 강, 꽃, 풀과 나무, 새와 물고기 등은 실로 사람을 감동시키는 힘을 지니고 있다. 우리가 자연을 사랑하는 것은, 인간의 마음을 여유롭게 만들며 아름다움을 느낄 수 있게 해주기 때문이다.

그러나 문명의 진화에 따라 인간의 생존공간은 점차 협소해졌다. 사람들은 비바람을 막을 수 있는 나무 밑이나 동굴에서 나와 집을 지으면서부터 점점 자연과는 멀어지게 되었다. 특히 도시의 흥성은 인간을 자연환경에서 자신이 창조한 인공환경으로 옮아오게 하여 인류의 생활에 거대한 변화를 일으켰다. 이는 물론 진보이다. 그러나 자연에 대한 사랑은 결코 약해지지 않았고, 오히려 자연과 멀어질수록 더욱 강해졌다. 그리하여 사람들은 자연경관을 가까이로 옮겨와 자연에 대한 그리움을 만족시키는 방법을 찾아내었다. 그것이 바로 조경造景이고, 조경예술은 자연경관과 인문건축을 융합한 종합예술이다. 고대 중국에서는 조경예술이 매우 발달하였고, 동시에 은사문화와도 관계를 맺게 되었다.

한漢·당唐 시기에는 은사의 생활이 전반적으로 어려웠으나, 송宋·명明 시기에 이르러서는 경제발전에 따라 은사의 생활도 호전되었다. 어떤 은사들은 자기 소유의 조경원造景園을 만들기 시작했는데, 이러한 활동은 조경 발전에 상당한 역할을 하였다.

송대의 은사 종방種放과 위야魏野가 별장과 조경원을 만들었다고 하는 다음과 같은 기록이 있다.

> 종방은 종남산에 별장을 두었는데……그가 기거하는 곳에는 아름다운 숲과 샘물이 있어 아주 그윽하고 아름다웠다. 진종眞宗이 이 말을 듣고 중사中使 휴공携工을 보내어 그가 사는 곳을 그대로 그려오도록 하여, 용도각龍圖閣을 만들고는 대신들을 불러 구경케 하였다. 후에 위야가 교외의 조용하고 운치 있는 곳에서 살자, 황제는 또 사람을 보내어 그대로 그려오도록 하였다.

황제가 종방이나 위야의 별장을 부러워한 까닭은, 그들의 조경원과 황실 조경원의 격조가 달랐기 때문이다. 〈세상에서 동떨어진 조용한 곳〉과 〈그윽한 정취〉 등은 모두 은사의 조경원이 지닌 풍격을 이르는 말이다. 깊이 있고 아늑하며 운치 있다는 〈유幽〉자는, 은사가 정성들여 추구한 조경원의 풍격이자 그들의 조경관造景觀이나 정감이 일반인과는 다르다는 것을 말해 준다.

명대에 이르면 조경예술은 장족의 발전을 하게 되는데, 특히 문인정원文人庭園의 유행은 조경의 관점이나 풍격에 변화를 가져다 주었다. 이 시기에는 은사의 조경원도 매우 많아졌다. 두경杜瓊은 만년에 주백원朱伯原의 화원花園을 얻어 〈그 안에서 소리 높여 시를 읊었다〉라고 한다. 이 화원은 나중에 〈환수산장環秀山莊〉이라 불렸으며, 소주蘇州의 이름난 화원 가운데 하나이다. 또한 〈그가 거주하는 곳은 물이 그윽하고 대나무가 울창하였으며, 정자와 별관이 휘감기듯 연이어 있었다. 손님이 오면 옛날의 이정彝鼎이나 명필의 글씨, 명화를 진열해 놓고 감상하였다.〉〈만년에는 청아하고 확 트인 것에 힘써 고상한 집을 짓고, 네모난 침상과 굽은 탁자를 두고서 하루 종일 편안하게 기거하였다.〉

유명 화가 심주沈周는, 그의 조부 때부터 은거하기 시작하여 부친·백부 등이 모두 은사였다. 전겸익錢謙益의 《열조시집소전列朝詩集小傳》에는 다음과 같이 실려 있다.

> 유죽장有竹莊이라 불리던 곳에서 기거하며, 어머니를 모시는 즐거움에 수양하며 한가로이 살았다……그가 거하던 곳에는 물과 대나무와 정자·관망대 등의 절경이 있었고, 그림과 글씨와 종묘(제사)에서 쓰던 진귀한 제기 등을 뒤섞어 진열해 두었다. 문에는 발걸음 소리 가득하고, 손님들은 담장 넘어 들어와 전시품을 어루만지며 품평을 하고, 담소하며 며칠을 보냈다.[92]

은사 오륜吳綸은 〈산에 별장을 짓고서 남쪽은 초은樵隱이라 하고, 서쪽은 어락漁樂이라 하였다. 그는 그 사이를 소요자적하며 스스로 심원거사心遠居士라는 호를 지었다.〉

종제鍾濟는 〈배산임수背山臨水의 지형에 동산을 만들어 큰소리로 시를 읊으며 그곳에 편안히 은거〉하면서, 다음과 같은 시를 지었다.

> 집 밖에는 긴 강, 강 너머에는 산.
> 흐르는 물과 떠도는 구름 사이를 마음대로 왕래하네.
> 시골 어부와 나무꾼이 벼슬과 은거에 대해 묻노니,
> 마음까지 즐거이 노닐지 않을 때는 꿈속에서밖에 없으리라.[93]

산동山東 치천淄川의 은사 호예胡銳는 〈풍수豊水의 남쪽에 화원을 지었는데, 멀리 보이는 별장은 푸른색이 뒤섞여 있었고, 담장은 강물을 마주하고 있었으며, 집 뒤에는 대숲이 있었다. 날마다 그 안을 돌아다니며, 속세를 벗어나 조용히 지냈다〉라고 한다.

은사들의 이러한 조경 별장은 오늘날에는 남아 있지 않아 그 모습을 볼 수는 없지만, 이러한 글을 통해 그들이 추구한 생활이 어떠했는지를 느낄 수 있다.

은사와 조경예술의 관계를 논하자면, 예찬倪瓚이라는 인물을 빼놓을 수가 없다. 《명외사明外史 · 은일전》에는 이렇게 기록되어 있다.

> 예찬의 자는 원진元鎭으로, 무석無錫 사람이다……기거하던 누각을 청비각淸閟閣이라 불렀는데, 그윽하고도 경치가 뛰어났다. 장서는 수천 권이 있었는데, 모두 손수 감정勘定한 것이었다. 옛날의 이정 · 제기와 명필의 글씨와 유명한 거문고 및 뛰어난 그림들을 좌우에 전시하고, 사시사철의 초목을 빙 둘러쳐 놓았다. 바깥에는 고목과 미끈한 대나무가 울창하여 장관을 이루었으므로, 스스로를 일컬어 운림거사雲林居士라 하였다.[94]

《운림유사雲林遺事》에도 예찬에 관한 기록이 실려 있다.

> 운림에 청비각淸閟閣과 운림당雲林堂이 있었는데, 손님이라도 상등급의 귀빈이 아니면 들어갈 수가 없었다. 일찍이 어떤 사람이 무석을 지나다가 예찬의 명성을 듣고는 그를 만나려고 침향沈香 1백 근을 선물로 가져갔다. 그가 찾아가자 처음에는 『마침 혜산惠山에 가셨다』라고 하여, 다음날 다시 갔더니 『매화 구경을 가셨다』라고 하였다. 한번 만나고 싶어 그의 집 주변을

배회하자, 예찬이 사람을 시켜 운림당을 열어 주어 감상할 수 있도록 하였다. 앞에는 푸른 오동나무가 심어져 있고, 주위 사방에는 기암괴석이 둘러 있으며, 동쪽에는 오래 된 옥그릇이 있었고, 서쪽에는 옛날의 솥이나 술그릇 등과 명필의 글씨와 명화들이 전시되어 있었다. 그 사람은 이러한 모습에 깜짝 놀라, 예찬의 집 종에게 『듣자니 청비각이 있다던데, 한번 볼 수 없겠소?』라고 물었다. 그 종은 『청비각은 아무나 쉽게 들어갈 수 있는 곳이 아닙니다. 게다가 주인님께서 이미 출타하셨으니 보실 수가 없습니다』라고 대답하였다. 그러자 그 나그네는 청비각을 바라보고 절을 두 번 올리고는 떠나갔다.[95]

예찬의 개인 화원에 있는 청비각과 운림당이 당시 대단히 유명하였으나, 일반인들은 함부로 들어가 구경할 수가 없었으므로 몰래 훔쳐볼 수밖에 없었다. 예찬은 화가이자 시인이며 조경건축가였는데, 소주蘇州의 사자림獅子林이 바로 그의 걸작이다. 그의 조경 풍격은 명대 문인각文人閣에 영향을 주었으며, 또한 일본에까지 전파되어 문인정文人庭 건축에도 영향을 미쳤다.

은사들이 조경예술 발전에 영향을 주었던 가장 주요한 원인은, 그들의 미적 심미관과 생활정취 때문이었다. 조경예술은 자연경관을 좁은 공간에 축소시켜 인공적으로 자연을 재현하는 것이다. 중국 조경예술은 서양의 건축예술과 비교할 때 화려함이나 정밀함은 미치지 못하지만, 심오하고 단정하며 고상한 것은 그들을 훨씬 뛰어넘는다. 중국 조경원에 있는 산 하나, 돌덩이 하나, 풀 한 포기, 나무 한 그루는 모두 깊은 문화적 숨결을 지니고 있는 것이다.

조경원에 표현된 그윽함과 속세를 떠난 별천지 같은 모습은 중국인의 사상과 일치하고, 특히 은사의 심미관은 조경예술의 원칙과 상통한다.

앞에서 언급했던 은사들이 소유한 조경원의 가장 공통적인 특징은 화원에 대나무가 있다는 것이다. 대나무는 본래 남쪽 지방에 많이 자라는 식물인데, 이것을 화원으로 옮겨 심은 것은 다른 의미를 담고 있다. 대나무는 고결함과 곧게 자라는 양이 절대 불굴의 정신을 상징하는데, 이는 은사가 꿈꾸었던 이상적인 인격과 상통하는 것이다. 은사들이 자신이 사는 곳에 대나무를 심은 것은 의지를 단련하고, 아울러 자신의 정신세계와 고상한 신분을 표현한 것이다. 대나무는 화원에만 있는 것이 아니라 화폭에도 그려졌고, 시에서도 읊어졌다. 이렇듯 은사는 자신의 품격을 푸른 대나무에 기탁했던 것이다.

또한 은사는 자기 마음 속에 산수자연을 들여놓으면, 곁에 있는 것이나 다름없다고 생각하였다. 그런데 조경원이라는, 자기 마음 속에 존재하는 이상적인 자연경관을 그대로 재현할 수 있었으니 얼마나 신나는 일이었겠는가?

중국의 조경예술이 은사문화의 영향을 받았다는 것은, 많은 사대부들이 은사가 아니었음에도 조경원을 만들고 그 속에서 은일생활을 했다는 것에서도 알 수 있다. 바꿔 말하면, 조경원은 사대부에게 시끄러운 도회를 떠나 깨끗하고 조용한 생활을 할 수 있는 장소를 제공해 주었다는 것이다. 왕유王維와 원매袁枚를 예로 들어 이 점을 설명해 보자.

왕유는 당대의 대관료로서, 반관리·반은사의 생활을 하였다. 그는 시와 그림에 탁월했던 것으로 유명한데, 이밖에 그의 개인 조경원이었던 망천별장輞川別莊도 이야깃거리가 많다. 망천별장은 본래 송지문宋之問의 것이었는데, 나중에 왕유의 소유가 되었다. 그의 망천별장에는 정자와 누대·누각·화원·연못

등 없는 것이 없었다. 왕유는 망천별장에서 학과 사슴을 기르며, 시를 읊고 그림을 그렸다. 후세 사람들이 『시 속에 그림이 있고, 그림 속에 시가 있다』라고 평가하는 왕유의 시와 그림은 주로 이 망천별장을 제재로 한 작품들이다. 그의 작품에 《망천집輞川集》 20수가 있는데, 모두 망천의 절경을 노래한 것이다.

텅 빈 산에 사람은 보이지 않는데,
사람 말소리 울림만 들리네.
저녁 햇볕 깊은 숲속으로 들어오더니,
푸른 이끼 위를 비추네.[96)]

나무 끝에 연꽃이 달렸나,
산속에 피어난 빨간 꽃잎.
산골짝 오두막에는 아무도 없어 적적한데,
어지러이 피었다 또 져 버리네.[97)]

왕유는 전원의 묘사에 뛰어나 후인들이 그를 전원시파에 넣기도 한다. 왕유의 전원시는 그의 조경원에서 얻어진 것이고, 이곳은 그를 반관리이며 반은사이자 시인이 되게 하였다.

청대의 문학가 원매는 자가 자재子才이다. 그는 진사를 거쳐 관리가 되었으나, 얼마 지나지 않아 병을 핑계로 사직하고 남경南京의 소창산小倉山에 있는 수원隨園에 기거하였으므로, 후인들이 그를 〈수원선생隨園先生〉이라 일컬었다. 그는 수원에서 40여 년을 살았는데, 비록 은사는 아니었지만 그의 실제 생활은 은사와 다름없었다. 수원의 건축풍격은 《수창춘예水窓春囈》라는 필기문에 이같이 묘사되어 있다.

수원은 깊은 계곡의 산비탈 쪽 경사지고 고르지 않은 땅에 지어졌는데, 온통 자연의 모습 그대로였다. 계곡에는 물이 흘러 호수와 다리·정자·배를 만들었다. 가장 높은 곳에는 벽산홍설碧山紅雪·유리세계琉璃世界·소면재小眠齋·금석재군옥두金石齋群玉頭·소창산방小倉山房 등의 조경물 수십 채가 있었다. 영롱한 빛 굽이쳐 비치니 맑은 물과 울창한 나무의 운치가 극에 달했고, 걸상이나 책상들도 모두 빼어난 멋을 지니고 있었다. 나는 봄에 그곳에서 열흘 정도 지낸 적이 있는데 꾀꼬리 소리가 창문을 두드리고, 학의 그림자가 산봉우리에 어렸다. 온갖 꽃들이 다투어 피어나고, 수많은 초록빛 풀들이 빙 둘러 자라났다. 이러한 복은 동시대의 문인들이 실로 따를 수 없는 것이었다. 아래에는 모란청(牡丹廳)이 있었는데 매우 넓었다. 수원의 문 밖에는 담장 대신 대나무가 둘러쳐져 있어 마치 바다처럼 파랗고, 너무 울창하게 그늘져 어두웠으므로 지나는 사람들이 그 안에 이런 누대나 정자가 있다는 것을 전혀 알지 못했다.[98]

수원의 경치가 이토록 아름다웠으니, 원매는 분명 편안하고 즐거운 생활을 하였을 것이다. 이는 생계가 막막하고 비바람을 막을 기와 한 장 없던 은사들과는 비교할 수조차 없는 일이다. 요직에 있는 왕공대신은 막강한 권력을 휘두를 수는 있지만, 날마다 문서에 머리를 파묻고 이해득실만 계산하면서 혹시나 재앙이 닥치지 않을까만 근심걱정한다. 그런데 그들이 어떻게 원매와 같은 유유자적함을 즐길 수 있겠는가? 원매는 이러한 환경에서 대량의 시를 창작했고, 전통문화를 깊이 연구하여 후인들에게 풍부한 정신적 재산을 남겨 주었다.

물론 이러한 조경원의 아름다움이나, 안락한 생활의 즐거움을 경험할 수 있는 은사는 많지 않았다. 대다수 은사는 개인

별장을 소유할 형편이 못 되었고, 조경원은 대개 관료나 부호가 소유하였기 때문이다. 관료나 부호가 조경원에서 속세를 떠난 신선처럼 생활했다 하더라도, 그들의 정서와 사상은 은사와 거리가 멀었다. 하지만 그들 역시 조경원을 만들 때에는 은사의 심미관이나 사상을 도입했으므로, 중국의 조경예술 역시 은사의 영향 아래 고상한 풍격을 이루었던 것이다.

제 5 장

은사의 일상생활

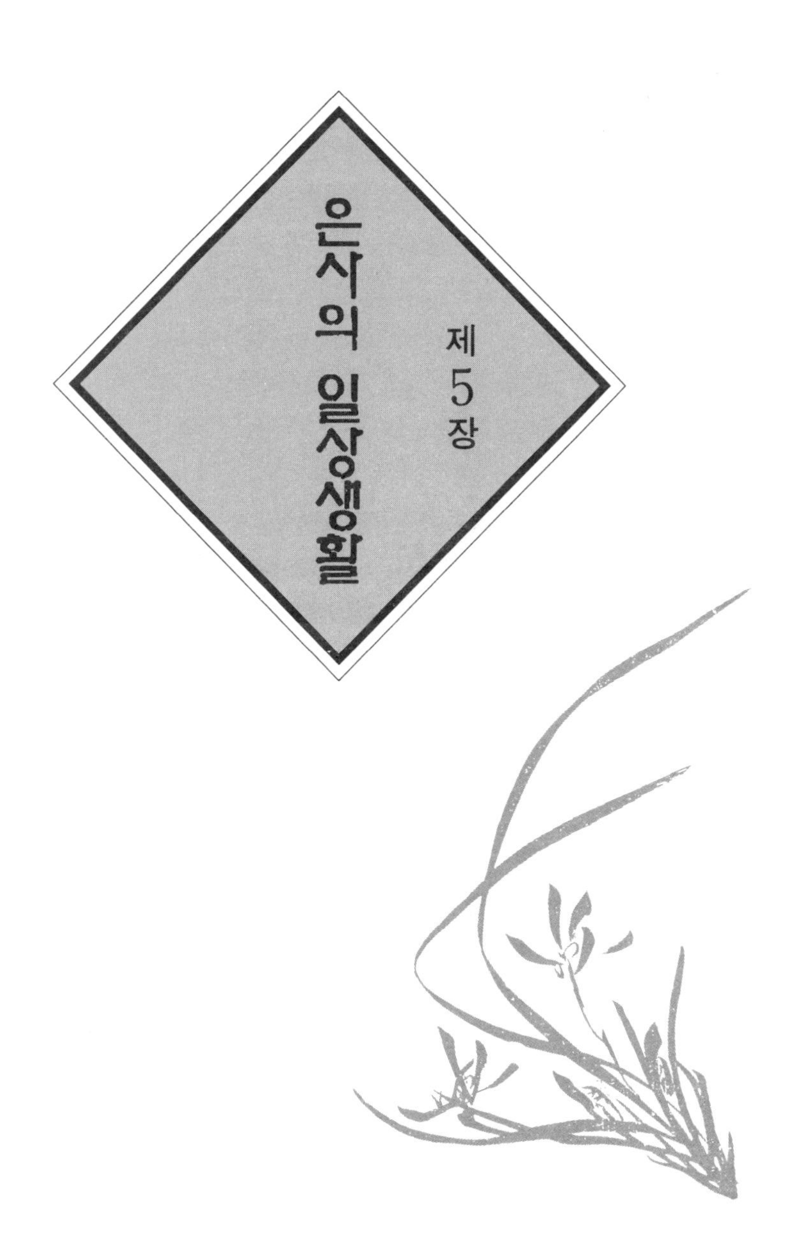

1. 물질적 빈곤과 정신적 풍요

완적阮籍의 부친 완우阮瑀는 다음의 〈은사隱士〉라는 시를 지었다.

사호四皓는 남산에 숨었고,
노래자老萊子는 바닷가로 달아나 은거하였네.
안회顏回는 초라한 곳에 살면서도 즐거워했고,
허유許由는 지위가 낮고 가난했어도 편안히 여기었다.
백이伯夷는 수양산에서 굶어죽었으니,
천하는 모두 어짊으로 돌아가는 것이네.
어찌 가난하고 힘들다고 걱정하리요,
다만 공명하고 진실함을 힘써 지킬 뿐이네.[99]

완우가 열거한 은사들은 모두 안빈낙도安貧樂道로 유명한 사람들이다. 이 시는 가난하고 힘들다고 근심하지 말고, 오직 공명함과 진실함을 지켜야 한다는 은사의 처세원칙을 제시하였다. 이것은 물질적인 빈곤은 걱정할 것 없고, 다만 자신의 본성을 굳게 지키는 자가 어진 사람이라는 뜻이다. 은사는 이러한 원칙을 신봉해 왔다. 사실 옛날의 사대부들은 물질생활의 빈곤과 정신생활의 풍요로움이라는 선택에 직면해 있었다.

물질생활과 정신생활은 긴밀한 관계를 맺고 있어, 좋은 생활조건 아래서라야 더욱 창조적인 정신활동을 할 수 있는 것이다. 반면 지나치게 풍족한 생활은 정신적인 추구를 상실케 하고, 향락을 일삼게 하며, 물욕에 빠뜨리기도 한다. 정신세계가 충실하면 어려움을 잊게 하여 물질생활의 부족함을 보충할 수 있도록 해준다. 그러나 현실은 사람의 뜻대로 되는 것이 아니다. 물질생활이 풍요로워도 정신적으로는 빈곤할 수 있고, 정신세계가 풍부하고 충실하더라도 빈곤을 걱정할 수 있는 것이다. 중국의 사대부들에게서는 종종 이러한 모순을 발견할 수 있다.

중국사회에서 사대부는 특수한 계층으로, 그들의 경제생활은 보장할 수 없는 것이었다. 사대부 계층은 관리가 되는 것이 경제적 보장을 받는 중요 수단이었으므로, 통치계급이 되어야만 국가에서 내리는 갖가지 혜택을 누릴 수가 있었다. 그러나 정권에 합류하게 되면 분명 개인적인 자유, 특히 정신적인 자유를 많이 잃어야 했다.

옛날 중국에는 사회·정치세력의 〈정통政統〉과 이에 상대되는 뜻으로 〈도통道統〉이 있었고, 사대부는 도통을 옹호하는 것을 그 책임으로 여겼다. 그런 까닭에 정권을 잡으면 〈정통〉과 〈도통〉 사이에서 난처한 입장에 놓이게 되었다. 게다가 사대부가 벼슬을 하면 부딪히게 되는 부패상은 그들의 도덕이나 인격과는 완전히 상충되는 것이었다.

맹자는 『일정한 생업이 없어도 변하지 않는 마음을 가지는 것은, 오직 선비만이 할 수 있다』[100]라고 하였다. 이 말은 곧 사대부에게는 고정적인 경제적 보장은 없지만, 그들은 문화와 도덕의 담당자라는 뜻이다. 사대부가 이러한 처지에 있었으므로, 그들은 물질적 이익보다 정신생활을 훨씬 중히 여기었다. 물질과 정신이 충돌하게 될 때, 대부분의 사대부는 후자를 택하였다. 공자는 『의롭지 않은 부귀는 내게 있어 뜬구름과 같은 것』

[101]이라고 하였으니, 의로움이라는 것은 공자의 가치기준을 대표하고 있다. 의로움은 제1순위의 것이고, 부귀는 그 다음의 것일 뿐이다. 만약 정신이 지탱해 주지 않으면, 부귀란 아무 의미가 없는 것이다.

은사는 이러한 전통을 계승하여 더욱 뚜렷이 표현하였다. 은사는 벼슬을 하지 않으려 했으므로 정권과는 밀접한 관계가 아니었고, 따라서 은사의 경제생활은 일반적으로 어려운 편이었다. 물론 부유하거나, 정권의 특별한 보살핌을 받는 은사가 있기는 했지만, 그것은 분명 소수에 불과하였다. 물질생활의 빈곤은 은사로 하여금 정신생활을 더욱 중시하도록 만들었다. 심지어 은사는 가난해야만 청렴고결한 인품을 표현할 수 있다는 사고방식을 갖기까지 하였다. 청대 초기의 은사 심수민沈壽民은 『선비는 생활이 어렵지 않으면 의로움을 드러내지 못하고, 아주 어렵지 않으면 절개를 밝힐 수 없다』라고 하였다. 이는 물질과 정신을 절대적으로 대립시킨 극단적인 견해이다. 은사는 양자간의 관계를 대립적인 것으로 보았기 때문에 많은 은사들이 가난함을 자랑삼았으며, 심지어는 가난을 즐기기도 하였다.

은사에게 가난이란 부끄러운 것이 아닐 뿐만 아니라 자랑스러운 것이라고 생각했던 것이다. 가난해야만 세속을 초월한 은사의 정신을 표현할 수 있고, 가난해도 편안히 거할 수 있어야만 자신의 이상을 진정으로 실현할 수 있다고 보았기 때문이다.

완우는 위의 시에서 은사 5명을 예로 들었다. 이들 다섯 사람은 모두 가난하면서 덕행이 고매하여 후대 은사들의 추앙을 받았다. 사호는 〈자지가紫芝歌〉를 소리 높여 부르며 『부귀하면서 다른 사람을 두려워하는 것보다는, 빈천하면서 자신의 뜻대로 하는 것이 낫다』라고 하였다. 노래자는 『몽산蒙山의 남쪽에서 농사를 지으며, 왕골이나 갈대로 담장을 만들고, 쑥대로 방을 만들고, 나뭇가지로 침상을 만들고, 가새풀로 깔개를 만들었다. 또한 물을 마시고 콩을 먹으며 산을 개간하여 곡식을 심었다』라고 한다. 이 기록을 보면 그의 생활이 얼마나 어려웠는지 잘 알 수 있다. 그러나 그는 가난해도 마음을 편안히 가졌으며, 차라리 깨끗하게 힘든 생활을 할지언정 초나라 왕의 신하는 절대로 안 되겠다고 한 것이다.

안회는 공자가 사랑하는 제자였는데, 공자는 『사람이 밥 한 공기, 물 한 병으로 누추한 곳에 살면 근심을 감당하지 못하는 법인데, 안회는 그 즐거움을 바꾸지 않네. 어질도다, 안회여!』라고 극찬하였다. 황보밀은 《고사전》을 지을 때 안회를 포함시켰다. 공자는 안회가 〈그 즐거움을 바꾸려 하지 않는다〉라고 칭찬했는데, 솔직히 말하자면 가난이란 게 뭐 그리 즐거워할 만한 일인가? 정이程頤는 『밥 한 그릇, 물 한 병, 비루함이란 즐거울 것이 못 되지만, 스스로 즐겼을 뿐이다. 〈즐겁다, 즐긴다〉라는 〈낙樂〉자를 잘 음미해 보면 아주 깊은 뜻이 있다』라고 말했다. 사실 안회가 즐거워한 것은 바로 자신의 정신이었으니, 안회에게 빈곤한 생활은 그다지 중요한 것이 아니었다. 그는 스승인 공자에게 이어받은 사상과 자신의 이상을 추구하는 가운데 즐거움을 찾을 수 있었다.

허유는 중국 은사의 시조이다. 그는 허구적인 인물이지만, 후인들은 그에게 상징적인 의미를 부여하였다. 사리사욕을 다투지 않고, 깨끗하게 자신을 지키는 그의 정신은 후대 은사의 거울이 되었다.

누구나 알고 있는 백이·숙제의 이야기도 있다. 백이는 본래 은나라의 신하였으나, 주 무왕武王이 은을 무너뜨리자, 신하가 군주를 살해하여 인의를 저버린 일이라 생각하였다. 그래서 두 사람은 수양산에 은거하며 주나라 조정에서 주는 식량을 먹지 않고 고사리를 뜯어먹다가 결국은 굶어죽었다. 사마천은 《사기》를 지을 때 〈백이열전伯夷列傳〉을 제일 앞에 두었다. 그는 백이·숙제의 일에 대해 매우 개탄했다.

『천도天道란 것은 특별히 편애하는 것은 없지만, 항상 착한 사람의 편이다』라는 말이 있는데, 그렇다면 백이·숙제는 과연 착한 사람이라고 할 수 있는가? 그들은 어진 덕을 쌓고 품행을 고결히 했는데도 굶어죽었다! 또한 공자 문하門下에 있던 제자 70명 중에서, 공자는 유독 안회만이 학문을 즐기는 사람이라고 추켜세웠다. 그러나 안회는 자주 끼니를 잇지 못했고, 지게미와 쌀겨로도 배를 채우지 못해 마침내는 일찍 세상을 떠났다. 하늘이 착한 사람에게 베풀어 준 것이 이런 것이란 말인가……근세에 이르러서는 품행이 방종하여 남들이 꺼리는 일을 마음대로 하면서도 평생 호강하고 자손에게까지 부귀가 이어지는 자들이 있다. 어떤 사람은 발을 내디딜 때도 땅을 골라가며 조심스레 가려 밟고, 말을 할 때도 적당한 때에만 하고, 길을 갈 때도 지름길은 가지 않고, 공정한 일이 아니면 노력하지 않는데도 오히려 재앙을 만나는 일이 무수히 많다. 그렇다면 나는 정말 의심스럽다. 하늘의 도리라는 것이 과연 옳은 것일까, 틀린 것일까?[102]

사마천의 개탄은 단지 백이나 숙제만을 지칭하는 것이 아니라, 사대부 전체에 대한 것이자, 자신의 절실한 체험인 것이다.

사마천은 박학다식하고 오로지 국가와 군주를 위해 충성을 바쳤지만, 결국 궁형을 당했다. 물론 돈으로 속죄하는 경우도 있었지만, 사마천은 〈가난하여 속죄할 돈이 없었고, 그를 구해 줄 만한 교우관계도 없어, 주변의 가까운 사람들이 그를 위해 한마디도 해주지 않았다.〉 그러니 착한 사람에게 이렇게 불공평할 수가 있냐고 탄식한 것은 당연한 일이다.

사실, 하늘이 제대로 보지 못해 착한 것을 감추고 악한 것을 드러내는 것이 아니라, 바로 봉건사회의 제도 자체가 이런 불합리한 현실을 조성하였다. 사대부는 사회문화의 주요 담당자이므로, 경제가 어느 정도는 안정되어 그들이 정신활동에 전념할 수 있어야 한다. 그러나 통치자들은 그들에게 오로지 봉건제도를 위해 봉사하기만을 강요했다. 통치자에게는 자신의 통치를 공고히 할 도덕기준과 가치가 필요했다. 사대부는 이런 가치 체계의 옹호자·담당자가 되었고, 만약 그들이 정권 유지에 필요하고 통치에 도움이 된다면 물질적인 보상을 받았다. 그러나 사대부의 가치기준은 정치와 언제나 모순되었다. 사대부가 자신의 신념을 굳게 지키다가 정권과 정면충돌하여 통치자의 박해를 받은 경우는 허다하다. 정권에 동조하고 굴복하면 물론 보상을 받았다. 그러나 그 대가라는 것은 분명 자신의 정신적 이상을 상실하는 것이었으므로, 정권에의 굴복은 사대부에게 멸시를 받았다.

이렇게 진퇴양난의 어려운 선택에 직면한 사대부의 고민은 가히 짐작할 만하다. 은사는 좁고도 험한 이 두 가지 길 중에서 생존방법을 선택해야 했다. 그들은 현실을 변화시킬 수는 없지만, 그렇다고 정권에 타협하여 자기까지 타락할 수 없음을 알았으므로, 물러나 자신의 뜻을 지키는 방법을 택한 것이다.

후한 시기의 은사 위환魏桓은 한나라 환제桓帝에게 몇 번씩이나 부름을 받았다. 누군가 부름에 응하라고 그에게 권하자, 『벼슬을 구하는 것은 자신의 뜻을 실행하기 위한 것이다. 그러나 내가 벼슬을 한다고 해서 궁중에 있는 수천 명의 후궁後宮

숫자를 줄일 수 있겠는가? 궁중의 마구간에 말이 만 필이나 있는데, 그것을 줄일 수 있겠는가? 모든 권신들이 권세를 부리고 사치를 일삼고 있는데, 그런 풍조를 없앨 수 있겠는가?』라는 말로 대답을 대신하였다. 관리가 되어 자신의 정치적 이상을 실현할 수 없다면 벼슬세계를 떠나 자신을 수양하는 길밖에 없는 것이다.

자신을 수양한 대가는 풍족한 물질을 잃는 것이지만, 반면에 심리적 위로와 정신적 독립을 얻었다.

은사의 생활방식에는 몇 가지 중요한 특징이 있다. 그 중 하나가 은사는 자신의 노동으로 생활에 필요한 식량을 조달했다는 것이다. 은사는 자력으로 식량을 마련하는 것을 정신 독립의 표현으로 알았고, 이렇게 해야만 통치자의 압박을 받지 않고 자신의 절개를 지킬 수 있다고 생각했다.

한대漢代의 은사 주섭周燮은 조상이 남긴 초가집에서 살며 밭을 갈아 〈직접 농사짓거나 잡은 것이 아니면 먹지 않았다.〉 그러자 누군가가 『그대의 조상은 대대로 조정의 총애를 받았소. 그런데 왜 이런 곳에 살며 농사를 지으시오?』라고 묻자 이렇게 대답하였다. 『도를 행하는 사람은 시국에 따라 행동해야 하오. 만약 시기를 잘 살피지 않고 자신의 행동을 결정한다면, 어찌 결과가 좋겠소?』 주섭은 농사짓고 낚시질하여 생계를 꾸렸는데, 점쟁이 노릇을 하여 생활을 해결한 사람도 있었다.

서한西漢의 은사 엄준嚴遵은 자가 군평君平으로, 성도成都에서 점을 쳐 주며 살았는데, 하루에 백 냥을 벌면 문을 닫아걸고 저술을 하였다. 그때 부호인 나충羅沖이 엄군평에게 옷과 식량, 말과 수레를 보내 그가 경성으로 가서 벼슬을 할 수 있도록 도와 주었다. 그러자 엄군평은 『난 병에 걸려서 그럴 뿐이지 돈이 없어서가 아니오. 난 그대보다 돈이 많은데, 어찌 그대가 내게 이런 것들을 보내 준단 말이오?』라고 물었다. 그러자 나충은 『내 집에는 재물이 가득하고, 그대는 아무것도 없는데, 어떻게 그대가 나보다 부유하단 말이오?』라고 되물었다. 엄군평은 대답했다. 『예전에 그대의 집에서 기거할 때 보니, 위아래 모든 사람들이 아침부터 저녁까지 하루 종일 바삐 일하며 쉬지도 못하고 언제나 만족하지 못하더군요. 지금 나는 점을 쳐 주며 살고 있지만, 집에 앉아 돈을 벌 수 있고, 돈 몇백 냥이 있어도 쓸 곳이 없습니다. 그러니 내가 어찌 그대보다 가난하단 말이오?』 나충은 이 말을 듣자 매우 부끄러워졌다. 엄군평은 또 『내게 보낸 이 재물은 내 정신을 소모시킬 뿐이며, 내 명성을 칭찬하는 것은 내가 죽임을 당하는 재앙을 부르는 것일 뿐이오』라고 말했다. 그는 부자가 재물에 급급하여 정신의 자유를 잃는 것은 금전의 노예가 되는 것이라고 생각하였다.

생계를 스스로 해결하고 명리와 부귀를 구하지 않는 사람은 비록 재산이 많지는 않지만 정신의 평화와 깨끗함을 지킬 수 있으므로, 이런 의의에서 말한다면 훨씬 부자라고 말할 수 있는 것이다.

은사생활의 두번째 특징은, 독특한 형태의 의식주로써 일반인과 구별되게 한다는 점이다. 은사의 복장은 아주 독특하여 시대 조류에 맞지 않았다. 나뭇잎으로 짠 옷을 입기도 하고, 짐승가죽을 덮어쓰기도 했으며, 또한 아예 알몸으로 지내기도 했다. 식생활 또한 예사롭지 않아 과일을 먹거나, 풀뿌리를 먹거나 혹은 날것을 먹는 이도, 썩은 것을 먹는 이도 있었다. 거처하는 곳도 틀려서, 벼랑에 있는 바위 동굴에 살기도 하고, 초가집에서 살기도 했다. 행차할 때는 물론 고급스런 말이나 가마도 없이 오로지 자기 발로만 인적이 없는 산림 계곡을 놀러다녔다. 이러한 갖가지 행동은 은사가 속세의 일반인을 초월했다는 것을 표현하는 것이다. 은사의 의식주에 대해서는 다음 절에서 상세히 논하기로 하자. 은사가 대중과 다른 생활방식을 택한 것은, 자신들이 세속적이지 않다는 것을 표현하기 위한 것이다. 원시적이고 간단하며 소박한 생활조건일수록, 물욕이 없고 정신이 고상한 사람이라는 것을 더욱 잘 표현할 수 있는 것이다.

세번째 특징은, 은사는 어려운 조건에서도 경서를 연구하고 역사서를 읽고, 글씨를 쓰고 그림을 그리며, 거문고를 타고 피리를 불고, 바둑이나 장기를 두고 꽃을 감상하는 정서생활을 즐겼다는 것이다. 소나무나 학과 친구가 되고, 매화나 대나무와 짝이 되기도 하며, 달이 뜬 밤에 산을 유람하기도 하고, 눈 내리는 날 친구를 방문하기도 하였다. 또한 술을 마시고 시를 짓고, 큰소리로 부르짖기도 하고, 비탄에 잠기기도 하고, 소리 죽여 울기도 하며, 마음대로 이야기하기도 하고, 입을 꽉 다물고 아무 말도 하지 않기도 했다.

즉, 은사는 풍부한 정신생활로 물질생활의 빈곤을 상쇄하며, 다채로운 정신활동으로 인생을 장식했던 것이다.

은사의 생활방식은 사대부가 영향을 받아 본받으려고 노력했다는 데 그 의의가 있다. 신분이 높은 사람들과 그외 많은 사람들은 항상 은사의 생활방식을 이용하여 고상하고 깨끗한 생활을 표현하려고 했다.

이제 은사의 물질과 정신에 대해 총체적인 평가를 내려야겠다. 설령 은사의 생활이 어려웠다 해도 일반 백성과 비교한다면, 그들은 그래도 유산계급이었다. 많은 은사들이 자신의 토지와 전원을 소유하고 있었으므로 의식주의 해결을 위해 악착같이 일할 필요는 없었다. 그러나 객관적인 눈으로 은사의 생활을 봐야 할 필요가 있다. 사회문화의 담당자인 은사는 다른 사대부들과 마찬가지로 선택할 수 있는 직업이 적었다. 물질적 이익은 당연히 그들의 신분에 상응하는 것이어야 한다. 그러나 제도적인 원인 때문에, 은사의 신분에 상응하는 물질적 보상을 받지 못했던 것이다. 은사는 자신들만의 독특한 생활을 했는데, 이는 근본적으로 말한다면 자신의 능력으로는 어쩔 수 없는 심리를 반영한 것이라 하겠다. 은사가 빈곤한 생활을 하는 것이 숙명이라면, 정신적으로나마 이에 대한 보상을 받을 수밖에 없는 것이다. 도연명의 〈영빈사詠貧士〉라는 시는 은사의 안빈낙도 사상을 잘 묘사하였다.

원안袁安은 쌓인 눈 때문에 곤란했지만,
걱정하면서도 힘쓰지 않았네.
완공阮公은 돈이 들어오는 것을 보고는, 다음날 관직을 버렸네.
그들은 어렵게 살지만 깔고 있는 마른풀은 항상 온기가 있고,
캐낸 토란은 아침밥으로 괜찮네.
어찌 힘들고 괴롭지 않을까마는,
굶주림과 추위를 두려워하지 않네.
내 맘 속에서 가난과 부유함은 항상 다투지만,
언제나 도道가 승리하여 근심어린 표정 짓지 않네.
그들의 지극한 덕은 온 나라와 마을에서 으뜸이고,
청아한 절조는 서관西關을 비추네.[103]

2. 은사의 의식衣食

먹고 입는 것은 필수불가결한 생존수단이다. 인간은 날것을 먹고 알몸으로 다니던 상황을 벗어난 후부터 먹고 입는 것과 가까워지기 시작했다. 먹고 입는 것은 생활의 가장 기본적인 내용이지만, 각기 다른 지위에 처하게 되면 입는 것과 먹는 것도 달라지게 된다. 무엇을 먹고 무엇을 입느냐는 각기 다른 지위와 경제를 반영하며, 또한 문화배경과 취향을 대표한다. 식생활・의생활은 경제적 활동이자 동시에 정신적 요소까지 포함하는 것이다.

중국사회는 먹고 입는 것을 중시한다. 〈백성은 먹는 것을 하늘처럼 여긴다〉라는 말은 먹는 것의 해결이 국가경제와 국민생활의 가장 중요한 일임을 말해 준다. 또한 《후한서・여복지輿服志》에는 『무릇 예복禮服이 생기게 된 까닭은 공덕을 보상하고 기리며, 어진 자를 받들기 위해서이다』라는 기록이 있다. 이는 옷의 기능이 단지 몸을 보호하기 위한 것만이 아니라, 예의를 나타낸다는 뜻이다. 중국이 먹는 것과 입는 것을 중시했다는 것은 발달한 식문화와 복장문화를 보면 잘 알 수 있다.

먹고 입는 것의 중요성 때문에 제왕으로부터 일반 백성에 이르기까지 모두들 입고 먹는 것을 해결하느라 열심히 움직였다. 은사 역시 예외가 아니었다. 그들도 배고픔과 추위를 느꼈으므로 먹을 음식과 입을 옷이 필요했다. 다만 다른 것이 있다면,

은사들은 무엇을 먹고, 입고, 왜 그것을 먹었는지, 입었는지 등 그들이 입고 먹는 것에 독특한 문화적 의의를 부여했다는 점이다. 은사의 의복과 음식에 대해 연구해 보면, 그들의 생활상과 아울러 정신세계도 살펴볼 수 있을 것이다.

은사는 음식 방면에는 매우 간소했다. 이에 대한 역사의 기록을 살펴보면, 《고사전》에는 접여接輿가 『계수나무와 옻나무 열매를 먹었고, 누런 순무 잎사귀를 입었다』라고 적혀 있다. 또한 《후한서》에, 민중숙閔仲叔이란 자는 『늙고 병들었으나 집이 가난하여 고기를 살 수가 없어, 하루에 돼지 간 한 조각씩을 사왔다』라고 한다. 《진서 · 은일전》에 공손봉公孫鳳은 『여름에는 그릇에 음식을 해놓고, 음식이 썩어 냄새가 난 후에야 먹었다』라고 하였고, 곽우郭瑀는 『잣을 먹어 몸을 가볍게 했다』라고 기록되어 있다. 또한 《양서梁書 · 처사전》에 장효수張孝秀는 『얇은 옷을 입고 보잘것없는 음식을 먹었는데, 추운 겨울에도 돌위에 누워 있을 수가 있었다』라고 한다. 서측徐則에 대해 《수서隋書 · 은일전》에는 『음식을 줄여먹음으로써 몸을 단련했는데, 오직 소나무 물만 마셨다』라고 기록되어 있다. 그리고 《신당서 · 은일전》에는 왕희이王希夷가 『소나무 · 잣나무 잎이나 갖가지 꽃잎을 먹었다』라고 적혀 있고, 《명외사明外史 · 은일전》에 오유자吳孺子는 『일찍이 안탕산雁蕩山에서 노닐며 절식하였고, 무를 40일 먹은 후에야 비로소 돌아왔다』라고 하였다.

위에 열거한 상황이 은사의 식생활 전부를 대표하는 것은 물론 아니다. 그러나 은사는 식물을 많이 먹었다는 것을 발견할 수 있다. 만약 은사가 채식을 했고 일부 은사들이 육식을 안했다는 사실이 발견되면, 우리는 다음과 같은 결론을 내릴 수 있을 것이다. 즉, 많은 은사들은 정신수양과 육체단련을 목적으로 도가의 복식服食 방법을 신봉하여 식물류의 음식을 많이 먹었다. 물론 은사가 먹는 음식은 그들의 경제조건이나 거주환경 등과도 관계가 있었을 것이다. 은사는 주로 산에 은거하였으므로 생활이 그렇게 넉넉하지 않았고, 산에서 살다 보니 좋은 음식을 먹을 수 없어 채소나 과일 등을 먹었던 것이다.

이밖에도 은사의 음식은 그들의 정신상태와도 관계가 있다. 은사는 맑고 욕심 없는 마음을 표방했기 때문에, 만약 고단백·고열량·고지방 식품을 먹는다면 신체의 각 기능이 발달할 것이고, 그러면 육체적 욕망도 강해져 정신을 어지럽혀 평정한 상태를 유지할 수 없을 것이다. 이는 승려들이 채식을 하는 것과 같은 이치이다.

은사의 식생활에는 또 다른 깊은 뜻이 있는데, 그들은 일반인이 먹지 않는 음식을 먹음으로써 특수한 신분과 남다른 인격을 나타냈다는 것이다.

은사는 자연의 가치를 인정했으므로, 자연계의 모든 것이 인공적인 산물보다 더 청결하고 고상하다고 생각했고, 그래서 자연과 융합하기 위해 원시생활 상태로 돌아간 것이다. 때문에 화초도 음식이 될 수 있었고, 나뭇잎이 옷이 될 수 있었으며, 동굴이 거처가 될 수 있었던 것이다. 은사는 자연의 화신이라 자처하며 문명의 이기利器를 절대 받아들이지 않겠다는 태도를 취하였고, 또한 이를 맑고 고상한 인격의 상징으로 삼았다.

그러나 지나치게 속세와 다른 것을 추구하여 왕왕 부자연스런 폐단이 나타나기도 한다. 공손봉 같은 사람은 음식이 부패한 후에야 먹었는데, 이는 전혀 일리에 맞지 않는 일이다. 상한 음식물은 몸을 해칠 뿐만 아니라, 신선하고 깨끗한 자연원칙과도 위배되는 것이다. 그의 행동은, 이런 음식을 먹음으로써 군중과는 다른 신분이라는 것을 나타낸다는 것일 뿐이다. 남다른 방법으로 속세를 초월했음을 증명하려 한다면, 이런 행동 자체가 유치하고 저속한 것이고, 신체 또한 빨리 상하게 된다. 그러면 천수를 다하고 죽는다는 목적을 어떻게 이룰 수 있겠는가?

은사는 음식뿐만 아니라 음주에도 특색이 있었다. 은사들은 대개 애주가였는데, 도연명은 특히 유명한 술고래였다. 그는 자전적인 글 〈오류선생전五柳先生傳〉에서 『본성이 술을 좋아했으나 집이 가난하여 항상 마실 수가 없었다. 친구들이 이를 알고 술자리를 열어 초대하면 마시자마자 바닥을 내고는 반드시 취하였다. 취하면 자리에서 일어나 아쉬워하지 않고 떠났다』[104] 라고 했다.

도연명은 권세가나 귀족을 우습게 알았다. 그러나 그가 애주가임을 아는 관리가 술자리에 부르면 벼슬아치의 초대라도 가리지 않고 응했다. 그는 술자리만 마련되면 달려갔고, 잔뜩 취해서야 자리를 떴던 것이다. 도연명의 창작에서 음주는 매우 중요한 주제이다. 그의 시에는 〈음주飮酒〉 시 20수가 있고, 또 〈지주止酒〉 시·〈술주述酒〉 시 등이 있다. 도연명의 음주는 그의 인생태도와 취향을 반영한다. 그는 술을 빌려 근심을 잊고, 술을 빌려 자신의 뜻을 분명하게 드러냈던 것이다. 그에게 있어 삶과 죽음·부귀공명은 아무런 가치도 없었는데, 그럼 그는 일생을 어떻게 보냈는가? 그는 오직 술만 마셨다고 했다. 그는 〈음주〉 시에서 이렇게 읊고 있다.

마을의 옛 친구들이 나를 반기어,
술병 들고 함께 몰려 찾아왔네.
소나무 밑에 자리 깔고 마시니,
몇 잔 술에 이내 또 취하네.
마을 어른들 두서없이 떠들고,
술잔도 순서 없이 돌아가니,

나의 존재조차 의식 못하고,
명성이나 이익 귀한 줄은 더욱 모르노라.
여유롭게 마시고 아득한 경지에 드니,
술 속에 깊은 뜻이 있노라.[105)]

이른바 〈술 속의 깊은 뜻〉이란 실제로는 도연명의 인생 체험이었다. 그는 술에 인생과 사회에 대한 태도, 실망과 희망, 고통과 기쁨을 기탁했으니, 음주는 그의 본성의 발로인 것이다.

은사의 복장 역시 은사의 사상·취향·인격의 표현이다. 은사의 복장은 아주 이상하여, 의복으로는 짐승가죽·풀옷·삼베옷 등을 좋아했다.

《고사전》에, 선권善卷이라는 은사는 『겨울에는 가죽옷과 털옷을 입었고, 여름에는 삼베옷을 입었다』라고 하며, 후한시대의 엄광嚴光은 『양가죽 옷을 입고 연못에서 낚시질을 했다』라고 한다.

또한 진대의 은사 손등孫登은 『여름에는 풀을 짜서 옷을 만들었고, 겨울에는 머리칼을 풀어헤쳐 자신의 몸을 가렸고』, 진대의 은사 장충張忠은 『겨울에는 솜옷을 입었고, 여름에는 대충 걸쳤다』라고 한다. 그리고 양가楊軻는 『항상 현미를 먹고 물을 마셨으며, 옷은 베옷이나 솜옷을 입었다』 남조 시기 송의 적법사翟法賜는 『오곡을 먹지 않고 옷은 짐승가죽과 풀을 엮어 만들었다』 주백년朱百年은 모친이 겨울에 돌아가셨는데, 옷에는 솜을 두지 않고 홑옷을 입었다. 그는 『그후로는 솜옷이나 비단을 입지 않고, 추울 때라도 아무것도 없이 기꺼이 잤으며, 옷은 항상 겹으로 된 삼베옷이었다』 또한 남제南齊의 은사 유규劉虯는 불교를 신봉하여 『거친 삼베옷을 입었다』라고 한다.

은사는 의복에 있어서만 특징이 있었던 것이 아니라, 모자와 신발 또한 남달랐다. 전설 속에 할관자鶡冠子라고 불린 사람이 있는데, 그는 떨어진 신발에 할새〔鶡鳥〕의 꽁지깃으로 만든 모자를 썼기 때문에 그렇게 불렸다. 후한後漢 시기의 유명한 은사인 곽태郭太는 자가 임종林宗으로, 그가 머리에 쓴 두건은 세상 사람들에게 임종건林宗巾이라 불리며 대유행을 하였다. 남조南朝 양梁나라에 장효수張孝秀라는 은사가 있었는데, 그는 화려한 것을 싫어하여 『항상 토곡혼吐谷渾의 가죽 두건을 쓰고, 부들잎으로 만든 신발을 신었다.』 또한 청대의 화가 주답朱耷은 헝겊으로 만든 모자에 긴 깃이 달린 옷을 입고서 발뒤꿈치가 드러나는 해진 신발을 신고 시내를 왔다갔다하기도 하였다.

은사의 복장은 그들이 먹는 음식처럼 신분의 표시였다. 의복이란 원래 추위와 더위를 막아 주는 실용적인 목적을 위한 것이다. 그러나 문명이 점차 발전함에 따라 의복의 실용적 의의는 점차 부차적인 지위로 물러나게 되었고, 문화적 의의가 두드러지게 되었다. 옷이란 몸을 가릴 수 있는 물건인 동시에 그 옷을 입는 자의 사회적 지위・문화적 수준・직업・신분 등을 드러낼 수 있는 것이다.

고대사회에는 복장이 지니는 문화적 의의를 중시하였으므로, 등급이나 신분이 다른 사람들은 각기 복식의 특징을 지니고 있었다. 예를 들어 용포龍袍는 제왕만이 입을 수 있는 옷이었다. 황제는 상황과 장소에 따라 각기 다른 모자나 장식품들을 사용했는데, 이는 매우 엄격한 규정에 따랐다. 만약 다른 사람들이 제왕의 복장을 입는다면, 이것은 제왕의 자리를 넘보는 것이나 마찬가지의 큰죄를 짓는 것이었다. 사대부 역시 자신들의 복식이 있었는데, 보통 때는 두건 같은 모자를 써서 자신들이 독서인임을 나타냈다. 이는 과거제도하의 독서인들은 특정한 공명을 얻은 후에야 고정된 형식의 두건을 사용할 수 있기 때문이었다. 은사는 비록 사회와는 격리되어 있었지만, 그들 역시 특별한 표시로써 자신들의 신분을 드러낼 필요가 있었다. 은사의 옷차림은 실제로 은사문화의 표시 역할을 한 것이다.

우리는 은사의 의식衣食을 통해 하나의 사실을 발견할 수 있다. 즉, 대다수 은사의 생활이 매우 빈곤했다는 점이다. 몇몇 은사들은 며칠씩이나 끼니를 거르며 굶주리기도 하였다. 또한 은사들은 추위를 막을 옷도 없었고, 항상 너덜너덜 구멍이 뚫린 옷뿐이었다. 초선焦先이라는 은사는 너무 가난하여 입을 옷이 없었으므로 사시사철 알몸으로 다녔고, 잘 곳이 없어 맨땅 위에서 잠자기도 하였으며, 며칠 만에 밥 한 그릇을 겨우 먹었다.

은사의 생활은 매우 원시적이며 곤란했다. 이러한 생활 여건에서 은사가 무슨 생각을 할 수 있겠는가? 도연명의 〈영빈사詠貧士〉라는 시는 은사의 의복과 음식, 그리고 이런 것에 대한 은사의 태도를 이야기하고 있다.

영화롭던 노인 항상 끈을 두르고,
기쁜 마음으로 거문고를 타네.
내 타고난 본성은 가려서 행동하고,
맑은 노랫가락은 상음商音으로 읊조리네.
번성했던 영화가 날 떠난 지 오래,
가난한 선비 세상에서 서로 찾네.
해진 옷은 팔꿈치를 가릴 수 없고,
나쁜 음식도 항상 부족하네.
어찌 좋은 옷 잊을 수 있으리오만,
진정으로 갈구할 것은 아니라네.
내가 받은 재주는 다만 말 잘하는 것이지만,
내 본심을 보일 수는 없네.[106)]

가난한 선비는 비록 팔꿈치가 드러나는 옷을 입고 명아주국 같이 형편없는 음식도 배불리 먹지 못하지만, 언제나 거문고를 타며 분별 있게 행동하고 맑은 노래를 부른다. 공자는 『선비로서 도에 뜻을 두면서 허름한 옷과 나쁜 음식을 부끄러워하는 자는 더불어 논하지 못한다』라고 하였다. 기왕 정신생활을 인생의 가장 중요한 것으로 선택했다면 의식衣食의 질이 떨어진다 해도 책망해서는 안 될 것이다. 은사의 의생활·식생활을 통해 이런 진리를 깨달을 수 있지 않겠는가!

3. 은사의 거주지

당대唐代의 문인 유우석劉禹錫의 작품 가운데 《누실명陋室銘》은 인구에 회자되는 명작이다.

> 산이 높지 않아도 신선이 살면 유명해지고,
> 물이 깊지 않아도 용이 있으면 신령스럽다네.
> 나의 누추한 방에는 오직 나의 덕으로 향기 가득하구나.
> 이끼의 흔적은 계단 위를 녹색으로 물들였고,
> 풀빛은 주렴 속으로 푸르게 비쳐 들어오네.
> 나와 담소를 나누는 큰 선비는 있으나, 왕래하는 평민은 없네.
> 소박한 거문고 타고, 금강경金剛經 읽는 것이 좋으리니.
> 거문고・피리소리 귀에 거슬리지 않고, 관아에서 보낸 복잡한 문서도 없네.
> 이곳은 남양南陽의 제갈려諸葛廬, 서촉西蜀의 자운정子雲亭이라네.
> 공자께서 『이것이 어찌 누추하리오?』라고 하셨노라.[107]

이 작품이 오랜 세월 전해지는 까닭은 문장이 빼어나기 때문만은 아니다. 가장 중요한 원인은, 이 작품은 사람들이 동경하는 생활방식, 즉 재야의 사대부나 은사의 생활을 표현하고 있기 때문이다. 작품에 그려진 선비의 청렴한 생활은 사대부들이 추구하던 것이며, 은사들이 경모하던 세계였다. 유우석의 붓 끝에서 창조된 〈누추한 방〉은 중국 은사가 살았던 주거환경의 축소판이라 할 수 있을 것이다.

의식주는 생활의 기본 내용이다. 거주지는 인간이 몸을 기댈 공간이며 비바람을 피하고 자식을 낳으며, 먹고 자는 집인 동시에 사회적·정신적 구성요소를 포함하는 문화적 장소이기도 하다. 주거지는 사회경제적 지위를 대표할 수 있을 뿐만 아니라 교양 및 심미관을 표현하고, 아울러 직업과 정신세계를 반영할 수 있다. 때문에 주거지의 조건에 대한 인간의 요구는 무척 까다로웠고, 이런 경향은 갈수록 더해 간다. 거주한다는 것도 먹고 입는 것과 마찬가지로 국가경제와 국민생활의 가장 중요한 일이다.

주거지는 사람의 물질과 정신생활을 반영하는 것이므로, 옛부터 매우 중시되었다. 제왕의 집에는 궁전이나 동산이 있었고, 관리에게는 관사官舍와 별장이 있었으며, 도사나 승려에게는 사당이나 절이, 일반 백성에게는 창고나 집이, 그리고 은사에게도 그들의 주거지가 있었다.

은사의 주거지 역시 그들의 신분과 기호를 표현하므로, 은사의 거주지는 그들의 음식이나 복장과 마찬가지로 신분의 상징이었다.

은사는 보통 〈암혈지사巖穴之士〉라 불리웠는데, 이는 그들이 〈바위 동굴〉 속에 살기를 좋아했기 때문이었다. 《후한서·일민전逸民傳》에, 『대퉁臺佟은 무안산武安山에 은거했는데, 동굴을 파서 집을 삼고, 약초를 캐어 자급자족하였다』라고 기록되어 있다.

후한의 은사 유중경劉仲卿도 동굴에서 은거했는데, 그 동굴은 방이 36칸이나 있는 대규모였다고 한다.

진대晉代의 손등孫登이란 사람은 〈딸린 식구 없이 혼자 살았는데, 군郡의 북쪽에 있는 산에 토굴을 만들어 살았다.〉

또한 장충張忠의 거주지는 〈높은 바위와 깊숙한 계곡에 연못을 파고는 동굴집을 만들기도 하였다.〉

송대宋代의 은사 임통林通은 벼슬을 버리고 표산豹山에 은거했는데, 사람들은 그가 살던 산과 암자를 〈은산隱山〉·〈잠덕암潛德巖〉이라고 불렀다. 그는 『혼돈을 파서 홍몽지鴻濛地를 만드니, 밝게 드러나 온 하늘과 통하네』라는 시를 짓기도 하였다.

육유陸維는 석실石室에서 살았으므로 〈석실선생石室先生〉이라고 불리기도 하였다.

상술한 은사들은 후미진 산이나 험한 산봉우리에서 동굴생활을 하였다. 도시나 시골에서는 거주지를 찾지 못했거나, 혹은 너무 가난해서 집을 지을 수 없었기 때문만은 아니었다. 그렇다고 산이나 암자·동굴에서 사는 것이 특별한 장점이 있는 것도 아니었다. 그들은 자연을 사랑하여 자연에 동화되고 싶고, 원시적인 자연상태로의 회귀를 소망하는 자신의 뜻을 드러내려고 했기 때문이다.

인류의 진화과정 초기에는 오랜 기간 동굴생활을 했다. 은사는 원시 자연으로 돌아가고 싶어했으므로, 상징적인 방법으로 동굴을 택해 자신의 사상을 표현한 것이다. 그러나 원시인의 동굴은 문명이 아직 발달하기 전에, 그리고 생산 수준이 매우 낮아 생존하기 어려운 상태에서 집을 어떻게 짓는지 몰랐을 때 사용하던 것이었다. 즉, 원시인류의 동굴생활은 짐승의 생존방식과 같은 성격을 지니고 있는 것이다. 문명이 발달한 후에는 대다수 인류가 사람의 손으로 만든 집에서 살게 되었으므로, 산속의 동굴에서 생활하는 은사는 보통 사람들과는 분명 다른 것이었다.

은사가 동굴을 만든 또 다른 의의는 사회의 물질문명에 대한 불만과 저항이자, 세상과 떨어져 자립하겠다는 결심을 분명하게 드러낸 것이다. 은사에게는 문명의 진보된 물질생활이 모두 세속적으로 보여져 받아들일 수 없었다. 그러나 문명은 은사의 이러한 불만에도 불구하고 날로 발전했으므로 은사는 어쩔 수 없이 문명의 유혹을 피해 사회를 떠날 수밖에 없었다. 그들이 산을 택한 것은, 산속에는 문명의 침투가 적어 옛날 분위기를 유지할 수 있었기 때문이었다. 산속에서 살면 바깥세상과 접촉하지 않아 어느 정도는 물아일체物我一體를 체험할 수도 있었다. 진대晉代 사람 곽문郭文의 일화는 이 점을 설명해 줄 수 있을 것이다.

곽문은 어려서부터 은거하려고 했고, 특히 자연을 좋아하였다. 그는 항주杭州 부근에 있는 산속 인적 없는 깊은 계곡에 은거하였다. 나무를 세워 천막을 치고, 위에는 너덜너덜해진 천을 덮었는데, 사방에는 담도 없었다. 산속에는 사나운 맹수들이 늘상 사람들을 해쳤는데, 곽문은 그곳에서 10여 년을 살았지만 조그만 상처 하나 입지 않았다. 그와 맹수들은 갈수록 친해졌다. 어느날 맹수가 커다란 입을 벌리고 그를 잡아먹을 듯이 달려왔는데, 곽문은 맹수의 입 안에 뼈가 걸려 있는 것을 보고는 맹수의 입에 손을 넣어 뼈다귀를 꺼내 주었다. 맹수는 곽문을 잡아먹지 않았으며, 게다가 다음날에는 그의 집 앞에 사슴을 한 마리 물어다 주었다. 후에 왕이 곽문을 경성으로 불러들였을 때, 누군가 그에게 물었다.

『혼자서 그렇게 깊은 산속에 살다가 죽었을 때, 당신 시체를 짐승들이 먹으면 어쩌시겠소?』

『시체를 관에 넣어 땅에 묻어도 개미들이 먹지 않소? 짐승이 먹으나 개미가 뜯어먹으나 무슨 차이가 있겠소?』

『짐승들이 잡아먹는 게 겁나지 않는단 말씀이오?』

『그대가 짐승을 두려워하지 않으면, 짐승 또한 그대를 무서워하지 않을 텐데, 무슨 걱정이겠소?』

곽문이 산속의 담장도 없는 집에서 맹수들과 함께 살면서도 아무런 해를 당하지 않은 것은 어째서일까? 은사는 자신이 자연의 일부라서 자연과 평화롭게 공생共生할 수 있다고 생각하였다. 곽문이 사람들과는 가까이 지내려 하지 않았으면서 동물과는 가까이 지낸 것은, 짐승만도 못한 인간이 많다고 생각되었기 때문이다.

물론 모든 은사들이 곽문처럼 산속으로 들어가 살았던 것은 아니다. 사실, 더욱 많은 수의 은사들은 보통 인간 속에서 생활하였다. 그러나 속세의 인간 속에서 사는 은사라 할지라도, 은사의 주거환경은 보통 사람과는 달랐다.

또한 은사는 자신의 성격에 맞고, 자연스런 분위기가 넘치는 주거환경을 꾸몄다.

송대의 은사 위야魏野는 섬주陝州 사람으로, 성의 동쪽 근교에 은거하고 있었다. 그는 『손수 대나무를 심고 맑은 샘물이 집 주위를 빙 둘러 흐르게 했으며, 옆에는 구름을 이고 있는 산이 있어 경치가 그윽하고도 빼어났다. 그는 땅을 파고 사방으로 꾸며서 낙천동樂天洞이라 불렀다. 앞에는 초당을 지어 거기서 거문고를 연주하니, 호사자好事者들이 술과 안주를 잔뜩 싣고 와 그를 따르고 노닐며 하루 종일 시를 읊었다』라고 한다. 황제 역시 위야가 사는 곳이 절경이라는 말을 듣고 화가를 보내 그대로 그려오게 하여 구경하기도 하였다.

송대에 복건福建 사람 유세수劉世修는 자가 경주景周였는데, 말단관리였다. 그는 벼슬을 버리고 은사가 되어 〈황로黃老의 학술에 마음을 두었다. 그는 덕한당德閑堂을 세우고, 옆에는 여러 정자를 세우고, 꽃나무·유실수· 대나무 등을 죽 늘어 심었다. 그리고는 날마다 문인이나 도사들과 술을 마시고 흥겹게 노래하고 이야기하면서 인간세상의 일에는 상관하지 않았다.〉

원대元代의 예찬倪瓚도 주거환경에 매우 공을 들였다. 정원에는 청비각淸閟閣을 세우고 〈멀고도 아득하게 세속과 관계를 끊고 살았다.〉 집에는 골동품과 명인들의 그림·글씨·금석金石·거문고 등을 진열해 놓았고, 각종 꽃이나 화분도 전시해 놓았다. 집 밖에는 오래 된 나무가 하늘을 찌를 듯 솟아 있고, 길게 자란 대나무가 무성하였다. 그리고는 스스로 〈운림거사雲林居士〉라 칭하였다.

명대의 장시張詩라는 자는 예찬처럼 호화스럽게 치장하지는 못했지만, 〈그가 거하는 한 묘畝의 집에 땅을 다듬고 대나무를 심은 후, 눈보라가 쓸쓸히 불어오면 흔쾌히 맞이하였다.〉

은사는 자신이 사는 곳을 아주 고상하고 운치 있게 꾸미려고 노력하였다. 심지어 어떤 은사들은 산이나 물이 없는 곳에 살면서도 자기 집에 산수山水의 뜻을 담은 이름을 붙이기도 하였다. 명대의 화종욱華宗煜은 평원지대에 살면서도 자기 집을 〈서벽棲碧〉이라고 명명하였다. 사람들이 산도 없으면서 이름을 왜 그렇게 지었느냐고 하자, 화종욱은 『옛 사람들이 모두 산에 은거했던 것은 아니며, 산에 사는 사람이라고 해서 진정으로 산의 가치를 이해했던 것은 아니네. 진정 산의 가치를 이해하는 사람은 비록 산과 멀리 떨어져 있다 해도 계곡에 드리웠다 흩어지는 아스라한 구름이나 연기가 눈앞에 보이는 것이지』라고 대답하였다. 즉, 이는 은사의 마음 속에는 언제나 산수가 주는 즐거움이 자리한다는 말일 것이다.

은사의 주거환경은 물론 은사의 신분에 부합하는 것이어야 한다. 깊고 울창한 숲은 은사의 심오함을 상징하고, 곧게 뻗은 대나무는 꼿꼿함과 솔직함을 상징한다. 또한 우뚝 솟은 소나무와 잣나무는 절개를 상징하며, 눈 속에 홀로 피어난 매화는 속세를 초월함을 상징한다. 자연의 풀 한 포기, 나무 한 그루가 모두 은사에게 부여된 인격의 의미이며, 은사는 이를 이용하여 자신의 생활을 장식하고 이상을 기탁한 것이다. 장식품 역시 같은 이치이다. 거문고나 장기, 글씨나 그림이 표현하는 것은 고상함이며, 책은 박식함과 깊이를 표현하고, 소박한 책상이나 깨끗한 유리창은 정결함을 나타낸다. 심지어 서발 막대 거칠 것도 없는 가난한 살림은 은사의 안빈낙도를 표현해 주기도 한다.

자연에서 한가히 노니는 이런 은사들에 반해, 극히 빈곤한 은사들의 주거환경은 너무나 열악한 것이었다. 《고사전高士傳》에, 노래자老萊子는 『갈대로 담장을 삼고, 쑥대로 방을 만들고, 나뭇가지로 침상을 만들었으며 가새풀로는 자리를 만들었다』라고 기록되어 있다. 또한 《송서·은일전》의 공순지孔淳之에 대한 기록을 보면, 『띠풀과 쑥대로 집을 빙 둘러치고, 뜰에는 잡초가 우거진 작은 길이 있었다. 그의 침상에는 책이 여러 권 있을 뿐이었다』라고 되어 있다.

《송서·은일전》을 보면, 유우劉愚의 거처에는 『담장과 벽이 무너지고 쑥이 무성했다』라고 한다.

그런데 금대金代의 은사 왕여가王予可의 주거조건은 더욱 말이 아니었다.

《금사金史·은일전》에 왕여가에 대한 언급이 있다. 그는 『밤에는 흙으로 만든 집에서 살았고, 여름에는 잡초더미 속에서 살았으며, 구더기가 여기저기 사방에 있어도 걱정하지 않았다』 청대의 은사 여약수余若水는 『초가 세 칸에서 살았는데, 비바람을 가리지 못하면 거북 등껍질로 떨어지는 빗물을 받았다』

라고 한다.

이렇게 열악한 주거환경이 비록 안빈낙도하는 은사의 성격에 부합되는 것이기는 해도, 그렇다고 누구나 이런 것을 감수하고자 하지는 않는다. 이렇게 빈곤한 생활은 은사의 경제적 수입이 매우 부족했다는 결론을 얻게 한다. 물론 공자는 『가난한 생활 속에서 편안함을 찾는다 居無求安』라는 말을 했으나, 그래도 최소한의 생활여건은 보장되어야 한다. 따라서 『어떻게 해야 천만 칸의 넓은 집을 얻어, 세상에 고생하는 선비들을 모두 웃게 할까!』라는 시성詩聖 두보杜甫의 한탄은 당연한 것이리라.

은사의 주거지는 신분의 표시로서, 시인들의 입을 통해 계속 노래되어졌다. 마급馬岌이라는 태수가 산속에 사는 은사를 찾아갔는데, 은사가 그를 만나 주지 않자, 마급은 석벽에 다음과 같은 시를 남겼다.

붉은색 낭떠러지는 백 장丈이나 되고,
푸른 절벽은 만 심尋이나 되는구나.
기대선 나무는 우거져 등림鄧林처럼 무성하네.
그곳의 사람은 옥처럼 맑아, 나라를 지탱하는 보배로다.
그의 집은 지척에 있는데, 사람은 멀리 있으니,
참으로 내 마음 힘들게 하는구나.[108]

당대唐代 사람 장적張籍은 〈붉은 누각에 사는 은자에게 寄紫閣隱者〉라는 시를 지었네.

『자줏빛 누각 조용하고, 선생은 깊은 곳에 계시네.
어떤 사람이 뵙고자 하나 찾을 수가 없구나.
밤에는 사슴과 띠집에서 함께 자고,
가을에는 원숭이와 밤나무 숲을 지키네.

오로지 영약靈藥을 구할 뿐,
다른 마음은 없다네』[109]

저사종儲嗣宗이라는 작가도 〈은자에게 바친다 贈隱者〉라는 시를 지었지.

『집을 떠나 그윽한 골짜기에 은거하니,
많은 산들 어지러이 사방에 있네.
안개 자욱하니 그 속에 방사方士 있음을 알겠으나,
창문 조용하니 사람은 없는 듯.
소나무 위에 달 뜨고 학이 우는데,
꽃 피니 구름 속 봄이로다.
한평생 또 어찌 살아가려나?
술잔 치켜들고 낚싯줄 드리우세』[110]

이렇듯 은사의 주거환경을 묘사한 시는 매우 많다. 은사의 주거환경이 문화적 의의를 담는다는 것은 다음과 같은 뜻일 것이다. 즉, 은사는 주거지를 인생의 휴식처로 생각하며, 천지는 은사의 커다란 집이요, 만물은 은사의 장식품이니, 동굴이나 풀로 엮은 집, 누대나 정자 등이 모두 자연의 화신인 것이다.

4. 은사의 결혼

현대의 유명한 시인 욱달부郁達夫의 시 가운데 〈영하映霞에게 보내는 시 두 편〉이라는 작품이 있다. 그 가운데 한 수를 보면 다음과 같다.

> 아침 되니 날씨가 변해 높은 누각 어두워지는데,
> 함께 명산으로 가서 은거하며 검은 머리 파뿌리 되기를 맹세했지.
> 좋은 일에는 근심이 많다던가, 하늘이 나를 질투하니,
> 그대 위해 먼저 오호五湖에 띄울 배를 사려 하네.[111)]

왕영하王映霞의 회고에 의하면, 이 작품은 그들이 처음 만났을 때 쓴 것이라고 한다. 욱달부는 전통문화에 깊이 매료된 현대 문인이자, 매우 개화된 사상을 지니고 있었던 사람이다. 그는 아내가 있는 몸으로 한 여자에게 완곡하게 구애를 했는데, 왕영하를 미인 서시西施에 비교하고, 자신은 공을 이룬 뒤 물러나 오호五湖를 떠다닌 범려范蠡에 빗대고 있다. 재미있는 것은 욱달부가 여인에게 직설적으로 사랑을 표현한 것이 아니라, 〈이름난 산에서 함께 은거한다〉는 옛날 이야기를 빌려 그녀에 대한 연정을 암시했다는 점이다.

이 작품을 통해 중국인의 애정과 혼인에는 은사와 비슷한 요

소가 있다는 것을 알 수 있다. 전통문화의 영향을 깊게 받은 사람에게 있어 은사의 혼인생활은 분명 깊은 마력을 지닐 것이다.

엄격하게 말해 욱달부를 은사라고 할 수는 없을 것이다. 그가 비록 구애에 성공을 하여 왕영하와 10년 남짓 함께 〈은거〉 생활을 했을지언정, 결국 〈비바람 들이치는 그들의 허름한 초가집〉은 생활의 비바람에 꺾여 버리고 말았다. 욱달부와 왕영하의 비극적인 결혼생활은 전통사상을 지닌 문인이 현대사회에 어울리지 못하고 실패해 버렸다는 의미를 담고 있다.

그러나 은사의 결혼생활에는 오히려 이런 장애가 없었다. 은사는 자신의 뜻에 따라 알맞는 짝을 선택했고, 결혼생활에 자신의 이상을 충분히 융화시켰다. 그들은 결혼을 생활의 중요한 구성성분이라고 생각했으므로, 은사의 사상과 전통을 연구하다 보면 그들의 결혼생활을 언급하지 않을 수 없다. 결혼은 개인적인 일이자 동시에 사회 모든 문화의 반영이다. 개인의 결혼이 사회의 제약을 크게 받기 때문에, 사람들은 결혼에 있어 왕왕 개인의 자유를 잃어버리기도 한다. 이런 상황 아래 은사의 결혼은 어떤 사상 혹은 행위의 특별성으로 인해 사람들의 주의를 끌기 마련이다.

부부간의 사랑이나 좋은 금슬에 대해 얘기하다 보면, 자연스레 〈거안제미擧案齊眉〉라는 고사성어를 떠올리게 된다. 여성해방운동의 발흥으로 인해 이 고사성어는 남녀 불평등의 상징처럼 되어 심한 비난을 받았다.

그런데 현대적인 사상을 지니고 있는 현대 남성이라고 해도, 전통 미덕을 지닌 현모양처를 지지하지 않는 남자가 있을까? 〈거안제미〉라는 말은 현대인이 동경하는 이상적인 결혼의 표준이다. 그러나 사람들은 이 고사성어의 뒷이야기를 잘 모르고 있으며, 이 고사의 배후에 감춰진 문화적 의의는 더욱 소수만이 이해할 뿐이다.

《후한서·일민전逸民傳》의 기록을 보자.

양홍梁鴻의 자는 백란伯鸞이다……후에 태학太學에서 교육을 받았는데, 집안은 가난했지만, 절개를 숭상하였다. 그는 다방면으로 공부하여 모르는 것이 없었고, 짓지 못하는 문장이 없었다……세도가들은 그의 높은 절개를 경모하여 딸을 주려는 자가 많았지만, 양홍은 절대로 아내로 맞이하지 않았다. 같은 현에 사는 맹씨孟氏라는 사람에게 딸이 하나 있었는데, 뚱뚱하고 못생겼으며 얼굴이 검었고, 힘은 장사여서 돌절구를 들어올릴 수 있었다. 짝을 골라 줘도 시집을 가지 않겠다고 하며 3년을 넘겼다. 부친이 그 까닭을 묻자 그녀는 『양홍처럼 어진 사람에게 가고 싶습니다』라고 대답하였다. 양홍이 이 말을 듣고는 그녀를 맞이하였다……시집간 지 얼마 지나지 않았을 때 처가 물었다. 『낭군께서는 항상 은거하여 환난을 피하고 싶다고 말씀하시더니, 오늘은 왜 그런 말씀을 않으시는지요? 설마 고개를 굽히고 세속으로 들어가시려는 것은 아니시겠지요?』 그러자 양홍은 『그렇소!』라고 대답하였다. 이에 부부가 함께 패릉산霸陵山으로 들어가 밭을 일구고 길쌈을 하여 생활을 하며 《시경》과 《서경》을 읊고 거문고를 타며 즐거이 보냈다……오吳 땅에 가서는 고백통皐伯通이라는 부잣집에서 지내게 되었다. 그집 곁채에 머물며 품팔이를 하고 살았다. 그가 돌아오면 아내는 밥을 지어 감히 양홍을 정면으로 올려다보지도 못하고 밥상을 눈썹 높이까지 들어올려 바쳤다. 백통은 이 광경을 보고 『아내가 저렇게 존경하는 것을 보니, 저 사람이 보통이 아니구나』라고 하며 자기 집에 머물게 하였다.[112)]

양홍은 동한東漢의 유명한 은사로서, 그와 아내 맹광孟光과의 결혼은 상호 뜻이 맞는 바람직한 결혼이라고 말할 수 있을 것이다. 양홍처럼 남의 집 품팔이를 하며 그토록 빈곤하게 살았던 사람이, 어찌하여 후대 사람들에게 그토록 칭송받고 존경받을 수 있는 것일까?

문제는 가난이란 부부관계에 있어 불화의 요인일 수 있지만, 한편으로는 사랑의 촉진제가 될 수도 있다는 사실이다. 불화의 요인과 사랑의 촉진제라는 엄청난 차이는 어떤 목적을 가지고 살아가는가에 달려 있다. 만약 부귀영화나 재물을 인생의 목표로 살아간다면, 양홍 부부는 〈가난하고 천한 부부는 만사에 처량하다〉라는 생활의 전형이 될 것이다. 그러나 양홍 부부와 같은 사람들이 추구하는 것은 인생의 철학이 담긴 생활이자, 초월적인 정신세계였다. 그들은 물욕과 세속을 뛰어넘는, 심지어는 생활 그 자체를 뛰어넘는 초탈한 것을 추구했기 때문에 빈곤한 생활에 대해서는 더더욱 초탈한 것이다. 직접 밭을 일궈 농사를 짓고 길쌈을 하든지, 남의 집 품팔이를 하든지간에, 혹은 거문고를 타고 독서를 하든지간에, 그들은 이 모든 것들로부터 자신을 깨끗하고 맑게 해주는 것을 찾아낼 수 있었다.

양홍과 맹광에게 사회란 극히 미미한 존재였다. 속세와의 거리가 멀어질수록 부부간의 정은 도타워졌고, 결국 그들은 결혼으로 은거해 버린 것이다.

맹광이 기꺼이 가난한 은사의 양처 노릇을 한 까닭은 전통적인 부덕婦德 교육 때문만이 아니다. 더욱 중요한 요인은 은사의 인격에 대한 인정과 존경 때문이었다. 맹광이 시집올 때는 화려한 옷을 입고 왔는데, 이는 양홍의 뜻을 파악하기 위한 것이었다. 양홍이 세속의 안락함을 버리고 진정 깊은 산속으로 들어가 은거하려고 한 후에야, 맹광은 자기도 〈은사의 옷〉으로 갈아입고 남편을 받들어 그의 뒤를 따른 것이다.

맹광을 통해, 고대의 부녀자들이 은사에 대해 이해와 존경심을 지녔음을 알 수 있겠다. 어쩌면 맹광은 어지러운 시대상황이 여자에게 커다란 위협이란 것을 깨달았을 수도 있다. 벼슬을 하는 남자에게 시집을 갔다가는, 자칫하면 죄를 뒤집어쓰고 죽거나 연루되어 일가족이 몰살당할 것이기 때문이다.

혹은 일반적으로 은사는 단정하고 강직한 인격의 소유자라고 인식되었으므로, 황제나 벼슬아치뿐만 아니라 일반 부녀자들까지도 은사를 존경하고 이상적인 배우자로 생각했을 수 있다. 맹광은 은사의 아내이자, 그녀 역시 〈여자 은사〉라 해도 과언이 아닐 것이다. 이로써 은사의 문화가 사대부에게만 깊은 영향을 미친 것이 아니라, 기타 사회의 구성원들에게도 큰 영향을 미쳤으며, 은사문화가 고대 중국사회의 일부를 차지하고 있음을 알 수 있다.

물론 모든 은사의 결혼생활이 이렇게 원만한 것은 아니며, 모든 은사의 아내가 맹광처럼 남편을 받들었던 것은 아니며, 모든 은사가 양홍처럼 복이 있었던 것도 아니었다. 은사 중에는 괴팍한 사람이 많았으므로 이런 사람에게 시집가는 사람은 행운을 잡았을 수도, 불운하게 될 수도 있었다.

남북조 시기의 은사 하점何點은 젊을 때 은사가 되려고 하였다. 그의 조부가 신부감을 골라 주었지만 그는 죽어도 싫다고 했으므로, 『세 가지 불효 가운데 자손이 없는 것이 가장 큰 불효이다』라는 교훈조차 그의 뇌리에 집어넣을 수가 없었다. 은사가 된 후 명성이 자자해지자 황제도 그를 우대하게 되었다. 그제서야 하점은 아주 젊고 아리따운 여자를 맞이하였는데, 아내로 들인 후에는 정상적인 부부생활을 하지 않았다. 젊고 예쁜 아내는 별당에 따로 두고서 피하며 만나지 않았던 것이다. 이런 괴상한 행위 때문에 후세 사람들은 그에게 악담을 퍼부어 놓았다. 명대의 방붕方鵬은 〈책비여담責備餘談〉이란 글에서 하점을 이렇게 비난하였다.

> 그는 나이가 들자 공씨孔氏를 아내로 맞이하였다. 집으로 맞아들여 혼례를 치른 후에는 별실에 놔두고서 만나지 않았으니, 이 무슨 까닭인가? 제 맘대로 젊은 여자를 유폐시킨 것은 윤리에 어긋나고 비인간적이며, 정신이상자의 행동에 가까운 것이다. 때문에 하점을 가리켜 〈도리를 모른다〉라고 하는 것이다.[113]

방붕의 비난은 일리 있는 것으로, 하점은 분명 상식에 어긋나는 이상한 사람이다. 유가儒家에서는 음식을 먹는 것과 남녀간의 일은 사람의 큰 욕구라고 했다. 하점 자신은 인간의 욕망을 끊으려 했으면서(그것이 끊으려 해도 끊을 수 없는 것임을 누가 알겠는가?) 젊은 아내를 손님 모시듯 했으니, 실로 황당한 일이다. 문제는 하점이 왜 이런 행동을 했는가 하는 것이다. 그가 정말 정신병에 걸린 것일까? 그러나 그가 은사라는 것을 상기해 보면 그의 행동은 그렇게 이상할 것이 없다. 은사이기 때문에 그의 행위가 일반인들이 요구하는 기준에 꼭 맞아야 하는 것은 아니다. 은사생활에 있어 결혼이란 하나의 꼬리표로서, 붙이든 안 붙이든, 언제 붙이든, 어떻게 붙이든지는 완전히 은사의 요구에 따르는 것이었다. 그가 은사가 아니었을 때는 결혼이라는 꼬리표가 필요하지 않았으므로, 이런 꼬리표를 붙이지 않아도 되었을 것이다. 그러나 은사가 된 후에는 이 꼬리표가 필요했는데, 특색 있게 붙이려면 남들이 괴상하게 생각하는 방법이어야 했던 것이다. 그리고 은사가 되면 유가의 가르침은

효력을 잃었으므로, 은사 스스로는 유가사상을 적당히 위반해도 되는 특수한 인물이라고 생각하였다.

하점의 행동은 자신의 신분을 돋보이기 위해, 혹은 어떤 정신적인 요구를 만족시키기 위해서, 혹은 대중과는 다르다는 것을 나타내기 위해서였을 수도 있다. 그러나 어떻든간에 그런 방법이 일반인에게 받아들여지기는 어려울 것이다.

기왕 부인과 합방을 하지 않을 것이면, 어찌하여 젊디젊은 처녀의 청춘을 헛되이 한단 말인가! 어째서 혼자서 구름과 안개를 타고 씽씽 날아다니며 신나게 살지 않는단 말인가! 송대의 은사 임포林逋처럼 독신주의를 신봉하여 평생 학이나 매화를 벗삼아, 〈매화를 아내로, 학을 아들로 삼았다〉라는 이야깃거리나 남겨 주었으면 좋았을 것을…….

임포는 송대의 유명한 은사였다. 그는 항주에 있는 고산孤山에 은거하면서 20년간 시내로 들어가지도 않았고, 평생 아내를 얻지 않고 학과 매화를 기르는 것을 낙으로 삼았다. 《몽계필담夢溪筆談》에는 다음과 같이 기록되어 있다.

> 임포는 항주의 고산에 은거하며, 항상 학 두 마리를 길렀다. 그들을 놓아 주면 하늘로 날아올라 오랫동안 맴돌다가는 다시 새장으로 돌아왔다. 임포는 항상 작은 배를 한 척 띄워 두고 서호의 여러 사찰을 돌아다녔다. 손님이 임포의 거처로 찾아오면, 어린 몸종은 오른쪽 문으로 나가 손님을 앉히고는 새장을 열어 학을 날아가게 하였다. 그러면 언제나 한참 후에는 임포가 배를 저어 돌아왔으니, 이것은 학이 그에게로 날아갔다는 증명인 셈이었다.[114]

임포가 기르던 학은 그의 연락원인 셈이다. 그는 시와 그림에 뛰어났는데, 시가 더 유명하다. 그는 매화를 심고서 매화에 대한 시를 지었는데, 사람들은 특히 〈드문드문 비치는 그림자는 얕고 맑은 물에 비쳐들고, 달이 뜬 황혼 무렵 그윽한 향기 떠오네〉라는 구절을 칭찬하였다. 학과 매화는 중국 문인과 가까웠던 장식물로서, 고상한 인품과 취미의 살아 있는 상징이다. 특히 은사와는 더욱 친숙하여, 그들의 신분을 나타낸다는 의미를 담고 있다. 송대의 대문호인 소동파蘇東坡의 〈방학정기放鶴亭記〉라는 글은 장천기張天驥라는 은사를 위해 지은 것으로 학에 대해 논하고 있다.

> 《역경》에 이르기를, 『학은 음지陰地에서 울고, 그 아들은 그 울음에 화답하네』라 했고, 《시경》에서는 『학이 으슥한 못에서 우니, 그 소리는 하늘에 울리네』라고 했다. 학의 성품은 맑고 심원하여 걱정 없이 노닐며, 속세를 벗어난 곳에서 초연하게 지내므로, 《역경》에서나 시인들이 학을 현인군자에 비유하였다. 덕을 갖춘 선비가 학과 더불어 노니, 분명 유익한 자이지 손해를 끼칠 자가 아니다.[115)]

소동파는 경전을 인용하여, 학의 성질과 은사의 성격은 〈맑고 심원하여 걱정 없이 노니는〉 점에서 통한다고 하였다. 임포가 학을 아들처럼 여긴 것은, 자신과 학이 공통된 품성을 지녔다고 생각했기 때문이다. 그는 자기 자식을 기르는 것보다 학을 기르는 것이 좋다고 하였다. 평생 한가로운 구름이나 들에 사는 학과 벗하며 살아가니 어찌 즐겁지 않겠는가?

화제를 매화로 돌려보자. 매화는 세한삼우歲寒三友의 하나로서, 옛부터 문인과 고결한 선비의 극찬을 받아왔다. 매화와 학은 특성이 달라, 학은 맑고 심원하여 걱정 없이 노니는 것을 상징하고, 매화는 굳은 절개와 정결함을 상징한다. 매화는 겨울철과 이른봄에 추위를 견디며 피는 꽃이다. 살을 에는 추위 속에서 몰아치는 눈보라를 견디며 피는 매화를 보면 절대 굴하지 않는 강인한 인생을 보는 듯하다. 때문에 은사는 매화를 유독 좋아하였다. 원대元代의 왕면王冕은 산에 은거하면서 수천 그루의 매화나무를 심고는 자신을 〈매화옥주梅花屋主〉라고 불렀다. 은사가 매화를 좋아한 것은 비굴하지도 거만하지도 않고, 현실에 타협하지 않는 자신들의 성격을 매화의 습성이 상징해 줄 수 있기 때문이었다. 은사는 매화에 자신의 인품과 정을 기탁한 것이다. 바로 이런 점 때문에 임포는 매화를 아내로 삼았고, 이는 그가 고결함을 동반자로 삼았음을 말하는 것이다. 임포는 매화를 아내로, 학을 아들로 삼고서 지극한 사랑을 쏟아부었으며, 이를 통해 맑고 편안히 거하는 인생태도를 표현하였다.

그는 평생 독신으로 지냈으므로, 그가 매화와 학을 사랑한 것은 혼인에 대한 도피처럼 보일 수도 있다. 그러나 거기에는 인생이나 사랑에 대한 은사의 태도가 담겨 있다. 임포처럼 고독하게 지낸 은사는 그렇게 많지 않다. 대다수의 은사들은 일반인처럼 장가를 들어 자식을 낳는 등, 정상적인 가정생활을 했다. 그렇다 할지라도 은사에게 있어 혼인이나 가정은 역시 은거생활의 중요한 구성요소일 뿐이다. 우리는 종종 은사의 가정은 평담하고 고상한 풍격이 있음을 발견하게 된다. 은사의 가족은 대개 은거생활에 익숙하여 직접 농사를 짓고 길쌈을 매고, 부부가 같은 뜻을 지니며 자식을 직접 교육하는데, 이는 그들이 은거생활을 즐기면서 근심을 잊는 기반이 된다.

은사의 혼인생활은 출세나 부귀공명에 대해 편안한 마음을 갖게 해주고, 세속적인 생활에서 벗어나게 해준다고 할 수 있을 것이다. 이러한 조용하고 평화로운 은거생활은 하늘의 뜻을 알고 즐기는 경지에 도달하게 해줄 수 있을 것이다.

제 6 장

은사의 학술생애

1. 장서藏書 · 필사筆寫 · 독서讀書 · 저술著述

명말의 대문학가 전겸익錢謙益은 관리가 된 후, 오문吳門의 은사 전윤치錢允治와 교제를 했다. 전윤치는 가난하여 방 세 칸짜리의 다 쓰러져 가는 낡은 집에서 살았다. 그러나 그는 지나칠 정도로 책을 좋아하여, 좁은 집에 온통 책을 쌓아두었는데, 그 중에는 세상에서 보기 드문 판본들도 많았다. 어느날 전윤치가 갑자기 전겸익에게 말했다. 『난 이제 늙었소. 내가 가지고 있는 책 중에는 희귀본이 많이 있으니, 내일 그대가 오시거든 내 책들을 모두 드리리다. 만약 나중에라도 내가 책을 보고 싶을 때는 그대에게 빌리겠소. 내년에 내가 죽거든 그대가 뒷일을 처리해 주기 바라오.』 전겸익 역시 열성적인 장서가였으므로, 그의 말을 듣자 너무 기뻐 어쩔 줄 몰랐다. 전겸익은 다음날 날이 밝자마자 전윤치의 집으로 갔는데, 하룻밤 사이에 전윤치는 안색을 바꾸고는 약속을 이행하려 하지 않았다. 전윤치의 행동은 책을 목숨처럼 여기던 은사들의 행동을 그대로 보여 준 것이다.

은사가 책을 얼마만큼 귀중하게 생각했는지는 책을 소장하는 것에서 가장 잘 알 수 있다. 물론 책수집을 좋아하던 독서인이 모두 은사는 아니며, 은사라고 해서 모두 장서가는 아니다. 그러나 은사는 거의 모두 책을 좋아하는 사람들이다.

청대에 구소기瞿紹基라는 사람이 있었는데, 그는 명경과明經

科에 합격하였다. 그러나 단 한 번 임시직을 맡고 나자 벼슬을 버리고, 고향의 빈탕문賓湯門 십리 밖에 있는 고리촌罟里村으로 들어가 은거하였다. 그는 책을 진열해 둘 서재를 한 채 짓고는 〈염유恬裕〉라 이름지었다. 그후로는 온갖 책과 금석 탁본을 수집, 진열하여 10여 년이 지나자 10만여 권에 이르는 책을 소장하게 되었다. 구소기는 하루 종일 서재에 틀어박혀 책을 읽고, 책을 점검하는 데 시간을 보냈다. 그 당시 장서가로 소문났던 〈계서루稽瑞樓〉·〈애일루愛日樓〉 등의 집안은 엄청난 재산을 들여 진귀한 책들을 사들이곤 하였다. 그러나 그들 집안은 후대에 갈수록 관리를 못해 책이 여기저기 흩어져 버려, 결국은 시골에 숨어 살던 구씨의 〈염유재〉보다도 장서량이 적게 되었다. 〈계서루〉·〈애일루〉 등에 있던 책이 산실될 때, 구소기는 그 중에서 후세의 보물이 될 만한 송원대宋元代의 선본善本을 사들였으므로, 〈염유재〉의 장서는 오중吳中에서 첫째가 되었다. 이렇게 한꺼번에 많은 돈을 들여 사들이지 않고 조금씩 천천히 장만하는 것은, 은사가 책을 모으는 특징 가운데 하나라고 말할 수 있다.

장서는 돈이 많이 드는 일이므로, 옛부터 대규모의 장서가는 동시에 대부호이기도 했다. 은사는 대부분 청빈한 사람인데, 그 중 일부는 책을 목숨만큼이나 아껴 광적일 정도였다. 때문에 그들에게 책수집과 가난은 언제나 커다란 모순이었다.

그러면 이 모순을 어떻게 해결해야 할 것인가? 많은 은사들은 굶어죽더라도 책을 사는 것을 택했다. 명대의 원익袁翼 같은 사람은 열 살에 문장을 지었고, 모든 분야의 학문에 두루 통하여 아무리 어려운 문장이라도 모르는 것이 없었다. 그의 취미는 진귀한 책을 사들이는 것이었는데, 귀한 책이 있다는 소리를 듣기만 하면, 곧 달려가 사들였다. 그는 저당을 잡혀서라도 책을 샀으며, 심지어는 입고 있던 옷까지 맡기고서도 전혀 개의치 않았다. 또한 송대의 은사 허비許棐는 진계秦溪에 은거하며, 북쪽에 작은 별장을 하나 지었다. 그는 생활은 어려웠지만 무려 수천여 권의 책을 사들이고 마냥 즐거워하였다. 그는 자신이 책을 사모으는 동기를 이렇게 설명하였다.

> 나는 비록 가난하지만 책을 좋아하여, 예전에 천여 권이나 모았고 지금은 그 배나 수장을 하고 있지만, 아직 만족스럽지 못하다. 그렇기 때문에 새로 나온 책이 있으면 사지 않을 수 없음을 잘 안다. 남에게 진귀한 책이 있으면 달려가서 보고 필사하여 온 방안이 책으로 꽉 차 있다. 어떤 사람은 내게 『책을 좋아하거나 재물을 좋아하는 것은 똑같은 욕심이다. 책을 탐내다가 굶주리는 것보다는 차라리 재물을 탐내어 배부른 것이 낫다. 책에 대한 욕심 때문에 고생하는 것보다는 재물에 욕심내어 편안한 것이 낫다. 사람이 살아봤자 백년을 못 사는데, 어찌 이렇게 고생을 하는가?』라고 묻기도 한다. 그러면 나는 이렇게 대답을 한다. 『옛부터 의롭지 못하고서 부귀한 자는, 책 속에서 대략 살펴볼 수 있다. 그들이 결국 어떻게 되었는가? 나는 젊어서부터 가난함에 마음이 편했고, 자라서는 가난함을 즐거워했으며, 늙어서는 가난하다는 것을 잊고 산다. 사람들은 나의 가난을 비천하게 여기지 않고, 귀신도 나의 가난을 비웃지 않는다. 이런 것은 책이 내게 준 은혜인데, 부귀나 탐하는 그런 인생을 백년 산다고 한들 무슨 즐거움이 있겠는가?』

허비는 물질적인 만족보다 정신적인 만족이 주는 즐거움이 더 풍부하고 더 지속적이라고 생각했음을 알 수 있다. 때문에 그는 수천 권이나 되는 책을 모았으면서도 만족하지 못했던 것이다. 이는 원익처럼 입고 있던 옷을 벗어서라도 책을 사들였던 은사들이 공통적으로 지녔던 심리일 수 있을 것이다.

그런데 도저히 살 방법이 없거나 너무 비싸서 살 수 없는 책이 있기도 하다. 그럴 때는 책을 베껴야 하는데, 이 또한 은사 겸 책 소장가가 즐기는 여가였다.

명대 중엽에 소주에 은거했던 주존리朱存理라는 사람은 보통 때는 남들과 거의 왕래를 하지 않았다. 그러나 누가 희귀본을 소장하고 있다는 소리를 들으면 이내 자리를 박차고 일어나, 그에게 찾아가서 기어이 뜻을 이루었다. 그는 백여 명에 달하는 문인의 시와 문장을 필사하기도 하였다. 그의 고향 후배인 전곡錢穀은 어릴 때 집이 가난하여 학문을 못했다가, 장년이 되어서야 책을 읽을 수 있게 되었다. 그러나 집에는 책이 없었으므로, 하는 수 없이 당시의 대문호 문징명文徵明의 제자로 들어가 문징명의 서가에 있는 책을 보았다. 만년에 생활이 조금 여유로워지자 낡은 오두막을 한 채 사들여 거기서 독서를 하였다. 그 역시 어떤 사람에게 진귀한 책이 있다는 말을 들으면 비록 병중이라도 기어코 일어나, 엉금엉금 기어서라도 책을 빌려다 직접 베꼈다. 그 아비에 그 아들이라고, 전곡의 아들 전윤치는——이 글 첫머리에서 전겸익에게 책을 주겠다고 했다가 주지 않았던 그 전윤치——『지나치게 책을 좋아하는 것이 그 부친과 아주 닮았다. 전윤치 역시 나이 80여 세 엄동설한에 병을 앓으면서도, 해가 비치는 낮부터 책을 베끼기 시작하여, 어슴푸레 저녁이 될 때까지 그치지 않았다』라고 한다. 서쪽으로 해가 지는 한겨울에, 팔십 고령의 노인이 점점 사라지는 햇빛 아래서 시간이 어떻게 돼가는지도 모른 채 책을 베끼는 것이다. 이렇게 고생스런 장면을 머릿속에 떠올려 본다면, 전윤치가 전겸익에게 약속을 이행하지 못했던 것을 이해할 수 있을 것이다.

책을 사들이는 것과 비교한다면, 책을 필사하는 것은 그리 많은 재물이 드는 것은 아니지만, 대신 엄청난 열정과 노력, 그리고 인내심이 필요한 일이다.

일반 관료들은 생활환경 때문에 은사처럼 종일토록 앉아 책을 베낄 기회가 거의 없다. 때문에 은사가 시간에 구애받지 않고 책을 필사할 수 있는 것은 그들의 특권이자, 동시에 정신수양의 표현이기도 하다.

책을 수집하는 것이나, 베껴 쓰는 것의 주된 목적은 독서를 위한 것이다. 물론 극히 일부의 소장가 중에는 책을 소장하고도 읽지 않거나 읽지 못하는 경우가 있기는 하지만, 은사의 대부분은 책수집뿐만 아니라 독서 또한 좋아했다. 명대에 장주長洲에 살던 은사 왕빈년王賓年은 아직 성년이 되기 전에 〈당우唐虞 삼대三代부터 한漢·당·송·원까지 수천 년에 걸친 성현의 글이나 제자백가諸子百家의 글을 모두 꿰뚫고 있어, 무엇을 물어보든지 모르는 것이 없었다.〉[116]

또한 절강의 황암현黃巖縣에 살았던 사적謝績이라는 은사는 어려서 형과 학문적으로 친구처럼 지냈다. 그런데 그는 책을 읽을 때면 언제나 끝까지 파고들어 그 참뜻을 알고자 했다. 사람들은 그가 너무 진부하여 시대의 흐름에 따라가지 못한다고 했지만, 그는 전혀 개의치 않았다. 왕빈년이나 사적처럼 책을 깊이 있게 연구한 은사는 한둘이 아니다. 물론 독서에 열중한 것은 그들의 성격 때문이지만, 시간적인 여유와 조용한 환경은 은사들이 전심전력 독서하는 데 상당한 도움을 주었다.

물론 독서를 심신을 기쁘게 하는 즐거움으로 생각하는 은사들도 있었다. 명대에 민현閩縣 지방의 유명한 장서가인 서발徐발은 5만 권이 넘는 책을 소장하고 있었는데, 그는 독서를 일생에서 가장 즐거운 일이라고 여겼다.

나는 항상 일생의 즐거움이란 문을 닫고 책을 읽는 것만한 것이 없다고 생각한다. 진귀한 책을 한 권 얻어 기이한 글자를 하나 알고, 한 가지 색다른 일을 만나고 좋은 구절을 하나 보게 되면, 나도 모르게 기뻐서 뛰게 된다. 비록 갖가지 악기가 앞에 있고, 고운 비단옷이 두 눈에 꽉 차도 책 읽는 즐거움에는 비길 수가 없다.

독서의 즐거움은 분명 학술적인 영감을 창조했을 것이다. 서발이 펴낸 《홍우루가장서목紅雨樓家藏書目》 4권이 중국 목록학사에 있어 뛰어난 지위를 점하고 있음은 이를 잘 설명해 준다.

은사가 장서나 필사・독서하는 것이 학술에 대한 깊은 흥미를 반영하는 것이라면, 저술 활동은 그들의 학술생활을 대표하는 것이다. 은사가 전문적으로 저술에 종사한 것은 많이 기록되어 있다. 《송사・은일전》에 나오는 만적萬適은 진주陳州 완구宛丘 사람이다. 그는 〈벼슬을 하지 않고 오로지 저술하는 것을 일로 삼았다. 그의 저작으로는 《광간집狂簡集》 1백 권, 《아서雅書》 3권, 《지원志苑》 3권이 있다. 또한 〈옹희시雍熙詩〉 2백 수, 《경적적과토론經籍擿科討論》 40권이 있다.〉 《원사元史・은일전》에 나오는 두영杜瑛의 본적은 패주覇州 신안信安으로, 하남의 구씨산緱氏山에 은거하였다. 그는 〈문을 닫아걸고 글을 썼다. 빈곤과 영화, 그리고 성공과 실패에 동요되지 않았으며, 한가롭게 예술을 논하며 일생을 마쳤다……그가 지은 책은 《춘추지리원위春秋地理原委》 10권, 《어맹방통語孟旁通》 8권, 《황극인용皇極引用》 8권, 《황극의사皇極疑事》 4권, 《극학極學》 10권, 《율려율력예악잡지律呂律曆禮樂雜志》 30권, 문집 10권이

있다.〉

은사의 적막했던 삶, 그러나 죽은 후 세상에 전해지는 많은 저작은 그들의 학술 생애에 비감이 감돌게 한다. 은사들이 궁벽진 시골에서 시련을 겪으면서도 계속 저술에 종사할 수 있도록 지탱해 준 것은 무엇일까! 아마도 영원히 사라지지 않을 학문을 〈산속에 숨어서라도 후세에 전해 주리라〉는, 재야학자 공통의 신념 때문이었을 것이다.

많은 은사들은 저술을 통해 그들이 학술 분야에서 상당한 전문가임을 증명했는데, 책수집과 필사筆寫·독서 등을 통해 은일 문헌학자文獻學者가 많이 탄생되었다. 양대梁代의 완효서阮孝緒는 《칠록七錄》으로 유명하고, 송대의 정초鄭樵는 《통지通志》를 지어 명성을 날렸다.

은사는 속세를 벗어났지만, 인간세상의 도덕에 대해서는 여전히 깊은 관심을 지니고 있었고, 때문에 선진제자와 유가경전을 연구대상으로 삼았다. 그들은 저작을 통해 세상과 인간에 대한 견해를 발표했다. 진대晉代의 은사 노승魯勝은 《묵변墨辯》이라는 책에 주注를 달았는데, 〈서언敍言〉에 자신의 뜻을 밝혔다.

〈명名〉이라는 것은 같은 것과 다른 것을 구별하고, 옳고 그름을 판별하는 도의道義의 입구이고, 정치와 교화의 기준이다. 공자께서는 『반드시 이름을 바르게 할 것이니, 이름이 바르지 않으면 말이 순하지 않고, 말이 순하지 않으면 아무 일도 이루지 못한다』라고 말씀하셨다. 묵자墨子는 《변경辯經》을 지어 명名의 근본을 세웠다. 또한 혜시惠施와 공손룡公孫龍도 스승의 학문의 도道를 본받아 저술하여, 형명刑名을 바르게 드러내었다.[117]

명대의 은사 양보楊黼 역시 《효경孝經》에 주를 달았다.

은사의 학술에 보이는 갖가지 도덕적 색채는 다음과 같은 사실을 알려 준다. 즉, 〈독선獨善과 겸제兼濟〉사상이 은사에게 보편적으로 존재하였고, 다른 한편으로는 전통관념의 영향이 매우 커서 벼슬이나 세속에서 물러난 은사라 할지라도 그 영향권을 벗어날 수 없다는 것을 설명해 준다.

어떤 은사는 독특한 방법으로 저술 활동을 하였다. 원대 말엽의 도종의陶宗儀라는 은사는 자가 구성九成으로, 황암黃巖 사람이다. 젊어서 과거에 응시했으나 합격하지 못하자, 그후로 다시는 벼슬에 미련을 두지 않고 오로지 학문에 전력을 기울였다. 원대 지정至正 연간부터 명대 초기에 이르기까지, 관에서는 몇 번이나 그를 산에서 불러내려고 했지만, 그는 아무런 대답도 하지 않았다. 어떤 때는 억지로 경성으로 불러냈지만, 병을 핑계로 며칠 만에 다시 산으로 돌아가 은거하곤 했다. 도종의는 난세에 살면서도 독서를 좋아하여 이리저리 옮겨다니면서도 언제나 책을 지니고 다녔다. 나중에 생활이 안정되어 일하고 남는 시간에는 나무 그늘에서 휴식을 취하였다. 이렇게 쉬다가 문득 글을 쓰고 싶은 마음이 용솟음쳐, 좋은 내용이 생각나면 나뭇잎 한 장을 따서 그 위에 내용을 쓰고는 깨진 두레박에 넣어두었다. 이렇게 10년이 흐르자, 나뭇잎이 담긴 두레박이 10여 개에 달하게 되었다. 그는 두레박 속의 나뭇잎들을 죄다 꺼내어 내용에 따라 편집하였고, 나뭇잎에 기록해 놓은 것은 방대한 분량의 저작이 되었다. 물론 이 일화는 너무 소설적이라 신빙성이 없다.

그러나 어쨌든 은사는 학술 분야에 있어서도 일반인과는 다른 방법을 택했고, 이는 세속을 따르지 않는 은사의 성격에 부합되는 것이었으며, 이 역시 후인들의 추앙을 받았다.

2. 강연講演

혼자 글을 쓰는 작업과는 대조적으로, 제자를 모아 강의하는 것은 은사의 적막한 생활에 활기를 불어넣는 일이다.

양대梁代의 제갈거諸葛璩는 자가 유민幼玟이고, 낭야琅琊 양도陽都 출신이다. 어려서부터 유명한 은일학자인 관강지關康之를 스승으로 삼아 경사經史를 두루 공부하였다. 그후로는 다시 은사 장영서臧榮緖에게서 역사를 배워 많은 성과를 거두었다. 스승의 영향은 실로 큰것이어서, 제갈거는 성인이 되자 관가의 집요한 초빙에도 응하지 않고 은사가 되었다. 그는 학생들을 가르치고 이끌어 주는 데 성실했으므로, 그에게 배우는 후학들이 갈수록 많아졌다. 그러나 그의 집은 아주 좁아 많은 학생들을 수용할 수가 없었으므로, 결국 그 지방의 태수가 직접 강의소를 차려 주어서야 일이 해결되었다.

사료의 부족으로 제갈거의 제자가 얼마나 많았는지는 알 수가 없다. 그러나 사료에 은일학자들의 강의를 들은 학생의 대략적인 숫자가 남아 있다.

> 고환顧歡의 자는 경이景怡로, 오군吳郡 염관鹽官 사람이다……모친이 세상을 떠나자……결국 벼슬을 버리고 은둔하였다. 그는 섬剡 땅의 천태산天台山에 집을 지어 학생들을 모았는데, 수업을 듣는 자가 항상 백 명이 다 되었다.[118]

송섬宋纖의 자는 영애令艾로, 돈황敦煌 효곡效谷 사람이다. 젊어서부터 고상한 절개를 지녔고, 침착하고 조용하게 살며 세상과는 왕래하지 않은 채, 주천酒泉의 남산에 은거하고 있었다. 그가 진리를 밝히니, 수업을 받는 제자들은 무려 3천여 명이나 되었다.[119]

은사의 강연에 모여든 제자는 백 명에서 수천 명까지 그 규모가 어마어마했다. 은사의 강연이 이렇게 성황을 이룬 원인을 파악하려면, 고대의 사제지간의 학문 전수傳授 전통을 살펴보고, 아울러 〈성현의 도를 전하고 전수하여 의문을 풀어 주는 것〉에 대한 은사의 관념을 연구해 봐야 할 것이다.

은사가 제자를 모아 학문을 전수해 준 것은, 정사正史의 기록에 따르면 대략 한대漢代까지 거슬러 올라갈 수 있을 것이다. 한대 경학經學의 발달은 경학가들이 학파를 이어가는 것과는 달리, 학자들이 각기 제자를 모아 가르치는 것을 유행하게 하였다. 그런 시대에는 산속에 있는 은사라 해도 예외일 수 없었다.

남양南陽 사람인 고봉高鳳은 농촌 출신으로, 어려서는 농사를 지으며 유학을 공부했다. 나중에는 명성을 날리는 유학자가 되었지만, 서당산西唐山으로 들어가 은거하며 산속에서 자신의 학문을 전수하였다. 같은 시대에 〈관서대유關西大儒〉라 불리던 부풍扶風 지방의 은사 법진法眞 역시 매우 박학하여 많은 제자들이 모여들었다. 기록에 의하면 『진류陳留 · 범염范冉 등 먼 곳에서부터 찾아온 제자들이 수백 명에 이르렀다』라고 한다.

한대 이후로 유학은 중국의 정통 학술의 지위에 올랐고, 관부나 조정에서는 국학國學을 개설하는 등의 방법으로, 개인에게 배우던 학생들을 관학官學으로 끌어들이려 하였다. 그러나 학문이란 것은 행정적인 방법으로 분명하게 통일될 수 없는 것이므로, 은사는 자신의 사상과 가치관을 직접 전수해야 하는 책임을 지게 되었다. 게다가 은사는 세상에 이미 없어져 버린 학문이나 보기 어려운 학문들을 많이 전해 주었고, 이는 그냥 독창적이라는 것 외에도 깊은 의미를 담고 있었다. 때문에 학자들 사이에 커다란 반향을 불러일으키고, 제자들이 수백·수천 명에 이르는 것은 당연한 일인 것이다.

송宋과 금金이 대치하고 있던 북방의 금金왕조에 두시승杜時升이라는 학자가 있었다. 그는 패주覇州 신안信安 출신으로, 천문학天文學에 뛰어났지만 벼슬을 하지 않으려고 하였다. 세상의 기풍이 날로 나빠지고 기강이 무너지는 것을 보자, 남쪽으로 황하를 건너 숭산嵩山과 낙산洛山 사이로 들어가 은사가 되었다. 당시 북방 지역은 후세에 큰 영향을 끼친 〈이락지학伊洛之學〉에 대해 아직 제대로 이해하지 못하는 때였다. 두시승은 은거하며 후세에 이학理學이라고 불리게 된 이 학문을 제자들에게 전수하여, 금대金代의 학술 수준을 제고시켰다.

은사들이 비록 벼슬세계에서 물러나기는 했지만, 강연을 통해 진리를 전파함으로써 보통 벼슬아치들이 주기 힘든 사회적 영향을 미쳤다. 당대唐代의 양성陽城이라는 사람은 자가 항종亢宗으로, 북평北平 출신이었다. 어려운 집안 형편 때문에 읽을 책이 없자, 집현전集賢殿에서 문서를 베끼는 관리가 되었다. 그는 남몰래 관서官書를 열독하며 낮이고 밤이고 방에서 나오지 않았다. 이렇게 6년이라는 세월이 흐르자 모르는 것이 없게 되었다. 나중에 그가 중조산中條山에 은거하자, 그의 덕행과 명성을 흠모하는 후배들이 거리를 불문하고 찾아와 그에게 배웠다. 그의 영향은 학생들에게 뿐만 아니라, 고향 사람들에게도 미쳤다. 이웃간에 분쟁이 있으면, 관부로 찾아가 판결하려 하지 않고 양성에게 찾아와 해결해 달라고 하였다.

또한 양한兩漢 시기에 낭아琅琊의 노산勞山에 은거하던 봉맹逢萌이 도를 전파하고 제자를 가르쳤다는 기록이 있다. 《후한서》에는 그에 대해 『뜻을 기르고 도를 수양하니, 사람들이 모두 그의 덕에 감화되었다』라고 간단하게만 기록되어 있다. 그런데 북해北海의 태수가 그를 억지로 초빙하려고 하자, 백성들이 격렬히 반대했는데, 이는 전도에 성공한 은사가 일반 백성에게 미친 실제적인 영향력이 얼마나 컸는지를 보여 주는 좋은 예라고 하겠다.

북해의 태수는 융숭한 예의를 갖추어 봉맹을 초빙했으므로 예의상의 잘못은 없었지만, 다만 그가 미친 사회적인 영향력을 보지 못한 것이 실수였다. 태수는 예의바르게 초빙했지만 거절당하자, 병사를 보내 봉맹을 압송해 오게 했다. 그러자 태수의 부하가 머리를 조아리며 태수에게 권했다. 『봉맹은 매우 어진 사람이라 천하가 모두 그의 명성을 듣고 있습니다. 그가 사는 곳에서는 모든 사람들이 그를 부모처럼 공경하므로, 병사를 보냈다가는 데려오지도 못하고 욕만 당할 것입니다』 그러나 태수는 그의 말을 듣지 않고 화를 내며 그 관리를 감금해 버렸다. 다른 관리를 보내 봉맹을 잡아오게 했는데, 병사들이 노산에 도착하자마자 노산 사람들이 무기를 들고 봉맹을 잡아가지 못하게 저항하였다. 결국 부하들은 피를 흘릴 정도로 두들겨 맞고는 도망와 버렸다.

은사가 제자에게 진리를 전하고 나아가 일반 대중에게까지 큰 영향을 미치는, 비교적 시끌벅적한 생활은 속세를 떠나 조용히 살겠다는 은사의 뜻과는 상당히 다른 것이다. 그러나 은사들이 비록 인간사회와 왕래를 하지 않고 격리된 것처럼 지냈지만, 그렇다고 이러한 격리가 완전한 폐쇄는 아니었다. 문제는 사회와의 방어벽을 관부官府와 정권에 치느냐, 일반 백성에게도 치느냐 하는 차이였다.

또한 은사의 강연 내용이나 수준은 관립학교와 같았다. 때문에 과거제도나 정통 학설이 특정 계층(일반 백성이나 천민 등)의 지식 습득을 가로막을 때, 은사의 강의는 장애를 없애는 유력한 수단이었던 것이다. 은사들이 하층사회에서 그토록 막강한 영향력을 발휘한 것 역시 이러한 이유 때문이었다.

은사는 자신의 재능을 감추는 것을 중요하게 생각하는 사람들이다. 따라서 그들의 후진 양성은 언제나 학술의 범위를 뛰어넘지 않았으며, 그들의 영향력 또한 언제나 도덕이나 학문에 국한된 것이었다. 그렇지 않았다면 막강한 전제정권이 은사들에게 수백·수천 명 이상의 추종자들이 모여드는 것을 허용했겠는가!

3. 은사와 역학易學

명나라 대종代宗 경태景泰 5년, 소주蘇州에 살던 28세의 평민 청년 심주沈周는 소주의 지부知府인 왕호汪滸의 편지를 받았다. 그 편지는 정부에서 치르는 〈현량방정賢良方正〉과에 응시하여 벼슬길로 들어서라는 내용이었다. 그러나 문재文才와 그림에 뛰어난 재질을 보였던 이 젊은이는 비이성적인 방법으로 앞길을 선택했다. 그는 케케묵은 점괘 경전인 《주역周易》을 연구하여, 그 결과 〈둔괘遯卦〉의 〈구오九五〉를 얻었는데, 그 점괘는 〈가둔嘉遯, 점길占吉〉이었다. 이 말은 〈상황에 맞게 은퇴하여 여유 있게 지내며 지조를 변치 않으면 좋은 일이 온다〉라는 뜻이었다.

심주는 이 괘를 보자, 『난 이제 은거하겠다!』라며 기뻐하였다. 그는 지부의 호의를 당장 거절하고는 은사생활을 시작하였다.

그는 간단한 네 글자의 점괘 때문에 자신의 앞날을 결정한 것이다. 이 이야기는 너무 희극적으로 들리지만, 《주역》이 중국의 은사에게 미친 영향의 극히 일부분을 보여 줄 뿐이다. 사실, 은사들은 《주역》을 선호하고 신뢰하여, 학술에 종사하던 수많은 은일학자들은 괴상하기로 첫손 꼽히는 이 책을 주요 연구과제로 삼았다. 역대의 많은 《은일전》을 읽어보면 은사들은 구류九流를 두루 연구했지만, 대다수 은일학자의 공동 연구대상은 《논어》나 《맹자》, 《시경》이나 《서경》이 아니라 바로 《주역》

이었음을 알 수 있다.

상장向長의 자는 자평子平으로, 조가朝歌 사람이다. 그는 은거하며 벼슬을 하지 않았는데, 치우침 없는 바른 성정을 숭상하였고, 《노자》와 《주역》에 통달하였다……그가 《주역》을 읽다가 〈손損〉·〈익益〉괘를 보자, 『내 비록 부유한 것보다 가난한 것이, 귀한 것보다 천한 것이 낫다는 것을 알고 있지만, 죽음과 삶은 어느 것이 나은지 모르겠도다!』라고 한탄하였다[120]

관강지關康之의 자는 백유伯愉이고, 하동河東 양楊 땅 사람이다……진릉晉陵의 고열지顧悅之는 왕필王弼의 《주역》이 어렵다고 보고 물리치고는 40여 항목의 주를 달았다. 그러나 관강지는 오히려 고열지의 것을 내치고 왕필의 뜻을 재차 천명했으니, 이는 이치가 깊다고 하겠다.[121]

위대경衛大經은 포주蒲州 해解 땅 사람이다. 그는 덕행이 뛰어났고 한입에 두 말을 하지 않았다……위대경은 《주역》에 조예가 깊어, 사람들은 그를 〈《주역》의 성인〉이라고 불렀다. 그는 점을 쳐서 자신이 죽을 날을 미리 알자, 묘지를 파고 스스로 비문을 기록하여 자신의 말 그대로 인생을 마감했다.[122]

왕초王樵의 자는 견망肩望으로, 치주淄州 치천淄川 사람이다. 그는 현縣 북쪽의 재동산梓桐山에 은거하였다. 모든 책에 두루 통하였으나 글을 짓지는 않았다. 특히 《주역》에 뛰어났다. 그는 가동賈同이나 이관李冠 등과 명성을 나란히 하였고, 많은 학자들이 그를 추종하였다.[123]

고중진高仲振의 자는 정지正之이고, 요동遼東 사람이다…… 그는 모든 책을 두루 꿰뚫고 있었는데, 특히 《주역》과 《황극경세皇極經世》에 조예가 깊었다.[124)]

장특립張特立의 자는 문거文擧이고, 동명東明 사람이다……그는 정이程頤가 주해註解한 《주역》에 정통했고, 만년에는 많은 학생들을 가르쳐 동평東平 지방에서는 그에게 예의를 다했다.[125)]

이런 기록은 수없이 많이 남아 있다.

관련자료를 살펴보면, 시대에 따라 《주역》에 대한 연구 분야가 조금씩은 달랐음을 알 수 있다. 어떤 시대에는 상수象數에 밝았다. 당대唐代의 위대경 같은 자는 《주역》에 조예가 깊어 결국 자신의 죽을 날까지도 예측했었다.

또한 《주역》의 본뜻에 밝았던 사람들도 있었다. 유송劉宋의 관강지는 왕필의 《주역》 주注에 대한 고열지의 비난을 반박했는데, 그 수준이 매우 높았다. 왕필의 《주역》 주는 의미를 중시하고 상수象數는 중시하지 않았는데, 관강지는 왕필을 옹호하였고, 이는 그 역시 《주역》의 본뜻에 대해 깊이 이해하고 있음을 설명하는 것이다. 그러나 연구의 출발이 어떠했던지간에, 《주역》에 뛰어난 은사라는 공통점을 지니고 있으며, 그들의 수준은 자신들이 처한 시대의 최상급에 속했다.

학술에 종사한 은사들이 《주역》에 이처럼 흥미를 느끼고, 높은 수준에 도달했던 것은 무슨 이유인가? 먼저 《주역》이 어떤 책인지 살펴봐야 할 것이다.

〈—〉와 〈--〉라는 두 개의 간결한 부호로써 여섯 개를 한짝으로 하는 서로 다른 배열방식을 통해, 64종의 중복되지 않는 괘상卦象을 만든다. 그런 후 이 괘상에 간결하고도 깊은 뜻이 담긴 해석을 곁들이는 것이 《주역》의 기본형식이다. 오늘날에는 이 책을 철학 분야로 집어넣지만, 그 당시에는 가장 많이 읽히는 책이었으며, 종교를 초월하는 예언서豫言書였다. 이 책의 예언의 특징은 우주와 인류를 하나의 유한한 부호 계통으로 귀입시켜, 관찰자의 눈으로 세상의 모든 것을 살피고, 모든 것을 예측할 수 있다고 여기는 것이다. 《주역》의 초超종교화는 세속을 초월하고, 이것은 특정 종교에 귀의하지 않는 은사에게 적합한 것이었다. 이렇듯 관찰자적인 주역의 견해는 또한 관계官界로 편입되지 않으려는 은사의 태도와도 일치하는 것이다. 게다가 《주역》에는 〈둔遯〉괘와 〈고蠱〉괘 상구上九의 〈왕이나 제후를 섬기지 않고, 고상하게 자기의 일을 한다〉라는 효사爻辭 등, 은둔에 대한 문제가 많이 언급되어 있다. 또한 은사는 죽음에 대한 두려움과 생사의 모순 등을 해결하기 위해 《주역》을 애독하였다. 《주역》을 이용하여 자신과 외물外物의 세계를 예측하는 것은 은사들의 큰 취미가 되었다.

그러나 은사가 《주역》에 깊은 조예를 갖게 된 주된 요인은 역시 은사의 성격 때문이다.

송대의 은사 초정譙定은 자가 천수天授이고 부릉涪陵 사람이다. 그는 곽낭씨郭囊氏라고 불리던 학자에게서 《주역》을 배웠다. 곽씨는 남평南平에서 살았는데, 그의 시조는 한漢나라 엄군평嚴君平의 스승이었다. 그의 집안은 대대로 역학易學을 전수하는 것을 업으로 삼았고, 역학에서도 주로 상수학象數學을 전문으로 하였다. 초정이 한번은 변량汴梁에 갔다가, 이천伊川에 살던 대학자 정이程頤가 낙중洛中에서 강연을 하는 것을 들었다. 그러자 그는 입고 있던 옷을 벗어던지고는 그에게 절을 하고서, 곽씨 집안 대대로 내려오는 역학을 버리고 정씨의 역학을 배우게 되었다. 정씨의 역학은 한대에 상수를 중시했던 기풍에 반대하고, 《주역》의 의미에 대해 연구했다. 초정은 스승을 바꾸고는 〈드디어 정밀한 뜻을 얻게 되었고, 조예가 더욱 깊어졌으며 큰 뜻을 얻어 돌아갔다.〉 이렇듯 반드시 한 스승만 정해 두지 않고 사방으로 배움을 찾아다니던 기풍은 은사를 포함한 평민 학자들이 보여 주던 모습이다. 이들의 학습방법에 비해, 스승의 가르침을 엄격히 지키고 힘들게 공부만 하는 관 주도의 학습방법은 뚜렷한 대조를 보인다. 때문에 관부에 속하지 않았던 역학 연구자들의 학술 수준이 일반인보다 뛰어났던 것은 이해하기 쉬운 일이다.

또한 은사는 학술에 종사할 때 언제나 독립성과 창조성이라는 그들의 정신 특징을 바탕으로 연구하였다. 때문에 그들은 역학 연구에 있어 새로운 의견을 내놓았고, 일반인들이 생각하지 못했거나, 말하기 어려운 의견도 서슴없이 발표하였다. 이 분야의 대표적인 인물은 바로 청대의 초순焦循이다.

초순의 자는 이당理堂이며, 대대로 강도江都 황각교黃玨橋에서 살았다. 그는 가경嘉慶 6년에 시험에 합격하여 거인擧人이 되자, 이어서 진사進士시험에 응시했으나 낙방하였다. 이에 벼슬에 뜻을 버리고는 집에 틀어박혀 저술에 전념하였다. 초순은 역학 연구에 깊이 빠져, 《역장구易章句》 12권, 《역도략易圖略》 8권, 《역통석易通釋》 20권을 저술했는데, 이를 합하여 《조고루역학삼서雕菰樓易學三書》라고 칭했고, 이 책들은 역학 연구에 대단한 공헌을 하였다. 그는 당시 유행하던 한학漢學의 여러 학파의 우상을 과감하게 깨뜨리고는, 천문·수학 지식을 이용하여 하늘을 측량하여 《주역》을 예측하였다. 또한 숫자의 비례로써 《주역》의 비례를 구하여 〈방통旁通〉·〈상착相錯〉·〈시행時行〉 등의 독창적인 이론을 제기하였다. 완원阮元은 초순을 칭하여 『돌을 깨뜨리니 하늘이 놀라고, 모든 것을 사실에 따라

측정하여 결과를 얻으니, 성인이 다시 태어나더라도 이런 말을 하기는 쉽지 않을 것이다』라고 하였다. 설령 오늘날 초순의 역학이 〈갈피를 잡을 수 없고 억지로 갖다붙인 듯한〉 단점을 지니고 있다는 지적을 받기는 하지만, 〈지켜야 할 범위는 넘지 않는다.〉

그러나 초순의 이론은 시속에 좌우되지 않는 은일학자의 독창적인 의식을 반영하고 있다.

은사와 역학의 관계에서 또 한 가지 언급할 것은, 《주역》에 정통한 은일학자들은 역학을 보급하는 역할을 했다는 점이다. 명말·청초의 태창太倉에 진호陳瑚라는 학자가 있었는데, 그는 숭정崇禎 연간에 거인擧人이 되었다.

명왕조가 망하자, 그는 부친을 모시고 곤산昆山 근처로 피난가서 은거하기 시작했는데, 마을에서 영향력이 아주 컸다. 그는 농민들에게 효제孝悌의 의미를 가르쳐 주고는, 그들과 함께 〈선함을 행하는 세 가지 약속 爲善三約〉을 정했는데, 마을 사람 모두 그의 가르침을 기꺼이 받아들였다. 그는 《주역》을 연구하여, 어느 원소절元宵節 밤에 마을의 선비 몇 사람을 불렀다. 진호가 그들에게 가르쳐 준 《주역》의 〈건乾〉·〈곤坤〉에 대한 이론은 그 지방 일대를 뒤흔들어 놓을 정도로 큰 영향을 미쳤다. 《주역》은 내용이 어려워서 일반인은 제대로 이해하지 못하고 있었으므로, 진호의 강연이 시골의 수재들에게 얼마나 커다란 공감을 불러일으켰는지는 알 만하다. 그의 전수방법은 분명 쉽고도 명확하여 이해하기 쉬웠을 것이다. 진호가 《주역》을 하층 독서인에게 보급한 방법이 비록 보편성은 지니지 못한다 할지라도, 그 안에 체현된 정신은 분명 은사다운 것이었다. 즉, 그는 생활과 학술의 기반을 자기가 은거하는 시골에 두었던 것이다.

4. 은사와 사학史學

은사는 역학 외에 사학史學도 깊이 연구했고, 그 성과 또한 대단했다. 사학에 대한 연구는 특히 왕조가 교체되는 시기에 더욱 활발했다.

명말·청초에 절강浙江 해령海寧에 담천談遷이라는 뛰어난 사학자가 있었다. 담천의 본명은 훈訓, 자는 관약觀若이었다. 명왕조가 패망하자, 그는 이름을 천遷으로 바꾸고, 자는 유목孺木이라고 고쳤다. 그의 재능을 알아본 자가 그를 사관史館에 추천해 주었다. 그러나 그는 『내 어찌 나라의 불행으로 관직을 얻겠는가?』라며 거절하고는 예전에 살던 곳으로 들어가 은거하였다. 일찍이 천계天啓 연간에 담천은 편년체編年體 명대 역사서인 《국각國榷》의 초고를 지었다. 그러다가 본격적으로 은거하게 되자, 집에 틀어박혀 저술에 전념하여 숭정崇禎·홍광弘光 시기의 역사를 저술하였다. 그 당시 독서인들은 막 전란을 겪고 난 후라, 대부분 이런 동란의 원인을 역사 속에서 찾아내어 명성을 떨치고 싶어했다. 그러나 지식의 부족과 문서적인 근거가 없어 고민했다. 그러다가 해령에 사는 은사 담천이 수준 높은 명대의 역사를 저술했다는 소문이 나자, 어떤 사람이 그 책을 자기가 지은 것처럼 훔치려고 계획하였다. 순치順治 4년, 완성된 《국각》의 원고 전체가 쥐도 새도 모르게 도둑을 맞았다. 이는 물론 담천에게 커다란 타격이었지만, 그는 중단하지 않았다. 『내 손이 아직 남아 있는데, 어찌 주저하며 그만두겠는가?』라고 말하고는, 전錢씨 성의 장서가에게서 관련서적과 자료를 빌려 다시 《국각》을 저술하였다. 두번째 원고가 완성되자, 그는 순치 10년에 집을 떠나 북쪽으로 올라가 경화京華에서 2년 반 동안 머물렀다. 그동안 명대의 투항한 신하·왕실 귀족·관리 등을 두루 찾아다니며 역사의 뒷이야기를 수집하여 《국각》의 오류를 바로잡았다. 장장 5백만 자에 달하는 역사책 《국각》은 오늘날 명대의 역사 연구에 매우 중요한 자료가 되고 있다. 이렇게 높은 학술적 가치를 지니는 것은, 담천이 이 책을 편찬할 때 명대 15대의 《실록實錄》이나 숭정 17년간의 관보官報 등, 가장 중요한 자료를 많이 사용했기 때문이다. 또한 자신의 독창적인 시각으로 이미 확정된 자료 속에서 그 진위를 분석하고, 절대 관부의 뜻이나 태도에 따라 저술하지 않는다는 그의 저술원칙도 한몫을 담당했을 것이다.

담천이 《국각》을 편찬했던 일을 통해, 왕조 교체 시기의 은일 사학자들은 바로 그 독특한 역사적 시기를 이용했음을 알 수 있다. 담천처럼 명말·청초의 시기에 살았던 고유겸顧柔謙·고조우顧祖禹 부자父子 역시 대단한 성취를 이루었는데, 그들의 연구 시각 또한 매우 독창적이었다. 고씨 부자는 갑신지변甲申之變 후에 은사가 되었는데, 〈은거〉라는 중대사를 결정하기 위해 부자간에 대화를 나누었다. 그날 조우는 부친이 방문을 닫고 들어앉아 하루 종일 식사도 않는 것을 보자 부친을 위로했다. 그런데 뜻밖에 부친은 이렇게 물었다.

『너는 평생 굶주리면서도 부귀공명을 그리워하지 않을 수 있겠느냐?』

『할 수 있습니다.』

『너는 남에게 헌신하고서도 그 보답을 바라지 않을 수 있겠느냐?』

조우의 대답은 역시 간단했다. 『그럴 수 있습니다』

그러자 부친은 기뻐하며 말했다. 『그럼 우리 함께 은거하자꾸나!』

고씨 부자는 이렇게 은사가 되었다. 고유겸은 원래 사학에 정통한 사람이었고, 조우 역시 부친의 가르침을 받아 가업인 사학에 조예가 깊었다. 한번은 부자간에 역사지리 전문서적인 《명일통지明一統志》에 대해 이야기했는데, 관부에서 펴낸 그 책은 전쟁 시기의 산수자연의 중요한 의미에 대한 설명이 너무 부족하며, 책 전체가 산만하고 계통적이지 못하다는 지적을 한 적이 있었다. 이에 조우는 역사와 지리를 자세히 고찰하여 130권에 달하는 역사지리의 거작 《독사방여기요讀史方輿紀要》를 찬수하였다. 그는 산수자연을 설명하면서도 명승고적이나 경치에 대해서는 언급하지 않고, 주로 전쟁 시기의 요충지나 승전지·패전지 등에 관해 기록하였다.

이렇게 보통 사람들과는 판이하게 다른 저술각도는 《독사방여기요》를 역사지리학에 있어 중요한 지위에 오르게 하였다.

은일 사학자가 왕조 교체기에 사학 분야에서 독창성을 드러낸 것은 개인의 재능 외에도 시대적인 원인이 있다. 즉, 은사들이 정권이 바뀌는 시기에 역사서의 저술이나 편찬·각주에 몰두한 것은 학술적 열정 때문이기도 하지만, 정치환경의 자극이 더 큰 요인이었다. 이름까지 바꾼 담천이 역사의 무대에서 사라져 가는 명왕조의 역사 편찬에 급급했던 것은, 과거를 거울삼으려는 뜻을 가졌기 때문이었다. 또한 고씨 부자는 은거하기 전에, 세속을 떠나 출가하는 불자佛者처럼 〈보답을 바라지 않는다〉라는 심정을 밝혔다. 그러나 그들이 저술한 주된 목적은 명왕조의 패망을 잊지 않고, 역사 속에서 성패의 교훈을 찾으려는 것이 분명하다. 담천이나 고씨 부자의 행동은 물론 일반적인 학술 저작이었다. 그들은 역사를 사실과 다르게 기록하거나 자신의 의견을 맘대로 내세우지 않고, 다만 엄숙한 태도로 사료를 수집·편찬했다.

한편 일부 은일 사학자 중에는 정권 교체 시기에 사학에 관한 저술을 통해 자신의 감정을 드러내거나, 역사의 평가를 통해 현실을 풍자하기도 하였다. 이 방면에서 명성을 날린 인물은 바로 송말宋末·원초元初의 호삼성胡三省이라는 자이다.

호삼성의 자는 신지身之이고 절강성 천태天台 사람이다. 그는 남송南宋 이종理宗 보우寶祐 연간에 진사가 되어 현령·부학교수府學教授 등의 관직을 맡았다. 송이 멸망하자 20여 년간 은거하며 원元왕조에서 벼슬을 하지 않았다. 신기하게도 담천이 원고를 잃어버려 다시 저술했던 일이 호삼성에게도 일어났다. 호삼성은 《자치통감광주資治通鑑廣注》 97권과 〈논論〉 10편을 수찬했다. 그런데 임안臨安이 함락당해 남송이 멸망하자, 신창新昌을 유랑하다가 원고를 모두 잃어버렸다. 그러나 호삼성은 낙심하지 않고, 은거한 후에 다시 저술을 시작하여, 원나라 지원至元 22년에 사마광司馬光의 《자치통감》 해독解讀에 큰 도움을 주는 《자치통감음주資治通鑑音注》를 완성하였다. 《음주》는 표면적으로는 옛날 책에 대한 교정과 주석이지만, 깊은 뜻이 담겨 있었다. 현대의 유명한 사학자 진원陳垣은 《음주》에 대해 계통적인 연구를 진행했는데, 중일中日전쟁 시기에는 《통감호주표미通鑑胡注表微》라는 책을 저술하였다. 그는 호삼성을 다만 지리학에 뛰어난 인물로 잘못 평가하는 것에 대해, 『그가 어찌 지리학에만 뛰어나단 말인가? 《감주鑒注》에 보이는 그의 충성심은 대단하다!』라고 하였다. 호삼성의 주석을 보면 확실히 그의 말이 맞다. 예를 들어 《통감》 진 무제武帝 태시泰始 10

년의 항목에는 다음과 같이 적혀 있다.

비로소 위魏 소릉邵陵의 여공厲公 조방曹芳이 금용성金墉城으로 폐위되어 이송될 때, 태재중랑太宰中郞인 진류陳留의 범찬范粲이 소복을 입고 배웅하니, 좌우에 있던 모든 사람이 슬퍼하며 감동하였다. 범찬은 마침내 병을 핑계로 조정에 나가지 않고 미친 체하며 말도 하지 않았고, 수레 위에서 잠을 자고 땅은 밟지도 않았다. 교喬 등 그의 세 아들은 학업도 저버리고 세상과의 왕래도 끊어 버렸다.

그런데 호삼성은 그 밑에 《진서晉書·범교전范喬傳》을 인용하여 주를 달고서, 『아! 교喬의 학행이 이와 같음을 보건대, 그가 학업을 버리고 세상과의 교제를 끊어 버린 것은 백이伯夷와 숙제叔齊가 수양산首陽山 아래서 굶어죽은 것과 같은 뜻이로구나!』라고 적었다.

호삼성이 범교范喬를 백이·숙제 같은 지고한 은사와 함께 언급한 것은, 호씨의 경향성을 분명하게 드러내는 것이다. 또한 《통감》 후진後晉 제왕齊王 개운開運 3년 항목에서는, 후진이 멸망한 후의 참상에 대해 적었다.

『갑술甲戌년, 장언택張彦澤이 왕을 개봉부開封府로 옮겨가게 하면서 잠시도 지체하지 못하게 하여 궁중은 통곡을 하였다. 왕과 태후·황후는 교자에 타고, 신하 10여 명은 걸어서 그 뒤를 따르니, 이를 지켜보는 사람들은 모두 눈물을 흘렸다.』[126)]

호삼성은 이에 대해 『망국의 치욕은 말하는 자도 가슴이 저린데, 하물며 그것을 지켜본 자들이야 어떻겠는가? 이것이 바로 말세末世임을 아는 것이 진정한 지식이 아니겠는가? 하늘이여, 사람이여!』라는 탄식의 주를 달았다. 과거의 역사에 대한 주석이 이렇게 격정적인 것을 보면, 그의 주석은 단순히 역사를 위한 것이 아니라, 자기가 처한 시대를 위한 것임을 알 수 있을 것이다.

은사들이 역사서를 편찬하거나 주를 달 때, 시국에 대한 관심과 풍자를 나타낸 것은 어떤 의미에서는 학술이라는 방법을 통한 정치에의 도전이라고 말할 수 있을 것이다. 은사의 이러한 도전은 정권 교체 시기, 특히 신흥 왕조가 아직 공고히 다져지기 전에는 반정부적이며, 동시에 옛 정권에 대한 그리움을 선동하는 것으로 비쳐지기가 쉽다. 때문에 이런 시기의 은일 사학자의 저작은 종종 금지·폐기처분이라는 운명을 겪기도 하였다. 명대가 멸망하자 문병文秉이라는 은사가 편찬한《갑을사안甲乙事案》이라는 책은, 숭정崇禎 17년 4월부터 홍광弘光 원년 11월간의 정치를 기록하였다. 그런데 이 책은 〈홍광〉이라는 명왕조의 연호를 사용하여 연도를 기록하였고, 숭정 황제에 대해서는 청왕조에서 붙여 준 시호諡號를 사용하지 않았으며, 청왕조의 비위를 거스르는 문장이 많았다. 때문에 건륭乾隆 53년, 군기처軍機處에서 이 책을 훼손시켜 버렸다. 또한 명대 말년 절강 해염海鹽의 은사였던 팽손이彭孫貽가 수찬한 편년체 야사野史인 《산중문견록山中聞見錄》은 명대 만력萬曆 연간부터 숭정 연간까지, 청왕조의 전신인 여진女眞의 건국과 침략에 대해서만 적고 있는데, 이 또한 청조정에 위배되는 문장이 많았다. 때문에 《산중문견록》 역시 《갑을사안》처럼 폐기처분되는 결말을 맞게 되었다.

제 7 장

은사의 예술창조

1. 은사와 음악

원나라에 침략당한 남송 말년에, 어떤 고금古琴 연주가는 형산衡山 부근의 소수瀟水와 상수湘水가 합류되는 곳으로 옮겨와 은거하였다. 그는 항상 강에 배를 띄우고 금곡琴曲을 작곡했는데, 《소상수운瀟湘水雲》이란 작품은 고국에 대한 쓰라린 그리움을 읊은 것이다. 이 은사가 바로 거문고 역사상 절파浙派의 창시자로 유명한 곽면郭沔이다.

곽면의 인생은 은사와 음악간의 밀접한 관계를 보여 준다. 중국 예술사에 있어 거문고·바둑·글씨·그림은 문인들이 좋아했던 예술 형식이다. 중국의 은사는 이러한 예술을 즐기는 가운데 수양하고, 예술창작을 통해 예술사에 커다란 공적을 남겼다.

그 가운데 은사는 특히 음악(주로 고금 연주와 악곡 창작)과 각별한 인연을 맺고 있으며, 음악은 은사의 심성을 표현하는 도구로 사용되었다.

거문고에 뛰어난 은일 가문이 많았는데, 양진兩晉 남북조 시기의 대씨戴氏 집안이 대표적이다. 대씨 가문에서 고금 연주로 가장 초기에 이름을 날린 인물은 대규戴逵이다. 기록에 의하면, 대규는 어려서부터 학식이 넓고 기억력이 좋았으며, 청담淸談을 좋아하고 문장력이 뛰어났고 서화書畵에도 정통했다고 한다. 그는 기예技藝에도 능했는데, 특히 거문고에 탁월한 재능을 보였다. 대규는 벼슬을 원치 않고 항상 거문고와 책으로 소일하였다. 그의 태도는 두 아들 대발戴勃·대옹戴顒에게 큰 영향을 미쳐, 이들 형제도 부친의 유풍을 따라 은거하고자 하였다. 대규는 자신의 금곡 연주법을 아들들에게 전해 주었는데, 그가 세상을 떠나자 아들들은 부친의 곡을 차마 다시는 연주하지 못하여 각자 새로운 곡을 창작하였다. 대발은 금곡 5부를 지었고, 대옹은 15부도 넘게 지었다.

그러나 대씨 부자는 일반적인 거문고의 명인들과는 달랐다. 대씨 부자의 금곡 연주는 단순히 오락이나 생계를 도모하기 위한 것이 아니라, 자신의 이상과 신념을 기탁한 것이었다. 이런 원인 때문에 그 당시 태재太宰에 부임한 친왕親王이 거문고 연주를 들려달라고 사람을 보내자, 대규는 그 시종 앞에 거문고를 내던져 부수었다. 그리고는 『나는 왕가王家의 악관樂官은 되지 않겠다!』라고 말했다. 후에 남송의 중서령中書令인 왕수王綏가 빈객들을 이끌고 대발 형제를 방문하여 『그대가 거문고를 잘 탄다던데, 어디 한번 듣고 싶소!』라고 말했다.

대씨 형제는 일언반구 대꾸도 하지 않고 하던 일을 계속했다. 2대에 걸친 이들의 남다른 행동은 사실 다른 뜻을 담고 있다. 즉, 은사는 특수한 방법으로 자신의 존귀한 인격을 표현한다는 것이다.

물론 대씨 부자의 예는 음악 자체와는 긴밀한 관계가 없다. 그러나 남조의 은사 심린사沈麟士는 은사와 음악과의 관계를 분명하게 보여 준다. 심린사의 자는 운정雲禎이고, 오흥吳興 무강武康 출신이다. 심린사는 오차산吳差山에 은거하며 경전을 강의하여 생활을 꾸려 나갔다. 그는 손수 땔나무를 지고 물을 길어 나르며, 거친 옷을 입고 채소 반찬만 먹었다. 그는 고상한 흥취를 지니고서, 〈소박한 책상에 기대어 검소한 거문고를 연주했는데, 당시 유행하던 새로운 곡조는 연주하지 않았다.〉 심린사는 인기 있는 유행곡은 연주하지 않음으로써 전통에 대한 사랑과 존중을 표현하였다.

거문고 연주를 취미나 오락으로 여기는 은사도 있었는데, 은일생활과 음악은 아주 잘 어울렸다. 은사는 음악의 오락적 기능과 순음악으로서의 수준을 향상시키려고 노력하였다. 대옹은 장사長史 벼슬을 하던 장소張邵 집안과 혼인관계를 맺은 후, 장씨의 초청에 응해 황곡산黃鵠山에서 살았다. 그 산은 북쪽에 대나무 숲과 정사精舍가 있는 아름다운 곳이었다. 대옹은 이런 자연환경 속에서 거문고를 연주하며, 아름다운 곡을 창작하는 데 전념하였다. 대옹은 황곡산에 은거하는 동안 신성新聲 변곡變曲을 지었는데, 그의 곡은 세간에 유행하던 것과는 달랐다. 그는 또 기존의 《하상何嘗》·《백곡白鵠》 두 개의 곡조를 하나로 만들었는데, 이 곡은 《청광淸曠》이라는 제목으로 유명해졌다.

명대의 고금 연주가인 서상영徐上瀛의 별호는 청산靑山인데, 젊을 때는 두 번이나 무과武科에 합격한 무인武人이었다. 숭정崇禎 말년, 청나라가 쳐들어오자 그는 청나라에 대항하는 의병에 참가하려 했으나 뜻을 이루지 못했다. 후에 명왕조의 대세가 이미 기울어져 버린 것을 보고는 서홍徐谼이라고 개명하고, 호는 석범石帆이라고 하였다. 그는 소주蘇州의 궁륭산窮窿山으로 가서 은사가 된 후, 명대의 유명한 고금古琴 유파인 우산파虞山派의 장위천張渭川에게서 거문고를 배웠다. 이로부터 무예武藝를 완전히 버리고 예술을 택해, 고금의 연주 기교에 전념하였다. 그는 결국 우산파의 〈청아하고 섬세하며 담백하고 깊이 있는〉 풍격을 발전시켜 새로운 풍격을 이루었고, 연주의 속도와 깊이가 조화를 이루게 하였다.

중국의 전통악기 중에서 은사가 주로 고금을 좋아한 이유가 있었다.

초기의 일현금一弦琴은 음의 구별을 위주로 하지 않았기 때문에 풍부한 공명共鳴이 필요하지 않았다. 때문에 고금의 공명상자는 좁고 긴 형태였고, 그래서 위진수당魏晉隋唐의 고금은 〈그윽하고 고요하며 산뜻하고〉, 〈엄격 준엄하며 고결한〉 특성을 지녔다. 당대唐代 이후에 고금은 형식과 구조에 있어 칠현금으로 발전하여 공명이 커졌지만, 이전 시기 고금이 지녔던 그윽하고 고상한 특색은 여전히 지니고 있었다. 게다가 중국인은 원래 복고적인 것을 좋아하여, 옛날의 소리와 운치를 간직한 고금을 좋아한 것이다. 은사는 깨끗한 마음으로 욕심을 없애고자 했는데, 고금의 곡조는 바로 이런 취지에 잘 맞았다. 때문에 은사들은 고금을 좋아했고, 심지어 음악을 전혀 모르는 은사라도 방안에 고금을 놓아두곤 하였다. 《연사고현전蓮社高賢傳》의 기록에 의하면, 도연명은 음악을 이해하지는 못했지만 매우 좋아했다고 한다.

> 나에게는 소박한 거문고가 한 대 있지만, 연주하지는 못했다. 그러나 친구와 술을 마실 때면 항상 거문고를 어루만지고 두드리며 『거문고의 운치韻致를 알면 그뿐이지, 무엇하러 거문고를 타랴?』라고 말했다.[127]

도연명이 말한 〈거문고의 운치〉란, 은일생활과 음악의 조화로운 형식미이다. 도연명과 다른 은사들의 차이라면, 그는 이러한 형식미를 완전히 자기 내부의 환상으로 만들어, 거문고에서 실제로 소리가 나거나 나지 않거나 상관하지 않고 즐겼다는 점이다. 이렇게 소리나지 않는 거문고를 즐기는, 이해하기 어려운 태도는 결국 노자老子의 『너무 큰소리는 들리지 않는다 大

音希聲』라는 말을 떠오르게 한다. 또한 이 이론은 은사와 음악이 긴밀한 관계를 맺는 추상적 전제라고 할 수 있을 것이다.

은사와 고금의 인연을 이야기하는 김에, 은사와 가곡歌曲의 관계를 이야기해 보자. 그런데 노래를 했던 은사에 대한 기록은 거의 없어, 《진서晉書》의 〈은일전〉 속에서 겨우 하통夏統이라는 이름을 발견할 수 있을 뿐이다. 하통의 자는 중어仲御이고, 회계會稽 영흥永興 사람이다. 그는 어려서 부친을 잃고 모친에게 효도를 다했다. 후에 모친이 중병에 걸리자 배를 저어 낙양洛陽으로 약을 사러 갔다. 약을 사서 돌아오는데, 때는 3월 상사절上巳節이라 낙양의 높은 사람들은 모두 부교浮橋 위를 오고 갔고, 말과 수레가 구름처럼 모여들었다. 그러나 하통은 그들을 보고도 전혀 관심을 갖지 않았다. 가충賈充이라는 태위太尉가 하통을 보고 다가와 말을 걸었다. 몇 마디 이야기를 나누다 보니 친해져, 가충은 하통에게 이렇게 물었다.

『옛날 요임금도 노래를 하였고, 순임금도 노래를 하였소. 공자는 다른 사람과 노래하기를 좋아했는데, 반드시 돌이켜 생각해 보고는 나중에 그것을 따랐고, 옛날 성인이나 명철한 사람은 모두 노래를 하였소. 그대는 그대가 사는 지방의 노래를 조금이라도 부를 수 있소?』

그러자 하통은 이렇게 대답하였다.

우왕禹王이 회계산에 거하자 조회에는 만국이 모였습니다. 그가 비루한 나라를 교화시키고 붕어하자 장사를 지냈지요. 그의 은택이 구름처럼 널리 퍼지고 성스러움만 남으니, 백성들이 이에 감동하여 마침내 《모가慕歌》라는 노래를 지었습니다.

또한 효녀 조아曹娥는 14세가 갓 되었는데, 그녀의 곧고 온순한 덕은 양송梁宋에까지 널리 알려졌지요. 어느날 그의 부친이 강에 빠졌으나 시신을 찾지 못하자, 조아는 하늘을 우러러 애원하며 강의 중류에서 슬프게 울부짖다가 강에 몸을 던져 죽었습니다. 나중에 부녀의 시체가 함께 강에서 나오니, 온 나라 사람들이 그 효심을 애통히 여겨 《하녀河女》라는 노래를 지었습니다.

오자서伍子胥는 오吳나라 왕에게 충언을 했으나 자신의 말이 받아들여지지 않자 바다에 몸을 던졌고, 그러자 사람들은 그의 충성심과 절개를 애통히 여겨 《소해창小海唱》이라는 노래를 지었지요. 지금 이 노래를 하겠습니다.

군중이 모두 찬성하자, 하통은 발로 갑판을 두들기며 소리 높여 노래를 불렀다. 그 순간 〈청아함이 일어 강개해지니, 큰바람이 호응하여 불어오고, 물을 머금었다가 하늘을 향해 토해내니, 구름과 비가 모여들었다. 큰소리쳐서 환호하니 천둥 번개가 쳐서 대낮이 밤처럼 깜깜해졌고, 기를 모아 길게 읊조리니 모래먼지가 자욱히 일었다.〉 이에 왕공 대신이 깜짝 놀라 급히 그에게 노래를 중지시켰다고 한다. 하통의 노래가 정말로 비바람을 불러오는 신통력이 있었는지는 의심스럽지만, 분명 그의 뜻을 생생히 전달했으리라는 것은 긍정할 수 있을 것이다. 당시 사람들은 그의 노래를 듣고 이렇게 평가하였다.

『《모가慕歌》라는 노래를 들으니, 마치 대우大禹의 모습을 보는 듯하고, 《하녀》를 들으면 자기도 모르게 눈물이 흘러내려, 그녀의 고결한 행동이 바로 눈앞에 펼쳐지는 듯하다. 《소해창》이라는 노래를 들으면, 오자서나 굴원屈原이 바로 옆에 서 있는 것 같다!』

이러한 평가는 하통의 노래가 매우 뛰어났다는 것을 설명해준다. 그런데 하통이 선택한 곡목은 은사적인 것이었다. 즉, 노래의 내용과 은사라는 신분을 결합함으로써 이상적인 인간상을 노래한 것이다. 거문고를 좋아했던 은사들이나 하통 모두 은사와 음악간의 긴밀한 관계를 잘 보여 준다.

2. 은사와 바둑

바둑은 여러 가지 오락 중에서도 매우 오랜 역사를 지니고 있다. 바둑은 오랜 발전과정을 통해 〈난가爛柯〉·〈수담手談〉·〈망우忘憂〉 등 여러 가지 명칭으로 불리고 있다.

그 중에 〈좌은坐隱〉이라는 명칭은 은사와 관계가 깊다.

바둑을 〈좌은〉이라고도 부른다는 사실을 알아낸 사람은 동진東晉의 왕탄지王坦之라는 자이다. 《세설신어世說新語·교예巧藝》에 『왕중랑王中郞은 바둑을 〈앉아서 은일하는 것 坐隱〉이라고 생각하였고, 지공支公은 바둑을 〈손으로 대화하는 것 手談〉이라고 하였다』라고 기록되어 있다. 이 정도의 기록을 통해 왕씨가 어째서 바둑을 〈좌은〉이라고 칭했는지는 이해하기 어렵다. 그러나 그후의 역사에서 은사와 바둑간의 갖가지 얽히고 설킨 관계는 〈좌은〉이라는 명칭에 담긴 깊은 뜻을 이해하게 한다.

물론 바둑이 은사의 전용물은 아니지만, 대다수 은사는 일반인에 비해 바둑에 훨씬 매료되었다.

청대의 원매袁枚는 진사에 급제하여 지현知縣이 되었는데, 서른 살이 되자 벼슬을 버리고 남경南京의 소창산小倉山으로 들어가 은사가 되었다. 그는 바둑을 특히 좋아하여 항상 친구들과 경치 좋은 곳에서 술을 마시며 바둑을 두었고, 팔십 고령이 되어서도 바둑을 좋아하였다. 그의 시 속에는 그가 만년에 바둑을 두던 상황이 생생하게 기록되어 있다.

일반적으로 예물로 취급하는 금 몇 꾸러미를 걸어두고,
날마다 배의 창 앞에서 바둑 몇 판을 두네.
몇 집이나 이기고 졌는지 꼭 기록하는데,
갑자기 화내는 것은 바둑에 졌기 때문이라네.[128)]

일반 속세의 재물이나 일상사에는 의연한 사람들이 바둑에는 매우 집착했다. 바둑을 끝낸 후 몇 집 지고 이겼는지 상세하게 기록하는 것이나, 졌다고 갑자기 화를 내는 행동은 웃음을 머금게 한다.

그러나 원매보다 바둑에 더 심취했던 은사가 있다. 당대唐代 말년의 이동李洞은 왕실의 후예인데, 과거에 응시했으나 합격하지 못하자 산에 들어가 은거하였다. 당시 두선산竇禪山에는 설薛씨라는 수재秀才가 있었는데 바둑을 아주 잘 두었다. 이동 역시 바둑을 매우 좋아했기 때문에, 따뜻한 봄날 꽃이 필 때면 언제나 두선산으로 가서 설수재와 함께 아름다운 풍경 속에서 시를 읊고 바둑을 두었다. 이동은 나중에 여기저기 떠돌다가 재주梓州에 도착하여, 그 지역의 여러 고수들과 기량을 겨루었다. 그는 호남의 한죽사寒竹寺에 있는 고승의 기량이 뛰어나다는 말을 듣고는 곧 호남으로 가서 그 승려와 대국을 하며 시 한 편을 지었다.

작은 난간에 높이 쌓인 흰눈 밝게 빛나는데,
은사는 바둑으로 지략을 다투네.
해는 기우는데 바둑은 급박해지고,
달이 중천에 떠오는데 긴박했다가 다시 느슨해지네.
상湘 땅의 승려는 지팡이에 기대어 수를 계산하고,

용트림하는 소나무에선 학이 내려다보네.
몸을 굽혀 바둑돌 집어 두드리니 졸음이 깨고,
바둑돌 사이로 시 읊는 소리 섞여드네.
한두 방울 내리는 빗방울은 바둑통 적시고,
등불은 바둑판 위에 흔들리네.
한죽사에 가을이 밀려드는데,
이 흥취를 사공謝公은 알까나?[129]

이동과 고승의 대국은 오랜 시간 진행되었다. 태양이 서쪽으로 기울 때 그들은 공격하느라 바빴고, 달이 중천에 떴을 때도 여전히 미간을 찌푸리며 중요한 곳에서 고심하다가 한 수를 두었다. 때때로 비바람이 일어 바둑통을 적셨지만 전혀 개의치 않았고, 밤의 장막이 깃들어 바둑판 위에 등불 그림자가 흔들리는데도 전혀 아랑곳하지 않았다.

오대五代 때의 은사 정운수鄭雲叟도 바둑을 좋아하기는 마찬가지였다. 정운수는 화산華山에 은거하면서 바둑을 즐겼다. 승려들을 만나면 밤을 새우기도 했는데, 찬바람과 천둥 번개가 일어도 차양을 치고 대국을 하였고, 손발이 트는데도 싫증내지 않았다.

바둑에 대한 애호는 개인적인 취미나 열성 때문이기도 하겠지만, 이동이나 정운수처럼 장소나 시간·날씨를 가리지 않고 결사적으로 바둑을 둘 수 있었던 것은, 역시 은사라는 신분 때문이었다. 은사이어야 그렇게 한가한 시간이 많고 고상한 취미를 가질 수 있었던 것이다.

많은 여가는 은사의 기호를 충족시키고, 바둑을 높은 수준으로 발전시켰다. 명말·청초의 항주杭州에서는 바둑의 국수國手가 탄생했는데, 그는 이름이 서원徐遠이고 자는 성우星友였다.

어려서부터 바둑으로 명성이 자자했던 그는 북경으로 가서 대관들의 총애를 받아, 항상 그들의 저택에 초청받았다. 그때 고려高麗의 사신 한 사람이 경성에 있었는데, 다른 사람들은 도저히 자기를 이길 수 없을 것이라고 호언장담하였다. 서원이 그와 몇 판을 두어 연승을 하였고, 때문에 서원은 더욱 유명해졌다. 나중에 안휘安徽 지방에서 온 정주程柱라는 사람이 서원의 명성을 듣고는 그를 초청하여 대국을 하였다. 모두 열 판을 두었는데, 시합을 주재한 사람이 고의적으로 정주의 편을 들었다. 그들은 다른 고수에게 몰래 정주를 돕게 하여, 결국 서원은 연속 몇 판을 지고 패배하였다. 이 때문에 서원은 고향으로 돌아와 서호西湖 근처에서 은거하기 시작했다. 은거한 결과, 그는 예전에 자신이 두었던 바둑의 기보와 경험을 총결하여《겸산당혁보兼山堂弈譜》라는 바둑의 명보名譜를 지었다.

《겸산당혁보》에는 청대 초기 고수들의 대국을 기록했다. 서원은 고수들의 묘수에 대해 독창적인 평론을 덧붙였고, 대국의 형세나 바둑의 기풍에 대해서도 서술하였다.

청대 건륭乾隆 시기의 국수國手 시정암施定庵은《겸산당혁보》를 이전의 기보들, 즉 명대 왕정눌汪廷訥이 지은《좌은재선생자정기보전집坐隱齋先生自訂棋譜全集》이나 육현우陸玄宇 부자父子가 지은《선기무고仙機武庫》등에 비해 훨씬 뛰어나다고 하였다. 정밀한《겸산당혁보》의 출현으로 기존의 기보들은 모두 폐기될 정도였다. 이러한 것을 볼 때 서원이 은거하며 저술한 기보가 중국의 바둑 수준을 높이는 데 커다란 공헌을 했음을 알 수 있다.

은사와 바둑의 관계를 추상적인 각도에서 비교, 연구해 볼 수 있을 것이다. 원대 말엽의 금화金華 출신인 섭옹葉顒은 자가 경남景南이었다. 그는 벼슬을 사양하고 은거하며, 시를 짓거나 바둑을 즐기면서 〈바둑 圍棋〉이라는 시를 지었다.

> 바둑 두는 한낮 고요한데, 맑은 바람 불어와 소매자락 살랑이네.
> 신기로운 꾀 뭇사람은 알지 못하는데, 수시로 묘수가 떠오르네.
> 나는 늙도록 이 세상에 살며, 귀밑머리와 눈썹은 흰눈처럼 세어졌지.
> 앉아서 이기고 지는 승부를 살펴보고, 죽고 사는 상황들을 관찰하네.
> 고금의 호걸들, 좋은 바둑 두느라 지모를 쓰네.
> 바둑이 끝나고 웃음 한번 크게 터뜨리니, 산봉우리 구름이 놀라 날아가네.[130]

예술적 차원에서 보면 훌륭한 작품이라고 할 수는 없지만, 은사가 바둑을 두는 심리상태를 생생하게 보여 준다.

바둑은 원래 결투 형태이므로 승부로써 결론을 짓는다. 바둑이 산생된 최초의 원인은 오락을 위한 것이 아니라 군사軍事, 즉 병법을 계획하기 위한 것이었다. 때문에 《수서隋書·경적지經籍志》에는 기보들이 모두 병서兵書에 편입되어 있다. 은사는 복잡한 현실 세계에서 물러난 이후에도 현실 세계로의 개입과 방관이라는 모순에 계속 시달렸다.

은사는 일부러 비사회화, 혹은 비교적 덜 사회화된 환경으로 물러난 사람들이다. 사회화된 환경에서 생활하다 보면 벼슬을 하게 되고, 거기에서 파생되는 복잡한 인간관계에 고통받게 된다. 또한 이는 은사를 부자유스럽게 만들었으므로, 은사는 사회의 방관자가 되는 것이다. 방관자는 눈앞에 펼쳐지는 대상에 대해 명확한 판단을 할 수는 있지만, 반면 사회에서 버림받았다는 적막감을 갖게 된다. 따라서 이는 영원히 풀 수 없는 모순이 되는 것이다. 이러한 모순을 희석시킬 때, 특히 많은 시간을 요구하는 바둑은 좋은 방법이 될 것이다. 바둑판에는 인간세상과 같은 세계가 있고, 복잡한 투쟁이 있으며, 결국엔 이기고 지는 승부가 있다. 그러나 이는 자신의 손으로 과정과 결과를 좌우할 수 있는 세상이기도 하다. 또한 격렬한 대국은 혼란한 벼슬세계의 복사판이므로, 은사는 바둑을 통해 현실 세계의 분쟁에 간접적으로 참여하는 것이다. 바둑에는 긴장되는 위기는 있지만 실제적인 위험은 없으니 얼마나 즐거운 오락인가!

3. 은사와 서화書畵

음악이나 바둑과 마찬가지로 서법書法·회화繪畵 역시 은사의 전용물은 아니지만, 서화에 뛰어났던 은사들은 공통의 특징을 드러낸다.

명말·청초 시기에 소주蘇州에 서화에 뛰어난 은사가 있었는데, 이름이 서방徐枋이고 자는 소법昭法이었다. 그는 명대 숭정崇禎 시기의 소첨사少詹事 서견徐汧의 아들이었다. 당시 서방은 거인擧人이었으므로 명왕조의 은택을 받은 몸이기 때문에 부친과 함께 자살하려고 하였다. 그런데 서견은 오히려 『나는 죽어야 할 몸이지만, 너는 농부가 되어 은거하여라!』라고 하였다. 서방은 부친의 말을 따라 베옷과 짚신 차림으로 영암산靈巖山으로 들어가 은사가 되었다. 그는 서화에 뛰어났는데, 서법書法은 손과정孫過庭을 배웠고, 그림은 거연巨然을 스승으로 삼았으며, 그 사이 조금씩 예찬倪瓚과 황공망黃公望의 필법을 배우기도 했다. 집이 매우 가난했지만, 남들의 도움을 받지 않으려 하였으므로 그림을 팔아 생계를 이어갈 수밖에 없었다. 그는 아주 특이한 방법으로 그림과 생필품을 교환하였다. 그에게는 자신의 마음을 아는 당나귀가 있었는데, 일용품이 필요할 때가 되면 당나귀 등 위에 그림을 넣은 상자를 실어 주었다. 그리고는 문만 열어 주면 당나귀 혼자 성곽까지 걸어나가 멈추었다. 그러면 사람들은 『고사高士의 당나귀가 왔다!』라며 앞

다투어 달려왔다. 그들은 나귀 등에 실린 상자에서 마음에 드는 그림을 가져가고 대신 일용품을 넣어 주었다. 그림과 일용품을 다 바꾸면 마을 사람들이 상자를 잘 닫아 주었고, 그러면 당나귀는 집으로 다시 돌아오곤 하였다.

후에 서방이 죽을 때가 되자, 자신이 세상을 떠나면 소주 지방의 대관들이 조의금을 보낼 것을 알았다. 그래서 임종 전에 식솔들에게 절대 조의금을 받지 말라고 경고하였다. 그가 세상을 떠나자 관부에서 관과 조의금을 보내왔지만, 서씨 집안 사람들은 절대 받지 않았다. 서방의 유언을 지키기는 했으나 워낙 가난하여 결국 관도 없이 그를 땅에 묻고 말았다. 어느날 항주에서 온 나그네가 서방의 묘에 조문하러 갔다가 이 사실을 듣자 그를 안장시키려 하였다. 그러나 그 나그네 역시 한푼 없이 가난했다. 그러나 그는 전서篆書·예서隸書 등의 글씨는 매우 잘 썼으므로 마을에 방을 세 얻어 살면서 글씨를 써서, 이를 팔아 장례비용을 모았다. 이렇게 2년이 지나자 마침내 서방을 청지산青芝山 아래 안장해 주고서, 남은 돈은 서씨 집에 주었다.

『저는 처음에는 부자에게 돈을 빌려 그 어르신을 안장해 드리고자 했지만, 가족들께서 승낙하지 않으실 것 같았습니다. 그래서 이렇게라도 방법을 강구해 보았으니 선생께서도 허락해 주시리라 믿습니다!』

안장식이 끝나자 나그네는 자신의 이름을 밝히지 않은 채 소주를 떠났다. 그런데 어쩌다 그를 알아본 사람이 『저 어른은 산음대역山陰戴易이시다!』라고 말했고, 그제서야 사람들은 그 나그네가 기氣에 대해 강의하던 은사 대남지戴南枝라는 것을 알게 되었다.

서방과 대남지는 글씨나 그림을 일용품과 교환하여 생계를 해결했다는 공통점이 있다. 중국의 모든 문인 사대부는 서화를 익히고 있지만, 대개는 이를 생계수단으로 삼지는 않았다.

당시 은사란 위험한 외나무다리를 건너는 인물이었다. 그들이 벼슬할 기회를 팽개치는 것은, 동시에 고정된 봉급과 안정된 생활기반을 버리는 것이었다. 살아가자면 은사라 할지라도 우선 생계부터 고려해야 한다. 어떤 은사는 전원으로 돌아가 도연명처럼 농부들과 동료가 되기도 하고, 또 어떤 사람들은 재주를 팔아 생계를 꾸린다. 그런데 서화의 보급과 사대부의 감상 수준이 끊임없이 향상됨으로 인해, 서화는 예술 영역 중에 가장 먼저 유통되는 상품의 대열에 진입했다. 그리고 특히 명청 양대는 이러한 현상이 두드러졌다.

전술했듯이 〈대남지는 특히 전서와 예서에 뛰어났다〉라고 한다. 은사 겸 서예가 중에는 예서와 전서에 뛰어난 사람들이 많았다.

> 유혜비劉慧斐의 자는 문선文宣이고, 팽성彭城 사람이다…… 유혜비는 불경에 밝았고, 전서와 예서에 뛰어났다. 그는 산에서 불경佛經 2천여 권을 썼는데, 일반인들에게 항상 읽힌 것이 백여 권이나 되었다.[131]

> 노홍일盧鴻一은 자가 호연浩然이고, 본래는 범양范陽 사람이었으나 낙양으로 이사하였다. 어려서부터 공부를 하였는데, 주문체籀文體와 전서·해서·예서체를 잘 썼고, 숭산嵩山에 은거하였다.[132]

> 사마승정司馬承禎은 자가 자미子微로, 낙주洛州 온溫 지방 사람이다……전서와 예서에 뛰어나 황제의 명령을 받아 세 가지

글자체로 《노자老子》를 쓰면서, 쓸데없는 글귀는 삭제하고 잘못 된 것은 바로 고쳤다.[133)]

양보楊黼는 운남雲南 태화太和 사람이다. 학문을 좋아하여 《오경五經》을 백여 번이나 읽었다. 그는 전서와 주문체에 뛰어났고, 불교 경전을 좋아하였다.[134)]

위에 예로 든 은사들은 유난히 전서체 · 예서체를 좋아했고 잘 썼다는데, 우연의 일치는 아닐 것이다.

서법書法의 역사를 보면, 당대唐代에는 특별한 경우에는 비교적 고상한 전서체를 사용하고, 평상시에는 해서 · 행서 · 초서 등을 사용했다. 또한 송대에 이르러서는 전서뿐만 아니라 예서조차도 일상 사무에서는 사용되는 일이 극히 드물었다. 양대梁代 사람인 유혜비가 전서와 예서에 뛰어났다는 것은 그리 특별한 일이라고 볼 수 없다. 그러나 당대의 노홍일 · 사마승정이 예서뿐만 아니라 전서에서도 뛰어나다는 것은 대단한 일이다. 원대와 명대에는 예서와 전서체가 일상적인 서체에서 물러나 예술 서체가 되었으므로 보급률이 높지 않았다. 그러나 양보楊黼로 대표되는 서예가들은 예서와 전서에 대해 각별한 연구를 했고, 이를 수련했던 것이다.

중국의 은사는 미래지향적인 사상을 지닌 반면, 한편으로 그들의 마음 속에는 복고復古라는 가장 강렬한 주제가 자리잡고 있었다. 그들에게 현실 세계가 가치를 잃어버렸을 때, 자신이 창조한 이상향을 갈망하게 되는데, 이 이상향의 모델은 바로 전설 속의 당요唐堯시대인 것이다.

옛날의 태평성대를 복원하기 위해, 은사는 수수하고 고풍스러운 생활을 하려고 노력한다. 은사 겸 서예가들은 각 서체를 상세히 연구하다가도, 결국 자신도 모르는 새 고상하고 복잡한 전서체를 좋아하게 된다. 대전과 소전을 포함하는 전서체는 비교적 오래 된 글자여서 보통 사람들은 알아보기도 어렵다. 그러나 전서를 판별할 수 있는 은일서예가에게는 전서체를 통해 복고적인 정취를 표현할 수 있고, 아울러 고상한 취미 한 가지를 더하게 되는 것이다.

은사는 회화에서도 독특한 화법과 소재로써 자신의 이상세계를 표현하였다. 중국 회화사를 보면 소재는 산수자연이 주종을 이루고 있으며, 산수화의 대가 중에는 은사 출신이 많다. 당대의 왕유王維와 형호荊浩, 오대五代의 이성李成·범관范寬, 그리고 원대의 오진吳鎭·예찬倪瓚, 명대의 심주沈周·진계유陳繼儒, 청대의 부산傅山·오력吳歷 등은 모두 산수화의 고수인 동시에 은사이다.

은사화가들은 대부분 산수화에 뛰어났는데, 이는 당연한 일이다. 은사는 산림·전원으로 귀의하였고, 그들은 이곳에서 살면서 자연과 친숙해지고 마음이 통하게 되었으므로 은일화가들이 산수에 대해 남다른 흥취를 지녔음은 두말할 필요도 없을 것이다.

범관 : 산림에 은거하며 종일토록 계속 정좌하고서, 눈 닿는 대로 사방을 둘러보며 흥취를 구한다. 비록 눈 내린 달밤이라도 꼭 거닐며 주위를 응시하여 깊은 생각을 한다.[135]

진계유 : 곤산昆山 북쪽에 은거하며……틈만 나면 누런 관을 쓴 늙은 승려와 더불어 산봉우리와 호수의 절경을 찾아다니며 시를 읊다가 돌아가기를 잊으니, 시내로 들어가는 일이 드물었다.[136]

황공망은 모함을 받아 하옥되었는데, 풀려난 후에는 낙심하여 은사가 되었다. 그는 벼슬을 하다가 뜻을 잃자 그림에 매진하여 마침내 산수화에서 자신의 귀착점을 찾았다. 이는 표면적으로 볼 때는 은거와 산수화간에 순전히 우연적인 관계가 있는 것 같다. 그러나 사료를 분석해 보면 황공망의 뛰어난 작품은 모두 중년 이후, 더욱이 만년에 얻어진 것이다. 특히 만년, 팔십 고령일 때 사람들과 함께 부춘산富春山을 유람하고서 그린 그림들을 보면, 은일을 통해 좋은 그림을 얻었다는 것을 의심할 수 없을 것이다.

은일화가 중에는 물론 새나 꽃·인물 등의 소재를 사용하여 유명해진 사람도 있지만, 그런 그림에도 은사의 신분을 살짝 드러낸다. 예를 들어 왕면王冕은 원대 말엽에 구리산九里山에 은거하며 매화를 소재로 자신의 마음을 기탁하였다. 그가 친구를 위해 그린 〈매화도梅花圖〉에 붙인 칠언절구는 널리 사랑을 받았는데, 그는 이 시에 그림에서는 볼 수 없는 깊은 뜻을 담담하게 적고 있다.

> 나는 집에서 그림공부하며 연못가의 나무를 그렸네.
> 엷은 먹이 흔적 남겨가니 한 송이 한 송이 꽃이 피어나네.
> 다른 사람에게 너무 화려한 색채 자랑하지 마라.
> 맑은 기운만이 하늘과 땅에 가득해야 하리니.[137)]

왕면 같은 은일화가의 붓 끝에서 표현된 꽃이나 풀, 벌레와 물고기 등은 은일서예가들이 좋아했던 전서체와 마찬가지로 어떤 우의寓意를 지니고 있음을 볼 수 있다. 또한 이러한 우의는 왕왕 세태와는 어긋나며 도도하게 홀로 서는 특징을 지니고 있음을 알 수 있다.

4. 은사와 시가詩歌

중국의 은사는 문학과 예술에 매우 큰 영향을 미쳤다. 그 중에서 특히 시가와 은사의 관계는 매우 밀접하다. 은사는 자신의 감정을 표현하고, 이상을 기탁하며, 감회를 풀어내는 데 시가를 사용하였다. 시가 창작은 은사의 예술 활동 중에서 매우 많은 분량을 차지하고 있으며, 중국의 고전 시가가 높은 성취를 이룬 원인 또한 은사문화와 결코 분리시킬 수 없다. 은사가 추구했던 고상함·깨끗함, 그리고 자연스럽고 질박한 정신은 고전 시가의 격조에 영향을 주었다.

시는 다른 문학 형식과 마찬가지로 단순한 미적 창작 활동이 아니라, 개인의 감정을 나타내고 사회상을 반영하며 전통을 옹호하는, 심지어는 정치생활에 참여하는 등의 다기능적인 성격을 지닌다. 공자孔子가 말한 〈흥興·관觀·군群·원怨〉의 이론, 조비曹丕의 〈문학은 나라를 일으키는 큰 사업이자, 영원히 멸하지 않는 성대한 사업〉이라는 논리는 문학의 기능과 사회를 밀접하게 결합시킨 것이다. 뿐만 아니라 시는 작자의 출신 배경·사상·인생 역정과 관계가 있다. 따라서 사상이나 지위에 따라 시의 내용도 작자마다 차이가 있게 된다. 시는 작자의 사회적 신분을 나타내기도 하고, 작자는 시를 통해 사회에 대한 불만을 토로할 수도 있다.

〈시는 뜻을 말한다 詩言志〉라는 이론은 바로 이러한 뜻을 담고 있는 것이다. 『평평하지 못하면 소리를 낸다』라는 한유韓愈의 말도 시 창작의 사회적 원인을 지적한 것이다.

높은 문화 수준을 지닌 은사 역시, 시라는 형식을 이용하여 자기의 존재를 표현하였다. 비록 모든 은사들이 시 창작에 뛰어났던 것은 아니지만, 몇몇 은사들은 많은 시 작품을 남겼으며, 중국 시문학 역사에서 중요한 지위를 점하고 있다.

이들을 은일시인이라고 칭한다면, 은일시인의 대표로는 가장 먼저 도연명이라는 걸출한 작가를 꼽아야 한다.

도연명이 남긴 시 작품에는 두 가지 특징이 있다. 첫째로, 도연명의 시는 그의 은거생활과 생활의 감상을 진실하게 기록하였다. 도연명의 시는 다양한 내용을 담고 있어, 앞에서 이야기한 〈형영신形影神〉과 같은 철리시哲理詩가 있기도 하고, 〈음주飮酒〉 시의 하나인 〈결려재인경結廬在人境〉처럼 한적한 은사생활을 반영한 서정시가 있기도 하고, 〈독산해경讀山海經〉 제10수와 같이 세상을 풍자하는 시가 있기도 하다.

> 정위精衛가 자그마한 나뭇가지 물고,
> 큰 바다 메우려 했네.
> 형천刑天은 방패와 도끼를 들고 춤추는데,
> 항상 굳센 의지 지녔네.
> 내가 만물과 화합하면 모든 근심 없어지리니,
> 그것에 동화되면 다시는 후회도 없으리.
> 다만 옛날에 먹은 마음에만 뜻을 끌어다 놓기만 하고서,
> 어찌 좋은 날 기다릴 수 있으리오![138]

노신魯迅은 이 작품이 사회 현실에 대해 〈금강역사金剛力士가 눈을 부릅뜨고 있는〉 태도를 나타낸 것이고, 《산해경山海

經》에 나오는 고사를 빌려 사회에 대한 불만을 나타낸 것이라고 하였다.

이밖에도 도연명의 작품에는 농경생활을 묘사한 시, 은사의 어려운 생활을 묘사한 시 등이 있다. 이러한 작품들은 마치 기록영화처럼 그의 사상과 생활을 생생하게 형상화하여, 후세 사람들이 도연명을 이해하는 데 귀중한 자료가 되었다.

중국 시 역사에 있어 도연명의 두번째 중요한 특징은 그가 전원시파田園詩派라는 유파를 개창한 점이다.

전원시파는 중국 시가의 중요한 유파이다. 전원시는 주로 농촌과 전원의 조용하고 편안한, 자급자족하는 생활을 묘사하였다. 전원시인의 대부분은 본래부터 은거했던 은사나, 시골 별장에 살면서 반관료·반은사생활을 한 사대부들이다. 전원시는 도연명의 창시에 뒤이어 당대唐代의 왕유王維 등을 거친 후, 송대宋代의 범성대范成大에 이르러 다채롭고도 방대한 유파로 발전하였다.

은일시인 가운데 당대의 맹호연孟浩然도 대표적인 시인이다.

> 맹호연은 양주襄州 양양襄陽 사람이다. 젊어서부터 절개와 의리를 중히 여기었고, 남이 곤경에 빠지면 구해 주기를 좋아하였다. 녹문산鹿門山에 은거하다가 나이 마흔이 되자 경사로 유람왔다. 일찍이 태학太學에서 시를 지었는데, 함께 자리했던 모든 사람이 탄복하여 그에 대적할 자가 없었다. 장구령張九齡과 왕유는 맹호연이 고상하다고 칭찬하였다.[139]

맹호연과 가까운 친구였던 이백은 〈증맹호연贈孟浩然〉이라는 시에서 맹호연을 이렇게 칭찬하였다.

나는 맹부자孟夫子를 좋아하나니,
그의 풍류는 천하에 다 알려졌도다.
젊어서 벼슬을 버리고,
이제 늙어서 소나무 구름 속에 누웠노라.
달에 취해선 자주 술을 마시고,
꽃에 홀려선 임금을 섬기지 않았네.
높디높은 산을 어이 우러러보리오?
맑은 향기에 이렇게 절만 하네.[140]

당대에 제일 먼저 맹호연의 시집을 편집한 왕사원王士源은 맹호연의 시는 『문체가 옛것을 따르지 않고, 온 마음을 기울여 독특한 기묘함이 깃들어 있다』라고 칭찬하였다. 맹호연의 시에 두드러지는 주제는 〈은일〉인데, 반면에 〈은거를 하느냐 마느냐〉 하는, 꺼리는 심정도 자주 언급된다. 《당서唐書》에는 맹호연에 대한 다음과 같은 일화가 기록되어 있다. 한번은 맹호연이 왕유의 집에 찾아갔는데, 뜻밖에 마침 당 현종玄宗도 왕유를 찾아왔다. 그러자 맹호연은 재빨리 침상 밑으로 숨었다. 왕유는 현종을 알현하자 감히 임금을 속일 수가 없어 부득이 사실대로 아뢰었다. 그러자 현종은 아주 기뻐하며 『짐은 전부터 맹호연의 명성을 들었으니, 어서 나와 얼굴을 보이라!』고 말하였다. 맹호연은 하는 수 없이 침상 밑에서 기어나와 현종을 알현하고 시 한수를 바쳤다. 그런데 〈재주가 없으니 현명한 군주께서 버리셨네〉라는 구절이 있었다. 현종은 불쾌해 하며 『그대 자신이 벼슬을 바라지 않은 것이지, 어찌하여 내가 그대를 버렸단 말이오?』라며 그를 은거지로 돌려보냈다. 맹호연의 시에는 이렇게 관직을 구하는 것과 은일하고자 하는 모순이 자주 표현된다. 맹호연이 개원開元 21년(733년) 장안을 유람하다가, 당시

승상이었던 장구령張九齡에게 〈망동정호증장승상望洞庭湖贈張丞相〉이라는 시를 써보냈는데, 이 작품에도 그러한 모순이 드러나 있다.

> 팔월의 잔잔한 호수는,
> 허공을 담아 하늘과 어울렸다.
> 더운 기운은 운몽雲夢의 연못을 삶고,
> 물결은 악양성岳陽城을 흔드네.
> 호수를 건너려 해도 배와 노가 없나니,
> 한가히 살아 성인에게 부끄럽도다.
> 앉아서 낚싯대 드리운 낚시꾼을 바라보다가,
> 부질없이 고기를 부러워하네.[141)]

이 작품에는 장구령의 추천을 받아 관리가 되고자 하는 뜻이 담겨 있다. 또한 〈건너려 해도 배와 노가 없다〉는 구절은 추천을 받지 못하여 어진 임금이 다스리는 세상에서 공을 세우지 못하는 것을 말한 것이다. 이렇게 모순된 심정은 맹호연을 괴롭혔다. 그럴 때면 그는 시를 통해 경치를 묘사하고 사물에 대해 읊고, 아울러 속마음을 토로하였다. 그는 성당盛唐 시단詩壇에 개인의 심경묘사라는 새로운 풍조를 열었다.

송대宋代의 은사 임포林逋도 유명한 은일시인이다. 《송사宋史·은일전》에는 임포에 대해 다음과 같이 적고 있다.

> 그는 시 쓰기를 좋아하였다. 그의 어휘는 맑게 젖어들고 빼어나게 기묘한 구절이 많았지만, 초고를 쓰고 나면 그것을 버렸다. 어떤 이가 『왜 후세에 볼 수 있도록 기록하지 않습니까?』 하고 묻자, 임포는 『나는 지금 숲과 골짜기에 자취를 숨긴 몸이

오. 게다가 생전에 내 시가 유명해지기를 원치 않소. 그런데 후세에까지 알려지게 하겠소?』라고 대답하였다. 그러나 호사자好事者들이 그의 시를 몰래 기록하여, 약 3백 편이나 전해지고 있다.[142]

가장 칭찬을 받은 그의 작품은 〈산원소매山園小梅〉라는 시이다.

> 향기로운 꽃무더기 요동치며 떨어지니 유독 곱고 아름다워라.
> 한껏 멋부린 모습 소원小園을 향해 섰네.
> 맑고 얕은 물엔 드문드문 그림자 비끼고,
> 달 뜨려는 황혼 무렵 밤의 향기 떠다니네.
> 서리가 내리려고 먼저 살피니,
> 흰나비 이를 아는 듯 어쩔 줄 몰라하네.
> 다행히 나지막이 읊조리는 소리 있어,
> 기다릴 새 없이 단판檀板을 두드리며 금잔을 주고받네.[143]

특히 〈맑고 얕은 물엔 드문드문 그림자 비끼고, 달 뜨려는 황혼 무렵 밤의 향기 떠다니네〉라는 연聯은, 〈매화의 자태를 자세히 설명한 것〉이라고 이해되어 왔다. 임포의 시가 상황이나 사물을 생생하게 읊을 수 있었던 것은 그의 생활 때문이었다. 임포는 서호西湖의 고산孤山에서 은거하면서 매화나 학과 가까이 지내 〈매화를 아내로 삼고, 학을 자식으로 삼은 사람〉이라고 불려질 정도였다. 날마다 매화와 가까이 지냈기 때문에 매화를 깊이 이해할 수 있었고, 세밀히 관찰하였으므로 생동감 있게 묘사할 수 있었던 것이다.

은사의 시는 물론 은거생활을 주요 소재로 삼았는데, 은사가 아닌 시인들도 항상 은일을 주제로 창작하였다. 당대의 대시인 왕유는 귀족관료이면서도 불교를 예우하였고, 아울러 농후한 은일사상을 지니고 있었다. 그는 종남산終南山 아래에 있는 송지문宋之問이라는 관료의 〈망천별서輞川別墅〉를 얻어 그곳에서 30년간 살았는데, 벼슬살이하면서 은일하는 반관료·반은사의 생활을 하였다. 왕유의 시에는 한적하고 깨끗하며 고상한 전원생활을 그린 작품이 매우 많다.

> 차가운 산은 푸르러지고,
> 가을 물은 날마다 졸졸 흐른다.
> 지팡이 짚고 사립문 밖에 서서,
> 바람 맞으며 저녁 매미소리 듣는다.
> 나루터에는 저녁 햇살 남아 있고,
> 썰렁한 마을에는 외로운 연기 인다.
> 또다시 접여接輿를 만나 술에 취하여,
> 오류五柳 앞에서 미친 듯 노래 부른다.[144]

이 작품에서 왕유는 배적裴迪을 초楚나라 은사 접여接輿에 비유하고, 자신은 도연명에 비유하였다. 그림과 같은 아름다운 경치 속에서 마시고 취하고, 시를 읊고 노래하는 모습이 완전히 무릉도원의 정경이다. 널리 알려진 〈산거추명山居秋暝〉이라는 작품은 다음과 같다.

> 쓸쓸한 산속 새로 비 온 뒤, 해질 녘 날씨는 가을이 깊구나.
> 밝은 달빛은 숲 사이를 비추고, 맑은 샘물 돌 위로 흐르네.
> 대숲이 왁자하더니 빨래하던 아낙들 돌아오고,
> 연꽃이 흔들리더니 고깃배 내려가네.

봄풀들 없어진들 어떠리,
왕손王孫은 제 스스로 머무를 수 있는데……[145)]

이 작품은 산속의 경치와 고기 잡고 나무하는 평범한 생활을 잔잔하게 묘사하였다. 그러다가 이 시의 제일 마지막 구절에서는 회남소산淮南小山이 지은 〈초은사招隱士〉라는 작품에 나오는, 『왕손이여, 돌아오소서! 산속에서는 오래 머무를 수 없습니다!』라는 구절을 역으로 인용하여 산으로 돌아가 은거하고자 하는 뜻을 나타내었다.

낭만주의적 분위기가 충만한 이백李白의 시 역시 은일사상이 담겨 있는 작품이 많다. 이백은 관계官界로 들어갔지만, 개성이 너무 강하고 자신의 재능을 믿고 남을 깔보았기 때문에, 권신들에게 미움을 받아 〈속죄금을 물고 추방〉당하였다. 만년에는 영왕永王의 막하로 들어가서도 뜻을 이루지 못하고, 평생 방랑하였다. 그의 시에는 나라에 충성하고 백성을 편안하게 다스리고자 하는 이상을 담은 작품도 있다. 그러나 남아男兒로서, 관리로서 품었던 웅대한 뜻을 실현하기 어려워지자 은거생활을 동경하는 작품을 짓기도 하였다. 예를 들어 〈숭산으로 돌아가는 배십팔을 보내며 送裴十八歸嵩山〉를 본다.

그대는 영수潁水의 푸르름이 그리워,
갑자기 숭산으로 다시 돌아가려 하네.
돌아가거든 귀는 씻지 말고,
날 위해 마음만 씻어 주게나.
마음을 씻는 것은 진정일 수 있지만,
귀를 씻는 일은 명성만 얻으려는 일.
사공謝公이여 한번 일어나,

나와 함께 창생들을 구제하지 않으려나.[146)]

이 작품은 허유가 귀를 씻어 명예를 구한 것을 지적하며, 진정한 은사는 마음을 씻고 철저히 세속의 영향을 벗어나야 한다고 하였다. 그러나 끝에서는 만약 기회를 잡게 되면, 은사생활을 포기하고 천하의 백성이 행복해지도록 일해 보겠다는 뜻을 넌지시 드러내고 있다. 〈포산으로 돌아가는 왕산인과 이별하며 주는 시 贈別王山人歸布山〉라는 작품에서 이백은, 『……내 마음 역시 돌아가고자 하네. 꿈속에서도 누차 소나무에 걸린 달을 보고, 그 마음 꿋꿋해 드디어 홀로 떠나네. 길게 읊조리자 바위 문이 열리네』[147)]라고 말하였다.

이백의 시에는 은일사상을 반영한 작품이 매우 많아, 일일이 열거할 수 없다. 그런데 왕유와 이백의 시에서 다음과 같은 공통된 특징을 발견할 수 있다. 즉, 이들의 시에는 사대부 계층에 보편적으로 존재하는 겸제천하兼濟天下와 독선기신獨善其身이라는 두 가지 사상이 작품에 나타난다. 또 한 가지는 이들의 시에 그려지는 호방한 애국심과 한적한 생활은 중국 고전시의 커다란 두 가지 주제라는 사실이다.

은사문화가 중국 시에 미친 영향은 작품의 감상면에서도 나타난다. 당대唐代 사공도司空圖는 시의 풍격을 연구하여 《24시품二十四詩品》이라는 책을 저술하였다. 그의 저작을 통해 고전시의 감상기준이 어떻게 은사문화의 영향을 받았는지 알 수 있다.

사공도는 당대 말년의 은사였다. 그런데 어떤 자료에는 그가 은거한 것은 벼슬을 구하기 위한 〈종남첩경終南捷徑〉이었다고 하고, 또 어떤 이는 그가 매우 지조 있고 고결한 은사라고 변호하기도 한다. 사공도가 〈종남첩경〉의 길을 걸었든 걷지 않았든, 벼슬을 했든 안했든간에 한 가지 분명한 사실이 있다. 어쨌든 그는 분명히 은사였다는 점이다. 중국 시 비평의 중요한 저작인 《24시품》은 줄곧 후인들에게 중시되었고, 그의 시 감상과 비평은 후대의 《시화詩話》·《사화詞話》 등 시가 비평 저작에 기초를 제공하였다. 《시품》에서, 사공도는 시의 심미적 특징과 감상기준을 밝혔는데, 그 특징과 기준이 은사의 사상이나 심미적 성향과 직접적인 관계가 있다. 《시품》의 두번째 품인 〈충담沖淡〉에서 사공도는 이렇게 말했다.

평소 침묵으로 지내니 오묘한 실마리가 더욱 미묘해지네.
만물의 정기를 들이마시고 외로운 학과 더불어 나노라.
그것은 봄바람처럼 오래도록 옷 위에 머무네.
피리소리 들어보니 아름다운 소리 연이어 들려오네.
그것을 우연히 대하면 더욱 빛나지만,
다가가려고 하면 할수록 희미해지는 법.
벗어 버린 형체만 있는 듯이,
손에 쥐면 이미 달아나 버리네.[148]

후인들은 이 시를 설명하면서, 『이런 격조는 도연명이 최고 자리를 점한다……정취가 고상하지 않거나, 겉모습과 정신이 조용하고 한가롭지 못한 자는 그 아름다움을 알지 못한다』라고 설명하였다. 도연명의 시가 충담한 격조의 가장 뛰어난 대표작이라고 인식되어지는 까닭은 그가 은사였고, 은사는 비교적 고상하고 깊이 있으며 여유로운 성격이기 때문이다. 은사가 아닌 왕유 같은 시인들도, 은사문화의 영향을 깊이 받아 정신적으로 은사의 특징을 지니고 있었으므로, 창작에 있어 충담沖淡을 높게 여겼다. 또한 〈충담〉한 풍격은 처음에는 소박하여

기묘함이 없어 보이는데, 자세히 분석하면 그 가운데 그윽하고 심원하여 헤아릴 수 없는 것이 내포되어 있음을 알게 된다. 이 것이 바로 은사의 어떤 정신적 특징을 연상하게 하는 점이다. 은사는 질박·평담하다고 자처하지만, 그들의 평담함 속에는 매우 깊은 의미가 포함되어 있다. 사공도가 〈충담〉이라는 말을 이런 내용으로 이해한 것은 그의 은일사상과 통하는 것이다. 또한 그는 충담한 풍격을 〈평소 침묵으로 지낸다〉, 〈외로운 학과 더불어 난다〉라는 말로 표현했는데, 이런 구절은 은사들이 자신을 표현하는 데 즐겨 쓰던 것이었다.

〈전아典雅〉라는 품격에서는 다음과 같이 말했다.

> 옥병에 술을 사고, 초가집에서 비 구경 한다.
> 좌중에는 좋은 선비, 양옆에는 아름다운 대나무.
> 흰구름 갓 개이고, 까마귀 떼지어 난다.
> 거문고 베고 녹음 속에 누우니, 위에는 나는 듯한 폭포가 있다.
> 지는 꽃은 말이 없고, 사람은 담담하기 국화와 같다.
> 아름다운 경치를 글로 써내니, 읽을 만하다고들 한다.[149]

이 풍경을 보면 은사들이 유유자적하는 모습이라고 생각할 수 있다. 푸른 대나무 숲에서 고상한 사람들과 담소를 즐기고, 비가 그쳐 맑게 개이면 흰구름이 펼쳐지는데, 숲속의 새들은 즐거이 노닐고 산골짜기는 더욱 그윽하며, 녹음 아래에서 거문고를 베고 누워, 흘러내리는 폭포수를 바라본다. 이렇게 은사의 생활처럼 그윽하고, 맑고 담백해야 비로소 전아典雅하다고 말할 수 있는 것이다.

시의 전아한 풍격을 설명하는 데 있어, 은사의 생활은 가장 좋은 설명이 될 수 있다.

성질이란 정해진 것이지만, 진실로 한곳엔 얽매이는 것이 아닐세.
자연물을 끌어당기면 스스로 부유해지니,
그와 융화되기만 바랄 뿐.
소나무 아래에 집을 짓고, 모자를 벗고 시를 읽는다.
다만 밤낮만 알 뿐, 언제인지는 모른다.
갑자기 뜻을 얻게 되나니, 어찌 반드시 인위人爲만이겠는가?
만약 인위를 가하지 않는다면, 이처럼 얻을 수 있으리니.[150)]

〈소야疏野〉라는 것은 세세한 예의범절에 얽매이지 않는 은사의 전형적인 성격이다. 또한 이러한 성격은 시가를 창작하는 데 있어 기준이 될 수 있을 것이다. 만약 어떤 작품을 읽었을 때, 마치 세세한 일에 얽매이지 않고 맑은 성격의, 산에 사는 고상한 선비가 가고 싶은 데로 가고, 태연자약하게 생각하고, 억지로 꾸미지 않고, 일부러 수식하려 하지 않는 듯한 분위기를 느낄 수 있다면, 소야의 풍격은 이루어진 것이다.

사공도의 《시품》에는, 예로 든 부분 외에도 은사의 미적 기준으로 해석할 수 있는 부분이 많이 있다. 후인들은 《시품》이 바로 사공도의 인품 그대로라고 생각하였다. 양정지楊廷芝는 《24시품대서二十四詩品大序》에서 다음과 같이 지적하였다.

시로써 자신의 뜻을 말하고, 품격도 드러내는 것이므로, 뜻이 세워지면 품격도 아울러 서게 된다. 《삼백편》을 읽으면, 그 시를 보고 그 시대상을 논할 수 있으며, 조용히 그 사람됨을 생각해 볼 수 있다. 중당中唐·만당晩唐 시기에 이르러서는 아름다움만을 찬양하고 아첨하는 데로만 흘러, 풍자諷刺를 잃고 경박하게

> 되어 시라고 할 수 없으니, 어찌 품격이 있으리오? 사공도는 대략 시의 품격을 24가지로 정하였다. 만일 시의 가르침의 근원을 공감하며, 다른 사람의 시에서 품격을 구하려 한다면, 먼저 자신의 뜻을 길러야 하지 않겠는가?[151]

사공도가 길러야 한다는 것은 어떠한 〈뜻 志〉을 말하는 것인가? 그것은 바로 은사의 뜻이다. 우리들은 사공도의 《시품》을 통해 〈그 사람됨을 생각해 볼 수 있으며〉, 또한 그 미적美的 정취와 예술적 기준을 생각해 볼 수 있다.

중국 시의 심미적 특징에 대한 은사문화의 영향은 후대의 시가 이론과 창작에도 매우 많이 반영되었다.

중국에는 은일시인과 은일을 내용으로 하는 많은 작품이 있다. 뿐만 아니라 시의 이론에 있어 부지불식 중에 은사의 사상과 미학원칙을 도입하여, 깊이 있고도 감칠맛 나는 작품을 창작하게 하였다.

제8장 은사의 교유

1. 지음知音을 찾아서

《진서晉書·은일전》에는 색습索襲이라는 은사에 대한 기록이 있다. 그의 자는 위조偉祖로 돈황敦煌 사람이고 평생 겸허히 배우기를 좋아하였는데, 관부에서 초빙해도 응하지 않았다. 그러자 어떤 사람이 그를 효렴孝廉·현량방정賢良方正에 추천하였는데도 병을 핑계삼아 거절하고, 오로지 자신이 좋아하는 음양陰陽의 술법을 연구하여 천문지리 방면의 논문 10여 편을 지었다. 색습선생은 특별한 행동규칙을 정해 놓고 있었다. 〈세상과 교류하지 않았다〉라는 기록은 그가 벼슬아치들과는 왕래하지 않았다는 것이다. 때때로 그의 행동은 사람들을 놀라게 하였다. 즉, 그는 〈혼잣말을 했다가 웃었다가, 혹 깊이 탄식하며 울기도 하고, 물어보아도 아무 대답을 하지 않았던〉 것이다.

진대晉代에 무창武昌이라는 곳에 은사가 있었는데, 이름은 맹루孟陋이고 자는 소고少孤였다. 그의 조상은 일찍이 삼국시대 오吳나라의 사공司空 벼슬을 지냈고, 그의 형도 역시 그 나라에서 벼슬을 하였다.

그러나 맹루는 거친 베옷에 채소 반찬이나 먹으며 검소한 생활을 하였고, 하루 종일 독서하며 소일하는 것을 좋아하였다. 그의 행동은 색습보다 더 유별나서 아무와도 사귀지 않았고, 어쩌다 기분이 나면 혼자서 낚시하러 갔는데, 집안 사람들조차 그가 어디로 갔는지 몰랐다고 한다.

색습이나 맹루의 독특한 대인관계는 그들에 대해 신비감을 갖게 한다. 양대梁代 천감天監 연간에 어사중승御史中丞에 임명된 임방任昉은 자신의 부임 소식을 듣고 친척이 찾아오자, 숨어지내던 은사 완효서阮孝緖가 기거하는 곳으로 몸을 숨기려고 하면서, 『집은 지척에 있는데, 사람은 멀리 있구나!』라는 탄식을 하였다. 〈집은 가까이 있는데, 사람은 멀리 있다〉라는 임방의 말을 은사의 시각에서 본다면, 그 거리는 전적으로 사람과 사람의 마음의 결합 여부에 달려 있다.

은사들은 대다수 선비들이 걸어가는 벼슬길에서 물러난 후에는 마음에도 없는 교제를 하지 않아도 되는 특권을 획득하게 된다. 일반인의 경우 자기가 좋아하는 사람만 사귀고, 싫은 사람과는 상대하지 않는 것은 꿈속에서나 가능한 환상이다. 그러나 은사에게는 이것이 대낮에도 가능한 현실이다.

색습이나 맹루처럼 교제상대를 엄격하게 제한했던 은사들은 〈미묘한 음악으로 자신을 이해해 주는 친구를 만난다 高山流水遇知音〉라는 이야기를 재현해 보려고 노력하였다. 그러나 그들은 이 고사의 결말 부분, 즉 종자기鍾子期가 죽자 유백아兪伯牙에게는 진정으로 자신을 이해해 주는 친구가 없어졌다는 사실만 재현하였다. 색습이나 맹루는 유백아처럼 종자기를 만나지는 못했지만, 그들의 의식 깊은 속에는 이미 이상적인 친구가 존재했기 때문에 속세의 인간, 특히 벼슬하는 사람에 대해서는 전혀 관심을 갖지 않았다.

한편 많은 은사들은 종자기와 유백아 같은 진정한 친구를 만나기도 했다. 이는 인간이 사회적 동물이라는 각도에서 해답을 찾아볼 수도 있을 것이고, 논리성은 없지만 설득력은 있는, 〈동물은 끼리끼리 모이고, 사람은 마음 맞는 사람끼리 무리를 이룬다〉라는 속담에서 답을 얻을 수도 있을 것이다.

그러나 사람은 역시 친구를 선택하는 이유가 있다. 송대의 위야魏野는 시를 좋아하고, 벼슬은 원치 않았다. 그는 주변을 운치 있게 꾸며놓고 살았는데, 그의 교유원칙은 〈친구는 많으면 많을수록 좋다〉라는 것이었다.

위야는 주州의 동쪽 교외에 살면서 손수 대나무를 심었다. 맑은 샘이 빙 둘러 있고, 옆에는 구름에 싸인 산이 있었으니, 그 풍경의 운치가 그윽하기 이를 데 없었다. 아래로 땅을 한 장丈쯤 파서 낙천동樂天洞이라 불렀고, 앞에는 초당이 있었는데, 거기에서 거문고를 연주하니 호사자好事者들이 술과 안주를 싣고 놀러와 하루 종일 시를 읊었다……위야는 두건을 싫어하였으므로 귀천의 구별 없이 모두들 비단 모자를 쓰고 흰옷을 입었고, 나갈 때는 흰 당나귀를 탔다. 과객過客이나 은사들과 교제하여 제목을 놓고서 이야기를 하면서, 여러 날을 묵은 후에 돌아갔다.[152]

위야의 집은 모든 사람에게 개방되었다. 손님들은 그와 한담을 나누며 여러 날을 보내자고 찾아왔고, 위야는 그들과 떠들썩하게 어울리는 것을 좋아했다.

명왕조와 청왕조의 교체기에 태어난 염이매閻爾梅는 위야보다는 친구를 절제 있게 사귀었다. 그는 명왕조가 멸망하자 사방을 두루 떠돌아다니는 은사가 되었다. 그가 북쪽의 태원太原에 이르렀을 때, 부산傅山이라는 서화가書畵家와 교우관계를 맺고는, 〈형편이 어려울 때도 변하지 말자는 맹세 歲寒之盟〉를 했다. 부산 역시 명왕조의 유민遺民이었으므로, 염이매와 부산의 맹세는 정권 교체 시기의 은사들이 교유하는 데 있어서 신중했고, 아울러 교제를 중시했음을 보여 준 것이라 하겠다.

어떤 은사들은 술 때문에 친구관계를 맺기도 했다. 예를 들어 수당隋唐시대의 왕적王績이라는 사람은 목숨만큼이나 술을 좋아하였다. 수隋의 대업大業 연간에 향리에서 그를 효렴孝廉으로 추천하여 비서성秘書省의 정자正字가 되었다. 그러나 그는 조정에서 일하기를 원치 않고, 육합六合으로 가서 승丞이 되고자 했다. 결국 술을 너무 좋아하다가 공무를 제대로 처리하지 못했기 때문에 탄핵을 받아 관직을 사퇴하고 집으로 돌아왔다. 당시 세상이 매우 혼란하였으므로, 왕적은 본적인 강주絳州의 용문龍門에서 은사가 되었다. 왕씨의 집은 황하 남쪽 기슭에 있었는데, 당시에 황하 북쪽 기슭에도 술을 잘 마시는 중장자광仲長子光이란 은사가 있었다. 왕적은 집을 북쪽 기슭으로 옮겨 중장자광과 이웃이 되었다. 중장자광은 벙어리여서 그와 말 한마디 나누지 못했지만, 술잔을 들기만 하면 두 사람은 곧 혼연일체가 된 듯 잘 통했다. 왕적이 황하의 남쪽 기슭에서 북쪽으로 이사 와서 벙어리와 이웃이 된 이유는, 혼자 사는 그 은사의 〈참됨〉을 좋아하였기 때문이었다. 오늘날 〈참되다 眞〉라는 글자는 여러 가지 의미를 담고 있지만, 가장 기본적인 의미는 바로 자기 마음, 본성이 하고자 하는 대로 하는 것, 왕적의 경우를 본다면 술 마시고 싶으면 마시는 중장자광의 있는 그대로의 〈참됨 眞〉을 좋아한 것이리라.

물론 어떤 은사들은 색습과 맹루, 위야나 염이매 · 왕적 등과는 달리 교제에 초연했다. 당대唐代의 장지화張志和는 16세 때 숙종肅宗으로부터 한림대조翰林待詔에 임명되어, 좌금오위록사참군左金吾衛錄事參軍의 관직을 받았다. 그러나 후에 실수를 하여 남포위南浦尉로 좌천되었다. 다행히 사면을 받았는데 혈육이 세상을 떠나자, 벼슬을 버리고 은사가 되었다. 장지화가 자신을 〈안개와 파도를 벗하는 낚시꾼〉이라고 칭하였듯이, 그는 항상 낚시를 즐겼다. 누구와 함께 낚시질을 하느냐는 질문을 받으면, 그의 대답은 매우 시원스러웠다. 『하늘을 집으로 삼고, 밝은 달을 등불로 삼는다네. 세상 모든 사람들과 함께 거하니, 이별할 일도 없는데 어찌 왕래가 있겠는가?』

특정인을 사귀지 않는 것이 교제라는 장지화의 교제 철학은 활달한 개성의 산물이다. 은사의 입장에서 말하자면, 색습이나 맹루의 행동보다는 장지화의 뜻이 더욱 융통성과 현실감이 있고, 아울러 은사의 특징에 부합된다고 하겠다. 중국 고대의 은사와 서양 중세中世 교회敎會 은사의 가장 큰 차이는, 전자는 단지 벼슬만 피한 것이지 세상을 피한 것이 아니고, 후자는 거의 완전히 세상의 모든 것과 단절했다는 점이다. 이러한 상황은 중국의 명청明淸시대에 더욱 뚜렷하게 나타난다. 이렇게 중국 은사의 기본적인 목적이 벼슬을 안하는 것이지 세속과 단절되는 것이 아니라면, 교제 대상이나 방식·장소·태도·목적에 융통성 없는 규칙을 정해 둘 필요가 있겠는가?

진정한 은사라면 이렇게 말해야 할 것이다.

『중요한 것은, 나는 이미 벼슬하는 사람들처럼 인간관계의 무거운 짐을 짊어질 필요가 없는 은사가 되었으니, 스스로 선택할 권리를 지녔다는 점이다. 이는 보통 사람들은 바라기만 할 뿐 얻기 힘든 특권이 아닌가! 내가 다른 사람과 교제를 하건 안하건 신경 쓰지 않아도 되는 것, 그것이 바로 은사만의 특권인 것이다』

2. 은일 소단체小團體

은사와 은사간의 가장 일반적인 교제 형식은 두 사람이 짝을 이루는 것이다. 예를 들자면 선진先秦시대에 주周나라의 곡식을 먹지 않은 백이伯夷·숙제叔齊 두 사람으로부터, 전술한 명말·청초의 염이매와 부산에 이르기까지 여러 사람을 꼽을 수 있을 것이다.

때때로 지역이나 시대, 혹은 다른 어떤 원인으로 인해 은사간의 교제가 둘씩 짝짓는 범위를 넘어서 어떤 단체적인 의미를 갖기도 한다. 세 사람이 모이면 무리를 이루고, 다섯 사람이 모이면 단체를 결성하는데, 이러한 것들은 각각 다른 색채를 띤다.

은일 단체로서 정사正史에 가장 먼저 등장하는 것은 〈상산사호商山四皓〉로 보아야 할 것이다. 《사기·유후세가留侯世家》에는 장량張良이 네 사람의 은사에 관해 말했던 일이 기록되어 있다.

> 세상에 네 사람이 있었는데, 그들은 노인이었다. 그들은 모두 군주가 거만하여 사람을 업신여긴다고 여겨, 산속으로 도망하여 숨고는 도의상 한漢나라 신하가 되지 않았다.[153]

《사기색은史記索隱》의 주석에 따르면, 이들 네 노인은 동원공東園公 · 기리계綺里季 · 하황공夏黃公과 녹리선생甪里先生이라고 한다. 또 《진류지陳留志》를 인용한 《색은》의 설명을 보면, 이들 노인 가운데 세 사람의 내력과 본명을 알 수 있다.

> 원공園公의 성은 당唐이고, 자는 선명宣明인데, 동산에서 기거했기 때문에, 〈원공〉을 호號로 삼았다. 하황공은 성은 최崔 이름은 광廣이고, 자는 소통少通이며, 제齊나라 사람이다. 하夏에 은거하여 도를 닦았기 때문에 하황공이라 불렀다. 녹리선생은 하내河內의 지軹 땅 사람인데, 태백太伯의 후예로, 성은 주周 이름은 술術, 자는 원도元道이다. 경사에서는 패상선생覇上先生, 혹은 녹리선생이라고 불렀다.[154)]

《사기》에서는 네 노인이 〈산속으로 피하여 숨었다〉라고만 했지, 그들이 함께 같은 산에 은거하였는지는 확실히 지적하지 않았는데, 《한서漢書》의 주해자인 안사고顔師古가 이 점을 보충하였다. 《한서 · 장진왕주전張陳王周傳》에는 장량의 말을 《사기》와 똑같이 적고서, 『네 사람이……이른바 상산사호商山四皓이다』라고 주를 달았다. 상산은 섬서성 상현商縣 동쪽에 있는 산으로, 계곡과 못이 많아 매우 험했다고 한다. 이들 4명의 백발노인이 이 산속에 모두 은거한 것은, 한 고조高祖가 사람을 전혀 존중하지 않았기 때문이었다.

이 소규모의 은일 단체는 현실적인 문제 때문에 깊은 산속에 은거한 것이고, 나중에도 현실의 문제 때문에 한나라 태자의 두뇌집단이 되었다. 속세를 떠나 은거하는 문제에 대해 그들의 의견이 일치했다는 것은 매우 뜻깊은 것이며 연구할 만한 점이다. 그러나 애석하게도 현존하는 사료만으로는 정사正史에 등장한 최초의 은일 단체에 대해 명확하게 파악할 수가 없다.

때문에 단체화한 은사들에 대한 다방면의 연구를 진행하고자 한다면, 조금 늦게 나온 자료를 이용해야 한다.

남조南朝의 공순지孔淳之 · 대옹戴顒 · 왕홍지王弘之, 그리고 왕경홍王敬弘 등의 은사도 소규모의 은일 단체를 이루었다. 그들이 처한 시대는 〈상산사호〉의 시대와 크게 달랐고, 사족士族 출신이라는 신분 때문에 〈상산사호〉보다 더 유유자적한 은일 생활을 하였다.

공순지는 산동 사람인데, 부친 공찬孔粲이 은사였으니, 공순지의 은거는 집안 내력이라 할 수 있겠다. 대옹은 초군譙郡의 질銍이라는 지방 출신으로, 부친인 대규戴逵, 형 대발戴勃이 모두 은사였으므로, 대씨 집안은 대단한 은사 가문이 되었다. 왕홍지 · 왕경홍 등의 본적은 확실치 않지만, 그들이 공 · 대씨 두 사람과 함께 회계會稽의 섬현剡縣에 은거한 것은 사료에 남아 있다. 《남사南史 · 은일전》에 나오는 은일 단체에 대한 기록에서, 가장 흥미로운 것은 이 단체 내부에서 서로 혼인관계를 맺었다는 점이다.

> 공순지는 탈상脫喪을 하자, 은사인 대옹 · 왕홍지 · 왕경홍 등과 함께 속세의 사람들과는 달리 즐겼고, 서로 혼인관계도 맺었다. 왕경홍은 자신의 딸을 공순지의 아들 상尙에게 시집 보내는데, 검은 양이 끄는 수레를 타고서 뒤를 따르고, 술병을 들고서 혼례를 올렸다. 모두 실컷 마시고 즐기다가 저녁이 되어서야 돌아왔다. 어떤 이가 이런 모습을 보고 이상하다고 하자, 『이 또한 농부의 예절이오!』라고 대답하였다.[155]

공순지와 대옹 두 사람 모두 자연에서 노니는 것을 좋아하였고, 회계會稽의 빼어난 경치는 어울려 놀기에 좋았다. 그런데 이런 은일 단체에 속한 사람들간의 긴밀한 관계를 촉발시킨 것은 혼인일 것이다. 혼인을 통하여 같은 길을 가는 친구가 인척姻戚이 되고, 한집안 사람이 되는 것이다. 은사의 측면에서 보면, 혼인은 상대가 선택한 사는 방법을 서로 인정해 주는 것이자, 이러한 선택의 가치를 더욱 적극적으로 긍정한다는 의미를 담고 있다고 말할 수 있을 것이다.

혼인 이외에도, 어떤 은일 소단체는 후배들에게 스승을 선택해 줌으로써 단체의 유대를 강화하기도 하였다. 청대 초기의 화북華北 지역에 살던 이공소李孔昭 · 단자창單者昌 · 최주전崔周田 · 유계령劉繼寧 등이 바로 이런 사람들이었다. 이공소는 계주薊州 사람이었고, 단자창 · 최주전 · 유계령 세 사람은 보저寶坻 출신이었다. 이공소는 명 숭정崇禎 15년에 벼슬길에 들어섰으나, 시대가 갈수록 혼란해지자 모친과 함께 반산盤山으로 들어가 은사가 되어, 친히 땔나무를 해서 식구들을 봉양했다. 단자창은 어려서부터 관립학교에서 공부했는데, 청왕조가 들어서자 과거시험에 응하지 않았다. 그는 항상 이공소와 들녘을 한가로이 거닐며, 격앙된 어조로 슬픈 노래를 불러 속마음을 풀어내었다. 최주전은 순치順治 연간에 세공歲貢에 뽑혔지만, 면접시험에 참가하지 않았다. 그는 작은 누대를 만들고서 고서古書와 금석탁본金石拓本 만여 권을 쌓아두고, 날마다 독서를 하였다. 최주전은 반산盤山으로 옮겨오자 이공소와 의기투합하여 유람하며 담소를 즐기곤 하였다. 유계령은 협객의 기풍을 지닌 은사였다. 그는 전혀 안면도 없는 곤경에 처한 두 여자의 비싼 몸값을 치러 주고는 시집까지 보내 주었다. 그는 술자리를 만들어 최주전과 마음껏 노래 부르며 즐기기를 좋아하였고, 이공소와도 우정이 두터웠다.

이공소가 학문에 더 조예가 깊었으므로, 이 은일 소단체는 자연스레 이공소가 중심이 되었고, 최주전과 유계령은 이공소에게 자식들의 스승이 되어달라고 부탁하였다.

> 최주전은……일찍이 반산盤山으로 들어가서, 이공소와 숲속 바위에 앉아 담소를 나누었다. 이공소는 가끔 그의 집에서 묵기도 했는데, 그럴 때면 최주전은 자기 자식들에게 제자의 예를 행하라고 하였다.
> 유계령은……만년에 자식의 스승을 고르기 위해 반산을 유람하며 이공소의 종적을 찾았다. 그를 찾아내자 자신의 집으로 초청하여 세 아들에게 배우게 하였다.

자기와 같은 길을 걷는 사람에게 자식을 가르치게 한다는 것은, 또 다른 인정認定의 표현이다. 여기에는 부친의 행적을 자식들이 따르게 함으로써 은일의 가치를 중시하게 한다는 뜻이 숨겨져 있기도 하다.

물론 은사 집안간의 결혼이나 수업授業이 모든 은일 단체의 특징은 아니다. 이러한 것들은 다만 이미 단체화된 은사들 사이를 더욱 밀접하게 만들어 주는 것일 뿐이다.

뚜렷한 단체 성향의 은사 모임은 〈문장이나 시詩로 벗을 모은다〉라는 목표를 취지로 삼는 은사들의 문학 단체인 문사文社, 혹은 시사詩社이다. 이들 문사나 시사는 외형상으로는 상술한 은일 단체보다 밀접해 보이지만, 내부의 개인관계는 매우 느슨하다.

> 손일원孫一元의 자는 태초太初이다……일찍이 서쪽으로 화산華山에 갔었고, 남쪽으로는 형산衡山에 갔었으며, 또 동으로는 대악岱嶽에 올랐고, 남쪽으로 오회吳會에 들어가서는 마침내 이

> 곳에 머물면서 떠나지 않았다……정덕正德 연간에 유근劉瑾이 라는 역적이 정치를 어지럽혔다. 소흥紹興태수 유린劉麟은 관직을 버리고 오흥吳興의 남쪽 성벽 근처에 자리를 골라 집을 지었다. 건업建業 지방의 용예龍霓는 안찰사 벼슬을 그만두고, 서계西溪에 은거하였다. 이 군郡 출신의 어사御史 육곤陸昆 역시 사직하였다. 장흥長興에 사는 오류吳琉라는 사람은 몽산蒙山에 은거하여 경전을 연구하며 저술을 하였는데, 여러 공들이 모두 그를 추종하였다. 오류는 편지를 보내 태초 손일원을 불러, 태초가 오자 함께 단체를 만들기로 약속하고 〈초계오은苕溪五隱〉이라 명명했는데, 오류가 대표를 맡았다.[156]

〈초계오은〉은 명대 중엽에 절강성 일대에서 생겨난 은일 단체이다. 다섯 사람 중에 세 사람은 관직에서 막 물러난 반半은사이고, 두 사람은 고향을 떠나 타향에 머무르는 진짜 은사였다. 특수한 시대적 상황이 그들을 하나의 단체로 만들었지만, 사실 그들간에는 심각한 약속이나 무슨 맹약 같은 것은 없었다. 때문에 손일원의 시집을 보면, 다섯 사람이 함께 시를 짓고 화답했다는 기록은 거의 찾아볼 수가 없다.

또 다른 보기로 청대의 심광문沈光文 등이 결성한 시사詩社가 있다. 심광문은 자가 문개文開이며, 은현鄞縣 사람이었다. 그는 명나라가 망한 후에 이리저리 떠돌다가 복건福建·대만臺灣 일대에 이르자 은거하였다. 《청사고淸史稿·은일전》의 기록에 의하면, 강희康熙 연간에, 『사회적으로 명망이 높은 노인이 오자, 타향에서 거하던 고관이 점점 모여들었다. 광문光文과 완릉宛陵의 한문기韓文琦, 그리고 관중의 조행가趙行可, 무석無錫의 화곤華袞·정정계鄭廷桂, 용성榕城의 임혁단林奕丹, 산양山陽의 종성宗城, 나양螺陽의 왕제혜王際慧 등이 시 단체를 결성했는데, 이것이 이른바 〈복대신영福臺新咏〉이라는 것이다』[157]

〈복대신영〉의 작자는 차츰차츰 모여들어 무리를 이룬 은사들이었다. 청대의 엄격한 문화적 제약 때문에, 그들은 단체에서 시나 읊었지, 잃어버린 왕조를 되찾고자 하는 저항이나 투쟁은 생각조차 못했다. 때문에 시사라는 것은 다만 시를 공부하고 수련하는 모임이었지, 진정으로 은사의 풍격을 지니고 서로의 마음이 통하는 모임은 아닌 것이다.

3. 종교인 · 관리官吏와의 교제

중국의 은일사상을 말할 때, 논자들은 대부분 《후한서後漢書 · 은일전》 속의 한 단락을 이용하기를 좋아한다. 은사들이 현실 세계와 유리된 추상적인 동기를 개괄적으로 설명해 준다고 생각하기 때문이다.

> 은거를 하는 것은 은거함으로써 자신의 뜻을 바르게 지키고, 바르지 않은 것을 피함으로써 도를 완전하게 하거나, 혹은 자신을 고요하게 함으로써 성급함을 가라앉히고, 위태로움을 제거함으로써 안전함을 도모하고자 하는 것이다. 또 어떤 사람들은 속세의 때에 물들어 자신의 절개가 동요될까 봐 그렇기도 하고, 혹은 다른 사물을 헐뜯다 보면 자신의 깨끗한 본성이 과격해질까 봐 은거하기도 한다.[158]

위의 여섯 가지 동기를 종합해 보면, 은사들이 은거한 것은 현실에 희망을 잃어버리자 세속을 벗어난 그 바깥세계를 믿게 되었거나, 자신들의 마음 속에 존재하는 안정되고 깨끗한 세계를 믿었기 때문이다.

자신의 내부와 외부세계를 구분하는 은사의 사유방식은 종교와도 비슷한 점이 있다. 때문에 은사가 속세를 떠나면 항상 종교인을 친구로 사귄다. 친구들 가운데에는 무명옷에 검은 관을 쓴 도사도 있고, 손에 염주를 든 불자佛者가 있기도 하다.

노담老聃이 도교의 교주에 봉해지자, 《노자老子》라는 책은 도교의 가장 기본적인 경전이 되었다. 은사와 도사는 깊은 뜻이 담겨 있고, 사람의 마음을 간파하는 이 책을 좋아하여 언제나 화제로 삼았다.

남조南朝에 살던 유승선庾承先이라는 사람은 자가 자통子通이고, 영천潁川 언릉鄢陵 사람이다. 어려서부터 차분하고, 품행이 방정하였다. 청년 시기에 여러 분야의 책을 두루 보았으므로, 《노자》에 대해서도 물론 정통하였다. 나중에 관부에서 그를 공조功曹로 삼으려고 하였으나 거부하고, 왕승진王僧鎭이라 불리는 도사와 함께 형산衡山을 유람하였다. 만년에 동생이 병에 걸리게 되자 고향으로 돌아와 진정한 은일생활을 하였다. 그는 왕승진과 함께 있을 때 《노자》에 대해 더욱 새롭고도 많은 이해를 하게 되었던 것 같다. 후에 관부에서 그의 명성을 흠모하여 《노자》에 대해 강의해 주기를 부탁하였다. 그런데 예전에 양대梁代 파양鄱陽의 충렬왕忠烈王이 유승선에게 《노자》를 강의하게 한 적이 있었다. 한번은 그가 강의한다는 소문을 듣고서 사방의 불교 고승들이 찾아와, 그의 강의 내용에 대해 많은 비판을 하였다. 그러나 유승선은 당황하지 않고 여유 있게 불교도들의 문제에 대답하였는데, 그의 설명은 승려들이 일찍이 들어본 적이 없는 심오하고도 명쾌한 것이었다. 유승선의 《노자》 강의가 불교도들의 공격을 받았다는 것은, 그의 강의 내용이 도교와는 관계가 깊지만 불교와는 상반되었음을 설명해 준다.

위진남북조魏晉南北朝 시기에는 불교와 도교가 격렬하고도 지속적인 다툼을 벌였다. 유승선은 은사가 되어서 주로 도교의 교리에 대해 말하였는데, 이는 그가 도사 왕승진과 각별하여 도교의 영향을 깊이 받았음을 반영하는 것이라 하겠다.

중국 역사상 몸은 은사지만 도사가 되고 싶어한 사람은 적지 않다.

당대唐代의 왕희이王希夷는 서주徐州 등현滕縣 사람으로 가난한 집안 출신이었다. 부모가 돌아가시자 사람 대신 양羊에게 상여를 끌게 하고서, 그대신 일꾼 고용비로 부모를 안장하였다. 장례가 끝나자 그는 숭산嵩山으로 가서 은사가 되었다. 숭산에서 도사 황이黃頤를 찾아가 스승으로 모시고, 근 40년 동안 결국 단전호흡에 관한 모든 것을 배웠다. 황이가 죽자, 그는 연주兗州의 조래산徂徠山으로 옮겨가 유현박劉玄博이라는 도사와 친구가 되었다. 스승과 친구가 도사인 영향 탓인지, 왕희이는 유승선처럼 《노자》를 유난히 좋아하였다. 전해지는 말에 의하면, 그는 도교 신화에 나오는 신선의 행동을 따라 솔잎이나 꽃을 먹었으며, 도가의 양생술 덕분에 언제나 청춘을 간직하며 백 살까지 살았다고 한다.

은사와 도사의 긴밀한 관계는 다른 예를 통해서도 알 수 있다. 진인각陳寅恪은 〈위서사마예전강동민족조석증급추론魏書司馬叡傳江東民族條釋證及推論〉이라는 글에서, 도연명陶淵明 가문의 인명人名 대부분이 천사도天師道의 색채를 지녔으므로, 도연명 가족은 대대로 천사도의 신도였을 것이라고 추측하였다.

또한 〈도연명 사상과 청담淸淡의 관계〉라는 논문에서는, 도연명이 『평생 대대로 전해 온 천사도를 믿었고, 유가의 학술을 마음에 새겨두었으며 불교에는 귀의하지 않았다』라고 하였다. 《남사南史·은일전》에도 비슷한 기록이 있다. 《두경산전杜京産傳》의 후반부에는, 『경산京産의 고조高祖인 자공子恭으로부터 아들 서棲에 이르기까지 대대로 전해 온 오두미교五斗米敎를 버리지 못했다』라고 적혀 있다. 전술한 인물들이 흔한 경우는 아니지만, 은사 가문이 도교에 동화되었고, 은사와 도사가 교유

했다는 설명이 될 수 있을 것이다.

은사의 친구 중에는 불교도도 많았다. 명대의 은사인 심항沈恒·심주沈周 부자는 승려와 각별히 가까웠다. 심씨 부자의 집은 소주성 바깥의 수향상성水鄕相城에 있었는데, 이들은 소주성으로 가서 선사禪寺에 기거하며 향을 피우고 차를 마시는 즐거움에 돌아올 줄 몰랐다. 심항과 소주 서쪽 선사의 주지승인 명공明公과의 깊은 교분을 시를 지어 노래했다.

> 사귀면 사귈수록 정은 더욱 깊어지고,
> 지금 속세를 벗어난 곳에는 많은 절이 있도다.
> 맑고 깨끗함을 지닌 채 늙어가니,
> 마음은 쌍아봉雙娥峰 아래의 달과 같네.[159]

승려와의 우정은 아들인 심주에게도 계속되었고, 심주와 명공의 빈번한 왕래는 다음 시에도 나타난다.

> 스님과 이별한 지 막 한달이 되었는데,
> 다시 만났을 땐 벌써 초겨울이네.
> 눈 덮인 흰 집엔 쓸쓸한 등불이 불을 밝히고,
> 황혼 무렵 오래 된 절에선 종소리 울리네.
> 바람 부는 곁채에 뒹구는 낙엽,
> 달빛 스민 벽엔 높이 솟은 소나무 그림자 비치네.
> 찻잔 속엔 향기가 뭉실 오르고,
> 새벽이 끝나가는데 이야기는 아직도 무르익네.[160]

이 작품에는 섬세한 감각으로 묘사된 운치 있는 풍경과 구절구절 진한 우정이 배어난다. 그들은 헤어진 지 겨우 한달 만에 다시 만났는데, 그간 쌓인 이야기에 밤을 지새우는 절친한 관계였다.

왕희이가 도사를 스승으로 섬긴 것처럼, 불교도를 스승으로 모신 은사도 있다. 남조南朝의 뇌차종雷次宗이라는 은사는 남창南昌 출신으로, 젊었을 때 여산廬山에서 은거하며, 불교 역사상 정토종淨土宗의 창시자로 유명한 동진東晉의 고승 혜원慧遠을 스승으로 섬겼다.

사료의 부족 때문에 뇌차종과 혜원의 교유에 대한 세세한 부분은 그냥 넘어가야겠다. 그런데 불교도와 밀접한 관계를 유지했던 뇌차종은 안환顔歡이라는 청년을 제자로 받아들였다. 나중에 이 청년도 은사가 되었는데, 그는 유가·석가·도가 3가의 학설에 정통하여, 〈이하론夷夏論〉이라는 글을 지어 불가와 도가의 융합에 대해 썼지만, 실은 도교를 옹호했다. 안환의 〈이하론〉을 보면, 그를 비롯한 대다수 은사들이 도가에 치우쳤던 이유를 짐작할 수 있을 것이다.

> 불교는 악惡을 파괴하는 방책이고, 도교는 선善을 흥하게 하는 술책이다. 선을 흥하게 하면 자연스러움을 귀하게 여기게 되고, 악을 파괴하면 용맹함을 귀하게 여기게 된다. 불교의 행적은 크게 빛나는 것으로, 만물을 감화시키기에 알맞고, 도교의 행적은 작고 미미한 것으로, 자신을 위해 이용하기에 적당하다. 두 가지 종교의 장단점을 구별하자면, 대략 위와 같다.[161)]

이 말에 포함된 편견은 쉽게 발견된다. 그의 말처럼 〈자연스러움을 숭상하고〉, 〈자신을 위해 이용〉할 수 있는 도교의 특징은 속세를 벗어나 자연으로 돌아가고, 자신의 독립과 자유를 지키고자 했던 은사의 소망과 잘 부합되었다.

이는 은사들이 왜 불교도에 비해 도사들과 더 밀접했는지, 은사가 교제했던 불교도가 왜 대부분 심신이 비교적 자유로운 선종禪宗 계열이었는지를 설명해 줄 수 있을 것이다.

은사들은 비록 관직에 있지는 않지만 벼슬아치들과는 비교적 좋은 관계를 유지하였다. 벼슬아치와 그리 가깝지도 멀지도 않은 듯한 이런 관계는 은사에게 최대의 자유와 최소의 피해를 주었다.

송대 척동문戚同文이라는 초구楚丘 사람이 있었다. 그는 어릴 때 양각楊慤이라는 사람이 학생들을 가르친다는 말을 듣자, 날마다 학당學堂에 가서 구경을 하였다. 어느날 양각이 《예기禮記》를 주면서 그를 시험해 보니 그는 술술 읽어내렸고, 그후로는 하루에 책 한 권씩을 읽었다. 양각은 그의 재능에 놀라 그를 제자로 삼았고, 그때부터 척동문은 더욱 공부에 전념하느라 몇 년 동안 허리띠도 풀지 않았다고 한다. 스승인 양각이 그에게 벼슬을 권하자, 그는 『스승님께서 벼슬길에 나가지 않으셨으니, 저 역시 벼슬길에 나가지 않겠습니다』라고 대답하였다. 그는 이렇게 양각처럼 세상물정 모르는 은사가 되었다.

그런데 사료에 의하면 척동문은 그 시대의 명사들과 교제를 했고, 특히 송익宋翼·장방張昉·등지백滕知白과 절친했다고 한다.

상채上蔡 출신의 송익은 은사였는데, 사람이 활달하고 성실하였다. 《송사宋史》에, 『그는 집에 좁쌀이 한 말도 없어도 즐거워했고, 가난하다고 해서 사람을 푸대접하지 않았다』, 또한 『이웃의 어린이를 어른처럼 대해 주었다』라고 적혀 있다.

장방·등지백 두 사람은 모두 높은 벼슬아치였다. 장방은 성랑省郎에서 전중소감殿中少監까지 관직이 올랐고, 등지백은 형부원외랑刑部員外郎·하북전운사河北轉運使에 올랐다.

또한 양휘지楊徽之는 초구楚丘로 부임한 후, 척동문과 절친한 사이가 되어 두 사람은 항상 시와 노래를 주고받았다. 3명의 벼슬아치들이 척동문과 절친했던 이유는, 척동문이 〈다른 사람의 좋은 점은 기꺼이 들어 주고, 단점은 말하지 않았기〉 때문이었다. 즉, 척동문은 관리와 사귈 때 〈재앙은 입에서 나온다〉라는 교훈을 명심하여 항상 말을 적게 했고, 그 결과 자유로운 은사가 될 수 있었던 것이다.

척동문의 교제를 보면, 은사가 관리와 교제를 하게 되면 은사의 특성을 잃어버리고, 보통 사대부들 같은 인간관계가 된다는 것일까? 그렇지 않다. 은사는 관직에 있는 사대부보다 친구를 선택하는 데 있어서는 더 큰 자유를 누리고, 선택하는 기준은 덜 실리적이었다.

송대에 안주安州 출신의 연서連庶라는 사람은 동생 연상連庠과 고향에 살면서 송宋씨 성을 가진 두 형제와 가까이 지냈다. 나중에 네 사람 중 세 사람은 벼슬을 했고, 송씨 형제는 관직이 계속 높아만 갔다. 그러나 연서는 그들의 야망이 별 가치 없는 것이라고 생각하여, 관직을 사퇴하고 고향에서 살았다.

20년간 그렇게 살면서 〈자기와 같은 부류의 사람이 아니면 교제하지 않아〉, 송씨 형제와의 관계도 단절되었다.

실리를 추구하지 않고 은사와 관리가 친구가 된 경우도 있다. 북위北魏의 은사 휴과眭夸와 사도司徒 벼슬을 한 최호崔浩가 바로 그 예이다. 휴과는 조군趙郡 고읍高邑 사람으로, 젊어서부터 사소한 일에 얽매이지 않고 독서와 술을 좋아하였지만, 나라를 다스리는 일에는 흥미를 느끼지 못했다. 20세에 부친이 세상을 떠나자마자 휴과의 수염과 귀밑머리가 모두 허옇게 변해 버렸고, 계속 통곡하였으므로 여러 사람들이 눈물을 금할 수 없었다. 휴과는 어려서부터 최호와는 막역한 사이였다. 나중에 최호가 사도 벼슬에 오르자, 휴과를 낭중郎中에 추천했지만, 휴과는 병을 핑계로 사양하였다. 관부에서 억지로 그를 경사로 보내자 할 수 없이 갔다. 그는 경사에서 최호의 초청을 받아 며칠간 머물렀는데, 지난일을 이야기하며 술만 마셨을 뿐, 정치에 대한 이야기는 한마디도 하지 않았다. 최호는 할 수 없이 아무 말도 못하고, 황제가 관직을 내린다는 조서를 그의 품에 넣어 주었는데, 휴과는 당장 떠나겠다고 하였다. 그러나 최호는 단념하지 않았다. 그는 휴과가 노새를 타고 다닌다는 것을 알고는, 그 노새를 관부의 마구간에 가두게 하고서, 이제는 휴과를 붙잡을 수 있을 것이라고 생각하였다. 그러나 휴과는 농부에게서 수레를 빌려 타고서 집으로 돌아가 버렸다. 최호는 이 소식을 듣자,『휴과는 세속을 따르지 않고 높은 지조를 지니고 혼자 사는 선비가 아닌가! 내가 그까짓 말단관직으로 그에게 모욕을 주어서는 안 되는 일이었는데!』라며 탄식하였다.

당시 조정의 법령은 매우 엄격했으므로 제 맘대로 경사를 떠난 휴과의 행동은 큰죄에 해당되었다. 그러나 최호가 사방팔방으로 주선하여 휴과는 처벌을 받지 않게 되었다. 나중에 최호가 관직에서 뜻을 이루지 못하고 참수당하자, 휴과는 상복을 입고서 절친한 친구의 신분으로 조문객을 맞았다. 그는『최공이 이미 죽었으니, 누가 나를 이해해 줄 수 있겠는가?』라고 탄식하였다.

두 사람의 지위나 신분이 틀렸기 때문에 작은 갈등이 있기는 했지만, 결국은 좋은 친구였다. 은사와 관리간의 교제는 비실리적인 상호 묵계 위에 세워지는 것이다.

그러나 사실 이러한 교제는 매우 드물다. 그 이유는, 은일과 벼슬살이는 뚜렷이 상반되는 인생노선이기 때문에, 서로의 공감을 찾아내기가 너무 어렵기 때문일 것이다.

제 9 장

은사의 운명

1. 은사의 역사

사물은 역사의 발전에 따라 산생하고 소멸되며, 그 중간에는 상전벽해桑田碧海만큼의 커다란 변화를 겪는다. 중국의 은사 역시 변화를 거쳤다. 은사 역사의 변천을 고찰해 보면 은사와 사회, 은사와 시대, 은사와 사상간의 상호관계를 좀더 이해할 수 있고, 은사생활에 대해 거시적이며 계통적으로 파악할 수 있을 것이다.

중국에 은사가 가장 먼저 나타난 것은 언제인가? 이는 반드시 고증해야 하는 문제이다. 황보밀皇甫謐이 지은 《고사전高士傳》에는 『홍애선생洪崖先生은 상황上皇의 시대에 높은 덕을 창도한 분이고, 허유許由는 선행을 쌓고 당우唐虞의 조정에 절개를 굽히지 않았다』라는 기록이 있는데, 이를 보면 요순堯舜 시대 전에 이미 은사의 흔적이 있었다는 이야기이다. 〈홍애선생〉은 황제黃帝 때의 신선으로, 요임금 시대에 이미 나이가 3천 세였다고 한다. 물론 이는 전설일 뿐이다.

그러나 중국사람들은 옛것을 좋아하여, 설령 전설이라 할지라도 그들에게는 설득력이 있다. 비교적 믿을 만한 시기인 요순시대라 해도, 허유·소부巢父 같은 은사가 실제로 존재했을지는 의심스럽다. 과거 역사의 전기傳記를 모두 믿을 수는 없지만, 후대 사람들이 전설 속의 인물에게 부여한 사상은 살펴봐야 할 것이다.

선진제자先秦諸子의 저작에는 은사에 대한 많은 문장이 있다. 특히 주의할 만한 것은, 유가와 도가 두 사상의 종사宗師인 공자와 장자莊子가 모두 은사에 대해 많이 논했다는 점이다. 《논어》는 은사의 사상을 드러냈으며, 아울러 접여接輿·장저長沮·걸익桀溺·하조장인荷蓧丈人 같은 은사들을 구체적으로 언급하였다. 은사에 대한 공자의 태도에서, 그 시대의 은사는 사회적 지위가 아직 높지 않았으며 성숙한 사상 계통이 아직 형성되지 못했음을 알 수 있다. 당시에는 유가 역시 아직 최고의 지위를 점하지 못한 채 단지 여러 학파의 하나였다. 그러므로 은사는 유가사상을 자기의 주된 사상으로 받아들이지 않았고, 심지어 어떤 은사들은 유가를 매우 업신여기기도 하였다. 예를 들면 사람들이 공자를 비판할 때면 항상 인용하는 『사지를 부지런히 움직이지 않고, 오곡을 구별하지 못한다』라는 말은, 바로 하조장인이라는 은사가 공자를 조롱했던 말이다.

《논어》에 비해, 《장자》에는 은사에 대해 더 많은 기록이 있다. 예를 들면 허유·설결齧缺·왕예王倪·포의자蒲衣子·경상초庚桑楚 등은 우언적寓言的인 인물로 등장하거나 이치를 발표함으로써, 《장자》에서는 은사의 지위가 확실히 눈에 띄게 높아졌다. 은사는 《장자》에서 지혜롭고 덕을 갖춘 사람으로 변하였으니, 즉 은사는 이때부터 노장老莊과의 인연이 깊어졌다.

선진先秦 시기의 은사가 전설 속의 인물이라면, 한대漢代에 이르러 은사는 살아 있는 실제 인물로 변하였고, 그 숫자도 대폭 증가하였다.

양한兩漢 시기에 두 가지 사건이 있었다. 하나는 서한西漢 말년에 왕망王莽이 한나라를 찬탈한 것이고, 또 다른 하나는 동한東漢 후기에 일어난 〈당고黨錮의 화禍〉이다. 이 두 사건은 국가의 흥망과 관계 있는 중대한 정치 사건이었고, 은사에게도 영향을 주었다.

왕망이 한나라를 찬탈한 것은 직접적으로 서한의 멸망을 가져왔고, 〈당고의 화〉는 동한東漢이 쇠망하게 하였다. 이 두 가지 사건은 모두 사대부, 그리고 은사와도 깊은 관련이 있었다. 《후한서後漢書 · 당고열전黨錮列傳》의 기록에서 이런 관계를 찾아볼 수 있다.

> 왕망王莽에 이르러 제멋대로 거짓을 일삼다가 결국은 나라를 찬탈하였다. 충성스럽고 의로운 사람들은 벼슬하는 것을 부끄러이 여기었다. 마침내 속세를 떠나는 것을 영화롭게 여기어 기꺼이 쇠락하였다……환제桓帝와 영제靈帝 시기에 이르니, 임금은 무도하고 정사는 어그러졌으며 나라의 운명이 환관의 손에 달려 있어, 선비는 그들의 대열에 들어가는 것을 부끄러이 여겼다. 이에 백성은 격분하여 항거하고, 처사處士들은 기탄 없이 의견을 내놓았다. 그들은 마침내 명예를 진작시키고, 서로 비평하여 사악함을 없앴다. 또한 공경公卿을 구별하여 조사하고 집정자들을 판단하여 처리하니, 강직한 기풍이 이때부터 행해졌구나![162]

왕망의 정권에 협력하지 않은 은사로는 공승龔勝 · 설방薛方 · 곽흠郭欽 · 장후蔣詡 등이 있다.

동한시대에 일어난 당고黨錮 사건은 사대부들이 명예와 절개를 표방하며 환관의 전횡에 저항했다는 데 의의가 있다. 이들 명사 가운데 몇몇 사람은 저명한 은사였다. 예를 들어 곽임종郭林宗은 〈팔고八顧〉 중 첫번째로 꼽힌다. 또한 부융符融 · 황헌黃憲 · 서치徐穉 · 원굉袁閎 등은 같은 무리인 진번陳蕃 · 이응李膺과 가까웠으며 서로 존경하였다. 한대漢代의 은사는 국가가 망해 가는 시점에서 고귀한 절개를 드러내어 정직한 사대부와 함께 사람들의 존경을 받게 되었다.

은사의 사상이 가장 활발했던 시기는 위진남북조魏晉南北朝 때이다. 이 시기는 중국 사상사思想史에서 창조성을 드러낸 시기로서, 유가・도가・석가 3가가 서로 반박하면서도 융합했던 중요한 단계이다. 은사는 이 시기에 인생에 대해 탐구하고 자연을 숭배했으며, 개성에 관한 의식을 고양시키고 사회와 정치에 대해 심사숙고하였다.

위진남북조 시기는 도교의 영향을 많이 받았기 때문에, 도교를 신봉하고 도술을 좋아하는 은사가 많이 출현하였으며, 외래 사상인 불교의 전파로 불교사상의 영향을 받은 은사들도 등장하였다. 말하자면, 이 시기는 은사의 사상이 독립적인 체계로 형성되기 시작하였고, 은사문화도 성숙해진 것이다.

수당隋唐 두 왕조는 통치자가 능숙하게 다스렸기 때문에 은사가 그렇게 많지는 않았다. 그런데 수당시대에는 종남첩경終南捷徑을 추구하는 은사가 매우 많아, 은거를 함으로써 부귀공명을 얻고자 하는 것이 수당 시기 은사의 특징이 되었다.

송대의 은사에게는 두 가지 특징이 있다. 하나는 그들이 자각적으로 도시문명을 배척하기 시작한 것이고, 또 하나는 은사의 분포가 장강長江 이남으로 향하기 시작했다는 것이다.

첫번째 특징을 조성한 원인은 송대에 발달하기 시작한 도시생활이다. 이는 사람들이 향락을 추구하게 만들어, 사람들은 주색에 빠진 방탕하고도 번화한 도시생활을 추구했다. 그러나 은사는 도시로 가지 않고 이러한 생활에 불만을 나타내며 배척하였다.

두번째 특징은 완전히 정치・경제적인 원인 때문에 생성되었다. 삼국시대에 오吳나라가 강소성江蘇省과 절강성浙江省을 개발하고 나서, 남북조의 송宋・제齊・양梁・진陳 등의 왕조가 수백 년간 다스리고 나자, 강남 지역은 이미 중원과 맞먹는 문화경제의 발달 지역이 되었다. 남송이 항주杭州에 도읍을 정하자, 강남은 사람과 문화가 모이는 정치의 중심지가 되었다. 강남의 발달은 은사들을 끌어모았으며, 강남의 수려한 산수자연도 은사의 주거환경에 정취를 더해 주게 되었다. 이 두 가지 특징은 명청明清 때까지 유지되었다.

원대元代는 이민족이 쳐들어와 중원을 차지한 시기였다. 때문에 한족漢族 사대부는 미움을 받았고, 은일隱逸하는 것은 그들이 곤경에서 벗어나는 하나의 방편이 되었다. 원대에 발달했던 산곡散曲에서 〈은거〉는 중요한 주제가 되었다.

명왕조는 전제적이며 엄격한 통치를 행하였으므로 은사는 점차 개인의 한적한 생활을 추구하게 되었다. 상품경제의 맹아단계가 도래하자 재화財貨가 풍부해져 은사는 경제적 여유를 향유할 수 있게 되었다. 은사는 깊은 숲속에 별장을 짓고, 허송세월을 보내기 시작한 것이다.

명청 교체기가 되자 수많은 유민遺民이 등장했다. 유민은 은사라고 자처하며, 벼슬하지 않고 은거함으로써 옛 왕조에 대한 충성과 새로운 왕조의 통치에 대한 비협조를 표현하였다.

청대의 사대부들은 정치적 포부를 실현할 수 없었으며, 통치자는 그들을 노비로 취급하였다. 또한 문자옥文字獄을 행하여 사상의 자유를 속박하였으므로 독서인들은 평생 학술에 몰두하여 〈학은學隱〉하는 인물이 많이 나타났다. 장병린章炳麟은 《검론檢論·학은》에서 이렇게 지적하였다.

> 대戴씨 같은 자는……당시 중원이 암담하여 아무것도 할 수 없음을 알았다. 때문에 아무런 세력이 없는 자들은 술수에 의지했고, 선비들은 모두 간교하게 벼슬길을 탐낸 지 오래 되었고,

대부를 두려워하여 맨발로 달려가듯 아부하고 제후의 조정에서는 인의仁義를 가장하였다. 그러므로 대씨는 옛 학문을 가르침으로써 세상에 널리 행해지는 기만과의 관계를 끊어, 물러나면 치우침 없는 순수한 자신의 마음을 고루 다스리고, 나아가서도 조은朝隱이 되었다. 이와 같으면 족하리라![163]

관직에 있는 많은 사대부들도 〈학은學隱〉의 길을 걸었고, 더욱 많은 은사들은 학문으로 이름을 날리며 학문 속에 은거하는 학자가 되었다.

중국의 은사를 살펴보면, 은사들이 비록 자신은 속세와 멀리 떨어져 있다고 표방했지만, 속세의 먼지는 결국 그들의 머리 위로 떨어졌으며, 그들은 모두 사회의 영향을 떨쳐 버릴 수 없었음을 알 수 있다. 한 시대에는 그 시대의 특징이 있고, 어떤 시대의 은사는 그 시대적 특징을 지니게 된다. 즉, 은사의 역사는 중국의 역사와 분리될 수 없는 것이다.

2. 은사의 변태심리

송대의 강휴복江休復은 《강린기잡지江鄰幾雜志》라는 글에 재미있는 일화를 기록하였다.

> 임포林逋가 허동許洞에게 거만하게 굴자, 허동은 시를 지어 임포를 조롱하였는데, 항주 사람인 나는 맞는 말이라고 생각한다.
> 『절에는 시주한 밥을 훔치려는 굶주린 쥐가 있고, 숲속엔 콜록거리는 병든 원숭이 있네. 부호가 물건을 건네 주면 거위처럼 목을 길게 빼고, 친한 객이 오면 자라처럼 머리를 움츠리네』[164]

허동은 서호西湖의 고산孤山에 은거하던 임포를, 사찰에서 시주밥을 노리는 쥐와 산속에서 병들어 콜록거리는 원숭이에 비유하였다. 또한 돈 많은 사람이 재물을 주면 거위처럼 목을 길게 빼서 반기고, 나그네가 찾아오면 자라처럼 머리를 움츠리며 싫어한다고 하였다.

허동의 비유는 심한 것이지만, 강휴복은 임포의 형상을 제대로 묘사했다고 생각한 것이다.

은사를 멸시하고 풍자한 사람은 허동뿐만이 아니다. 실제로 옛부터 은사를 가식적이고 쓸모 없는 사람이라며 그 죄상을 낱낱이 폭로한 사람들이 있었다. 허동은 해학적인 어조로 말했는데, 엄숙하고 진지한 비판은 순자에게서 시작되었다. 순자는

《비12자편非十二子篇》이라는 글에서 다음과 같이 말했다.

> 오늘날의 소위 처사라는 사람들은 무능하면서도 능력 있다고 말하는 자이고, 모르면서도 안다고 하는 자들이다. 그들의 이기심은 만족할 줄 모르지만 욕심이 없는 척하는 사람들이다. 음흉하고 더러운 짓은 몰래 행하면서도 고상한 말을 강변하며 조심스러운 척하는 자이다. 속되지 않은 것을 속되다고 하며, 세속을 따르지 않고 혼자 잘난 체하는 자들이다.[165]

순자의 말을 모든 은사에게 적용한다면 물론 지나친 것이지만, 일부 은사는 이에 해당되기도 했다. 순자는 은사의 심령 깊은 곳에 존재하는 뒤틀린 인격과 변태적인 심리를 간파하였다.

은사는 맑고 고상하게 속세를 벗어날 것을 표방한다. 사람은 고귀한 인격을 추구하여 자신을 완전하게 하는 것을 목표로 삼는다. 그러나 만약 이상적인 인격의 목표를 실제와는 부적절하게, 실현할 수 없을 정도로 높게 정한다면 공허한 환상이 되어 버릴 것이다. 때문에 청아함과 고상함을 자처하는 일부 은사들에게서도 변태심리를 발견할 수 있는 것이다.

허유와 소부는 예로부터 칭송을 받아왔다. 《고사전高士傳》에는 요임금이 천하를 허유에게 양보하려고 했지만, 허유는 받지 않으려고 했다는 일화가 기록되어 있다. 그러자 요임금이 허유에게 구주九州의 책임자 직책을 맡기려 했지만, 허유는 이 말을 듣고 자기의 고결함이 손상을 입었다고 생각하여, 황하로 달려가서 그 말을 들은 귀를 씻었다. 바로 그때 소를 끌고 물을 먹이려 온 그의 친구 소부를 만났는데, 소부는 허유가 이 일로 귀를 씻는다는 말을 듣고는, 『그대가 만약 아무도 살지 않는 심산유곡에 숨었다면, 자네의 이름이 사람들에게 알려지지 않았을 것이 아닌가! 자네는 다만 은거한다는 것을 구실로 명성을 얻으려고 한 것일세. 자네가 여기에서 귀를 씻었으니, 내 소를 먹이면 소의 입이 더러워질 걸세!』라 하고는, 소를 상류로 끌고 가서 물을 먹였다.

귀를 씻은 허유의 인격은 높은 것이지만, 소부의 눈에는 아직도 부족했다. 자기의 소가 더럽혀질까 걱정한 것은, 자기의 소가 그렇게 고결하니 자신은 말할 필요도 없다는 뜻이었다. 허유나 소부를 고상하다고 말하지만, 사실 그들의 언행은 가식적인 듯한 느낌을 지울 수 없다.

은사가 변태심리를 갖게 된 것은 개인의 정신적 이상 외에 사회적 요인 때문이기도 하다. 은사는 〈능력이 있으면 벼슬을 한다〉라는, 고정된 길을 포기한 사람이므로 사회의 인정을 받으려 할 때는 자신의 수양과 인격을 자본으로 삼을 수밖에 없다. 때문에 특히 덕행과 인격을 중시한 것이다. 그런데 보통 사대부들과 같은 수준으로는 어림없었으므로 독특한 방법을 통해서만 자신의 사회적 지위를 확립할 수 있었다. 그러므로 은사는 자신의 인격을 왜곡시키는 것을 아까워하지 않았고, 사회적 지위를 공고히 하는 대가로서 실현하지 못할 인격상을 설정하기도 했다.

실제로 일반 대중과 완전히 다른 일을 하기란 매우 어려운 일이다. 정상인의 희로애락과 정상적인 생활을 버려야만 비범함을 표현할 수 있는 것이다. 어떤 은사들은 이러한 목표에 도달하기가 너무도 어렵다는 것을 알게 되면 다른 방법을 사용하기도 한다. 즉, 이상적인 인격의 추구는 완전히 버리고, 그럭저럭 살아감으로써 이 어려운 문제를 해결하는 것이다.

《고사전》에는 어부 은사가 굴원屈原에게 한 말이 적혀 있는데, 이 단락을 통해 은사가 이상적인 인격을 추구한다는 것이

참으로 어려운 일임을 알 수 있다.

> 어부는 초楚나라 사람이다. 초나라가 어지러워지자, 그는 이름을 감추고 은거하며 강가에서 낚시질을 하였다……굴원이……머리를 풀고 물가에서 읊조리며 다니자, 그 어부가 보고서 『당신은 삼려대부三閭大夫가 아니십니까? 어인 일로 여기까지 오셨습니까?』라고 물었다. 굴원은 『온 세상이 혼탁한데 나 홀로 깨끗하고, 모든 사람이 취했는데 나 홀로 깨어 있어 방랑하게 되었다네』라고 대답하였다. 그러자 어부는 이렇게 물었다. 『무릇 성인聖人은 만물에 얽매이지 않으므로 세상을 따라 변할 수 있습니다. 온 세상이 혼탁한데, 어찌 물결을 일으켜 진흙을 뒤집어쓰지 않습니까? 사람들이 모두 취했는데, 어찌 술지게미와 맑은 술을 마시지 않습니까? 당신은 어찌하여 옥을 품고서 또 옥을 손에 넣으려다 이렇게 추방당하셨습니까?』 그러자 굴원은 『창랑滄浪의 물이 맑으면 나의 갓끈을 씻을 수 있고, 흐리면 내 발을 씻을 수 있으리라』라고 노래하였다.[166]

어부는 소부와는 정반대로 그냥 세상에 복종하지, 고상함과 정직함을 유지하기 위해 비싼 대가를 치를 필요가 있냐고 말했다. 이것은 허무주의적인 태도이자, 변태심리를 드러낸 것이다.

은사는 정상적인 생활을 원치 않고, 물질은 극단적으로 초라한 것만을 추구하며, 원시생활로 돌아가려고 노력한다. 많은 은사들이 금욕하며 아내를 얻지 않고, 보통 음식은 먹지 않으며 심산유곡에 거주하고, 타인과 왕래하지 않는 등의 폐쇄적인 생활을 한다. 그런데 어떤 은사는 지나치게 남다른 행동을 하다가, 자신을 손상시키기도 했다.

동한의 은사 동경董京은 낙양에서 머리를 풀어헤치고 구걸을 하였다. 그는 누더기 조각과 솜부스러기로 만든 옷만 입으려 했는데, 어떤 사람이 비단옷 한 벌을 주었지만 받지 않았다. 사람들이 그에게 욕을 하고 때리고 짓밟아도, 그는 반격하지 않을 뿐 아니라 조금도 화난 기색을 보이지 않았다. 이렇게 미치광이처럼 행동하는 것은 아마도 심리적인 문제가 있었기 때문일 것이다.

하점何點이 결혼은 해놓고 아내와 합방하지 않았다던지, 공손봉公孫鳳이 썩은 음식만 먹었고, 왕여가王予可가 시체와 구더기 옆에서 잠을 잤다는 등의 일화는 모두 은사의 비정상적인 변태심리를 반영한 것이다. 은사의 심리가 변태적으로 되는 까닭은, 그들이 오래도록 비정상적인 생활을 하였고, 스스로 〈초인超人〉이 되도록 강압하다 보니, 이것이 오랜 시일이 지나서는 강박관념이 이상심리 상태를 초래한 것이다.

세속의 향락만을 추구하며, 물욕을 유일한 인생의 만족이라고 여기는 것은 건전하지 않은 심리이다. 그렇다고 해서 지나치게 정신적인 기능만 강조하고, 물질에 대한 욕구를 억제하다 보면, 이 역시 인간의 천성을 어기는 비정상적인 심리상태가 된다. 은사가 비록 속세를 초탈했다고 하지만, 어떤 의미에서는 인생의 여러 가지 요구를 다른 관념으로 대체했을 뿐이다. 남다른 주장을 내세우느라 인지상정에 어긋난다면, 이 또한 〈속되지 않은 것을 속되다〉라고 하는 것이다.

인간의 삶과 죽음은 무상한 것이고, 인생은 분명 즐거움보다 어려움이 많다. 그러나 인생을 대할 때, 사람은 적극적이며 향상하려는, 모든 것을 할 수 있다는 태도를 취해야 한다. 그런데 은사는 인생의 어려운 일면만 보고, 즐거움은 보지 못한다. 만약 인생이 무상하다고 해서 앉아서 죽음을 기다린다면 사회는 발전할 수 없고, 문명은 정체되어 발전하지 못한다. 특히 은사는 소극적인 인생관을 가지고 입신 처세했으므로, 세상의 흥망 고락을 자기의 소임이라고 여기었던 사대부와는 커다란 차이가 있다. 비록 봉건사회에 살았던 사대부의 운명이 비극적인 색채를 띠고 있기는 하지만, 그들은 칭송받을 만한 사회적 양심과 세상을 책임지려는 기개를 지니고 있었다.

적극적이며 박식하고, 숭고한 뜻과 덕을 갖춘 사람들이 있었기에, 고대 중국의 문명이 그렇게 발전할 수 있었던 것이다. 만약 모든 사람들이 은사처럼 인생의 고요함만을 추구하고 허무한 사상으로 세상을 대했다면, 어떻게 찬란한 중국의 문명을 이룰 수 있었겠는가?

3. 은사와 중국 지식인

은사는 2천여 년간 존재하다가, 서양 자본주의가 총과 대포로써 중국의 문호를 두드린 후에야 점차 역사의 무대 뒤로 사라졌다. 은사문화는 중국 농업문명과 봉건시대의 산물産物이어서, 분명 현대사회의 요구에는 적응할 수 없다. 사대부 계층은 이상과 아픔을 지닌 채, 자신들이 지키기 위해 그렇게 힘써 싸우고 헌신했던 중국 땅과 이별하였다. 사대부 계층이 결국 역사의 뒤로 사라져 버린 후에 그들을 대신한 것은 또 다른 지식계층을 대표하는 인물, 즉 현대의 지식인이었다.

현대의 지식인이 역사의 무대에 등장하자, 중국 전통문화를 깨끗이 청산하고 비판하라는, 어렵고도 중대하며 절박한 임무가 그들의 어깨에 떨어졌다. 은사는 다른 계층의 사람들과 함께 역사의 해부대解剖臺에 올려져, 서양 문명과 아울러 전통문화도 계승한 중국 지식인들에게 엄숙하고 진지한 분석을 당했다.

신문화운동新文化運動의 선각자인 노신魯迅은 〈은사〉라는 글을 지었다. 노신은 은사란 〈진정으로 명성을 드러내지 않고 산림에 은거하는 인물〉이 결코 아니라고 지적하였다. 만약 그들이 진정 숨고자 했다면, 사람들이 은사의 존재도 몰랐을 것이라는 말이다. 사람들에게 알려진 은사는 자신을 알리고 떠벌린 것이며, 은사의 생활이 보장되었기 때문에 한가한 생활을 할 수 있었던 것이다. 노신은 또한 이렇게 말했다.

관직에 오르는 것은 밥을 먹는 길이고, 은거하는 것도 밥을 먹는 길이다. 만약 밥을 먹을 수 없는 일이라면, 은일할 수 없었을 것이다……한漢과 당唐 이래로, 실제로는 관직에 들어가는 것이 천한 것이 아니었으며, 그렇다고 은거하는 것이 고상한 것도 아니며, 가난하지도 않았다. 기필코 은거하려고 했지만 은거해서 명성조차 얻지 못하면, 그것이야말로 선비의 말로라고 보았던 것이다……태산이 무너지고 황하가 넘쳐도, 은사의 눈에는 보이지 않고, 귀에는 들리지 않는다. 그러나 만약 자기나 자신들의 무리에 대해 말한다면, 수천 리 밖에서 작은 소리로 한마디만 해도, 그들은 어찌나 귀와 눈이 밝은지 흥분해서 소매를 떨치고 일어나는데, 마치 그 일이 우주가 멸망하는 것보다 더 중대한 일인 것처럼 야단을 떤다.

노신의 견해는 대다수 현대 지식인들의 의견을 대표한다. 사회와 격리된 은사의 행위는 현대사회가 지식인에게 요구하는 적극적인 사회 참여, 현실에 대한 열렬한 관심 등과는 상당한 차이가 있다. 또한 봉건사회에서 은사의 지위는 노동자에 비해 분명 높았으므로, 현대의 지식인들이 은사에 대해 부정적인 견해를 가진 것은 이해할 수 있을 것이다.

또 다른 학자들은, 역사연구의 각도에서 은사에 대한 의견을 내놓았다. 장금章嶔은 《중화통사中華通史·석민편釋民篇》에서 다음과 같이 지적하였다.

한대漢代의 군주에게 훌륭한 선비가 없는 것도 아니었으나, 덕행을 드러내지 않아, 선비는 귀하고 왕은 귀하지 않다는 이론이 싹틀 수 없었다. 선비의 귀천과 흥망은 통치자의 대우가 어떠한지에 달렸으므로 선비 스스로 그 세력을 넓힐 수가 없었다. 저 상도常道를 벗어난 자는, 혹 이 때문에 다른 길을 택하여 자처함으로써 세상에 쓰이지 않을 것을 맹세하였고, 통치자나 권세가는 상도에서 벗어난 것을 높게 평가하여 아낌없이 그 명성을 존중해 주었다. 동한東漢의 일민逸民이나 양진兩晉의 은일, 남북조의 일사逸士·처사 등은 진실로 모두 한 세대의 유학자들과 명성을 나란히 하였다. 그들은 이름을 숨겼으나 숨겨지지 않았고, 행위를 감추려고 했으나 감춰지지 않았다. 이 때문에 역사상 한가하게 노니는 사람들의 지위가 대단히 높아졌다. 중세 이후로는 계속 이어져, 그 명예를 사칭하는 자가 날로 많아졌다.[167)]

장성욱은 가장 먼저 은사를 계통적으로 논한 저서인 《중국은사와 중국문화》에서, 은사에 대해 엄격한 비평을 하였다.

국가가 태평할 때나 위급할 때나, 은사나 그들의 인생관은 전혀 쓸모가 없는 것이라고 생각된다. 모든 국민이 독선기신獨善其身하는 허유와 소부라면 국가가 어찌 위급하지 않겠는가! 기회를 노려 이익만 꾀하고 음흉하고 간사한 행동을 하는 사람과 은사의 사상이나 행위는 각기 다르게 표현되지만, 국가에 해롭고 무익하다는 점에서는 전혀 다르지 않다. 사회로 뛰어드는 사상을 가진 성현호걸이라면 향을 피우고 절을 할 가치가 있다. 사람들에게 모든 물질을 경시하라고 요구할 필요가 있겠는가? 은사가 물질적인 욕망에서 벗어날 수 있다는 것이 뭐 그리 가치 있는 것인가? 무조건 물질을 천시하는 것은 잘못된 것이다. 인간의 물질적인 욕망은 생리조건 때문에 생기는 것이니, 인류가 개체를 보존하려면 의·식·주 등의 욕구가 만족되어야 한다. 또한 인류가 종족을 보존하려면 성욕과 생식욕을 만족시켜야 한다. 때문에 물질적 욕망은 비난할 것이 못 된다. 사치와 음탕함이 부도덕한 것은 의·식·주의 욕구와 성욕·생식욕의 지나친 만족 때문이다. 은사가 물질적인 욕망을 벗어 버리는 것은, 우리들이 보기에는 이른바 〈천성을 거역하는 것〉으로서, 이는 고상하지도 않고 오히려 부도덕하다……이상적인 인생은 낙천적이며 발전적이고, 자애롭고 겸허 온화하며, 참고 견디고, 강인하며 근면하고, 민첩하고 세심해야 한다. 그러나 은사는 이와는 완전히 상반된다. 비관적이고 보수적이며, 냉혹하고 오만불손하고, 경솔하고 쇠약하며, 나태하고 침체되고, 소홀하다. 은사는 이상적인 인간상이 아니므로 우리가 현실을 피하여 은사가 될 만한 이유가 없으며, 남이 이렇게 되는 것을 찬성할 이유는 더더욱 없다. 우리는 이렇게 소리쳐야 한다. 『용감하게 생활하여 은사가 되지 마시오!』

은사에 대한 현대 학자의 비판은 물론 일리가 있다. 은사의 생활이나 사상, 심리상태와 성격은 많은 문제를 지니고 있으며, 은사를 현대의 시각으로 보면 더욱 취할 바가 없는 인물이다. 그러나 중국 지식인이 은사를 이렇게 혹평하는 것은, 현대라는 시대적 상황과 관련이 있고, 아울러 현대 지식인이 동시에 받아들인 현대문화와 전통문화가 충돌했기 때문이다. 근현대사를 고찰해 보면, 중국은 근 백년간 줄곧 외세의 침략을 받아 위기에 처했다. 때문에 부국강병하여 세계 속에서 자립한다는 것은 몇 대에 걸친 중국 지식인들의 공통된 이상이었다. 국가의 빈약함을 목도한 지식인은 자연히 진취적인 정신을 갈망하게 된 것이다. 이러한 정신과 비교할 때, 은사의 사상과 생활은 분명 위축되고 보수적인 것이므로, 당연히 현대 중국의 지식인에게 받아들여질 수 없다.

동양과 서양의 문화가 충돌하는 상황 아래, 근대의 지식인은 대부분 두 종류 문화의 교육을 받았다. 서양의 현대문명, 특히 현대과학과 사상은 중국의 지식인에게 오로지 강대한 국력, 선진의 과학 수준, 적극적인 인생태도만이 근대 중국을 빈곤 낙후한 상태에서 벗어나게 할 수 있음을 깨닫게 해주었다. 반면에 전통문화는 사대부 계층이 몇천 년 동안 받은 억압과 제약에 대해 깊은 인상을 받게 하였다. 두 종류 문화의 대비對比가 빚어낸 강한 대조는 그들에게 강한 자극을 주었다. 그들은 사대부들이 겪어야 했던 비극이 재연되는 것을 용납할 수 없었으므로, 자신을 바쳐 직접 싸워 응분의 지위를 얻으려고 한 것이다. 중국의 지식인은 예속된 지위에서 떨쳐나와 행동하는 사람이 되었다.

그러나 은사문화가 많은 단점을 지니고 있고, 시대적 요구에 부응할 수 없다고 해도, 결코 중국인의 뇌리에서 아무런 자취도 없이 사라지지는 않을 것임을 알아야 한다. 특히 문화전달을 담당한 지식인은 자신의 몸에 전통문화의 각인을 깊이 새겨야 할 것이다.

유명한 과학자인 정문강丁文江은 1935년 12월에 형산衡山을 유람하며 시 한 수를 지었다.

> 울긋불긋 나무와 풀에는 가을색 서려 있고,
> 유리알처럼 푸른 물엔 저녁 비 갠 하늘 비치네.
> 마고麻姑와 두런두런 말하며 다리 아래 흐르는 물,
> 산을 나서니 산에 있을 때보다 더 맑구나.[168]

정문강은 평생 과학에 종사한 지식인으로 중앙연구원 총간사를 역임하였다. 또한 그는 지대한 열정으로 정치에 참여하였으니, 진정한 현대 지식인이라고 말할 수 있을 것이다. 그가 〈산을 나서니 산에 있을 때보다 더 맑다〉라고 한 것은 자신에 대한 격려이거나, 현대 지식인에 대한 희망이다. 정문강이 〈산에 있는 사람〉을 생각한 것은 비록 그들이 세상에 도움은 안 되지만, 그 역시 〈맑은〉 일면을 지니고 있기 때문이다. 현대 지식인은 공훈을 세우는 일에 있어서 〈산에 있는 사람〉들이 할 수 없는 일을 해내야 하고, 동시에 맑고 고결한 품격을 유지해야 한다. 이로써 은사문화는 잠재적으로 정문강에게 영향을 끼쳤음을 알 수 있다.

정문강이 자신의 뜻을 우회적으로 표현했다면, 양강楊絳의 말은 단도직입적이다. 그녀는 〈은신의隱身衣〉에 이렇게 적었다.

> 나는 〈바다와 같은 많은 사람들 속에 이 한몸을 숨긴다〉라는 소동파의 시구를 애독하고, 장자의 〈육침陸沈〉이란 말을 경모하였다. 사회는 〈뱀 잡는 함정〉에 비유할 수 있지만, 〈뱀 잡는 함정〉 위의 하늘에는 날아가는 새가 있다. 〈뱀 잡는 함정〉 옆의 연못에도 노니는 물고기가 있다. 고금 이래, 어떤 사람들은 〈뱀 잡는 함정〉을 피해 〈몸을 숨기거나〉 혹은 〈은거〉하였다. 군중 속으로 사라지는 것은, 마치 물방울이 바닷물 속으로 섞여 들어가는 것 같고, 자잘한 야생화가 수풀 속에 숨는 것처럼, 〈나를 잊지 마라〉거나 〈누가 잘났는지 자웅을 겨뤄 보자〉는 것없이 그냥 편안하고 한가로우니, 바라는 것을 얻지 않겠는가!

양강楊絳과 전종서錢鍾書는 부부가 되어 〈은신의 옷〉을 입고 현대사회에서 몸을 숨겼지만 우리는 그들이 현대의 은사라고 말할 수는 없다. 그들은 현대 지식인 중에서도 탁월한 존재이므로, 고대의 은사와 더불어 이야기할 수 없기 때문이다. 그러나 그들이 은사문화의 영향을 받지 않았다고 말할 수도 없다. 그 어떤 시대, 어떤 사람이라도 과거의 영향에서 벗어날 수는 없기 때문이다. 하물며 양강·전종서처럼 중국의 전통문화에 대한 조예가 깊은 사람들임에랴!

은사에 대해 쓰고 싶은 말은 아직 너무 많지만, 이제 이 책을 끝내야 한다. 마지막으로 모든 사람들에게 이 말을 하고 싶다.

『은사가 되지는 마십시오. 그러나 은사를 잊지는 마십시오!!』

【주】

1) 翁文端公(心存)年二十四時, 猶一貧諸生也, 其祀竈詩有: 『微祿但能邀主簿, 濁醪何惜請比鄰』 士當困厄無聊, 易作短氣語. 當公爲此詩, 豈自料兩朝宰相, 再世帝師, 三子公卿, 四世翰苑, 功名福澤, 爲本朝希有人物哉.
2) 錫·金兩縣, 於承平時, 童生應學院試者, 一千數百人, 而學額僅三十人. 世俗之視秀才也頗重, 而得之者亦頗難. 往往有文學均優, 寫作俱佳, 而俛得俛失, 年至斑白, 猶溷迹于童子軍者. (薛福成《庸庵筆記》卷六)
3) 吳筠字貞節, 華州華陰人. 通經誼, 美文辭, 擧進士, 不中, 性高鯁, 不耐沈浮於時, 去居南陽倚帝山…….
4) 道無以興乎世, 世無以興乎道, 雖聖人不在山林之中, 其德隱矣. 隱故不自隱. 古之所謂隱士者, 非伏其身而弗見也, 非閉其言而不出也, 非藏其知而不發也, 時命大謬也.
5) 古之所謂處士者, 德盛者也, 能靜者也, 知命者也, 箸是者也.
6) 肥者, 充大寬裕之意; 遯者, 雖飄然遠逝, 無所繫滯之爲善.
7) 孔子稱: 擧逸民天下之民歸心焉. 洪崖先生創高道於上皇之代, 許由善卷不降節於唐虞之朝……然則高讓之士, 王政之所先, 歷濁激貪之務也.
8) 吾日出而作, 日入而息, 鑿井而飮, 耕田而食, 帝何德於我哉!
9) 種豆南山下, 草盛豆苗稀. 晨興理荒穢, 帶月荷鋤歸. (〈歸園田居〉)
10) 貧居依稼穡, 勠力東林隈. 不言春作苦, 常恐負所懷. (〈丙辰歲八月中於下潠田舍穫〉)
11) 代耕本非望, 所業在田桑. 躬親未曾替, 寒餒常糟糠. (〈雜詩〉)
12) 懷良辰以孤徑, 或植杖而耘耔. (〈歸去來兮辭〉)
13) 人生歸有道, 衣食固其端. 孰是都不營, 而以求自安? 開春理常業, 歲功聊可觀. 晨出肆微勤, 日入負耒還……但願長如此, 躬耕非所

嘆.(〈庚戌歲九月中於西田穫早稻〉)

14) 北郭依喬木, 青山屬隱君. 心知白雲妙, 書愛衆香熏. 草閣編遺集, 漉湖采舊聞. 猶夸健如犢, 課子事耕耘.(〈寄吳丈允嘉〉)

15) 子獨不知至德之世乎! 昔者容成氏……神農氏, 當是時也, 民結繩而用之, 甘其食, 美其服, 樂其俗, 安其居, 鄰國相望, 鷄犬之音相聞, 民至老死而不相往來. 若此之時, 則治至已.

16) 嬴氏亂天紀, 賢者避其世……相命肆農耕, 日入從所憩. 桑竹垂餘蔭, 菽稷隨時藝. 春蠶收長絲, 秋熟靡王稅. 荒路曖交通, 鷄犬互鳴吠……怡然有餘樂, 于何勞智慧. 奇踪隱五百, 一朝敞神界……願言躡輕風, 高擧尋吾契.

17) 士不可不弘毅, 任重而道遠. 仁以爲己任, 不亦重乎? 死而後已, 不亦遠乎?

18) 子曰: 『篤信好學, 守死善道. 危邦不入, 亂邦不居. 天下有道則見, 無道則隱.』(《論語・泰伯》)

19) 子曰: 『……君子哉蘧伯玉! 邦有道, 則仕; 邦無道, 則可卷而懷之.』(《論語・衛靈公》)

20) 子曰: 『賢者辟世, 其次辟地, 其次辟色, 其次辟言.』(《論語・憲問》)

21) 康……與陳留阮籍・河內山濤・河南向秀・籍兄子咸・琅琊王戎・沛人劉伶相互友善, 游於竹林, 號爲七賢.

22) 阮籍, 字嗣宗, 陳留尉氏人也……容貌瑰杰, 志氣宏放, 傲然獨得, 任性不羈, 而喜怒不形于色. 或閉戶視書, 累月不出; 或登臨山水, 經日忘歸. 博覽群籍, 尤好莊老. 嗜酒能嘯, 善彈琴, 當其得意, 忽忘形骸.

23) 居廟堂之高則憂其民, 處江湖之遠則憂其君, 是進亦憂, 退亦憂.

24) 《易》曰: 亢之爲言也, 知進而不知退, 知存而不知亡. 知進退存亡而不失其正者, 其唯聖人乎? 《傳》曰: 知足不辱, 知止不殆. 然則不知夫進退, 不達乎止足, 殆辱之累, 朞月而至矣.

25) 廣……爲太子少傅, 徙爲太傅. 兄子受亦以賢良擧, 拜爲少傅. 父子幷爲師傅, 朝廷以爲榮. 在位五歲, 廣謂受曰: 『知足不辱, 知止不殆. 功遂身退, 天之道也.』 卽上疏乞骸骨, 皆許之.

26) 靈運爲永嘉太守, 郡有名山水, 素所愛好, 遂肆意游遨, 輒爲詩詠,以致其意. 在郡一周, 稱疾去職……遂移籍會稽, 修營別業, 傍山帶江, 盡幽居之美. 與隱士王弘之·孔淳之等, 縱放爲娛, 有終焉之志.

27) 楚威王聞莊周賢, 便使厚幣迎之, 許以爲相. 莊周笑謂楚使曰:『千金, 重利也; 卿相, 尊位也. 子獨不見郊祭之犧牛乎? 養食之數歲, 衣以文繡, 以入太廟. 當是之時, 雖欲爲孤豚, 豈可得乎? 子亟去, 無汚我. 我寧游戱汚瀆之中自快, 無爲有國者所羈, 終身不仕, 以快吾志焉.』(《史記·老莊申韓列傳》)

28) 死生, 命也, 其有夜旦之常, 天也.

29) 夫大塊載我以形, 勞我以生, 佚我以老, 息我以死. 故善吾生者, 乃所以善吾死也.

30) 天地長不沒, 山川無改時. 草木得常理, 霜露榮悴之. 謂人最靈智, 獨復不如玆. (〈形贈影〉)

31) 三皇大聖人, 今復在何處? 彭祖愛永年, 欲留不得住. 老少同一死, 賢愚無復數.

32) 甚念傷吾生, 正宜委運去. 縱浪大化中, 不喜亦不懼, 應盡便須盡, 無復獨多慮.

33) (嵇康) 長而好老·莊之業, 恬靜無欲. 性好服食, 常採御上藥……以爲神仙者, 稟之自然, 非積學所致. 至于導養得理, 以盡性命, 若安期·彭祖之倫, 可以善求而得也; 著《養生篇》. 知自厚者所以喪其所生, 其求益者必失其性, 超然獨達, 遂放世事, 縱意于塵埃之表.

34) 衰榮無定在, 彼此更共之. 邵生瓜田中, 寧似東陵時. 寒暑有代謝, 人道每如玆. 達人解其會, 逝將不復疑. 忽與一觴酒, 日夕歡相持.

35) 道喪向千載, 人人惜其情. 有酒不肯飮, 但顧世間名. 所以貴我身, 豈不在一生. 一生復能幾, 倏如流電驚. 鼎鼎百年內, 持此欲何成!

36) 逝矣經天日, 悲哉帶地川. 寸陰無停晷, 尺波豈徒旋. 年往迅勁矢, 時來亮急弦. 遠期鮮克及, 盈數固希全. 容華夙夜零, 體澤坐自捐. 玆物苟難停, 吾壽安得延! 俛仰逝將過, 倏忽幾何間. 慷慨亦焉訴, 天道良自然. 但恨功名薄, 竹帛無所宣. 迨及歲未暮, 長歌承我閑.

37) 莫莫高山, 深谷逶迤, 奕奕紫芝, 可以療疾. 唐虞世遠, 吾將何歸. 駟馬高蓋, 其憂甚大. 富貴之畏人, 不如貧賤之肆志.

38) 或謂諡曰:『富貴, 人之欲; 貧賤, 人之所惡. 何故委形待于貧而不變乎? 且道之所貴者, 理世也; 人之所美者, 及時也. 先生年邁齒變, 飢寒不膽, 轉死溝壑, 其誰知乎?』 謐曰: 『人之所聖惜者, 命也; 道之所必全者, 形也; 性形所不可犯者, 疾病也. 若擾全道以損性命, 安得去貧賤存所欲哉. 吾聞: 〈食人之祿者, 懷人之憂.〉 形强猶不堪, 況吾之弱疾乎. 且貧者士之常; 賤者道之實. 處常得實, 沒齒不憂, 孰與富貴擾神耗精者乎.』

39) 志意修則驕富貴, 道義重則輕王公. (《荀子·修身篇》)

40) 井丹高潔, 不慕榮貴. 抗節五王, 不交非類. 顯譏輦車, 左右失氣. 披褐長揖, 義陵群萃.

41) 楊·墨·釋·老, 聖道之賊; 管·商·申·韓, 治道之賊; 稗官野乘, 正史之賊; 支詞艶說, 文章之賊.

42) 又每非湯武而薄周孔……老子·莊周, 吾之師也.

43) 窮則獨善其身, 達則兼善天下.

44) 故士窮不失義, 達不離道. 窮不失義, 故士得已焉; 達不離道, 故民不失望焉. 古之人, 得志, 澤加於民; 不得志, 修身見於世. 窮則獨善其身, 達則兼善天下.

45) 古之君子, 負經世之術, 度時不可爲, 故高蹈以全其志, 使得其時, 未嘗不欲仕; 仕而行所學, 及物之功豈少哉.

46) 中平五年, (荀)爽·(鄭)元及潁川韓融·陳紀等十四人, 幷博士徵不至. 明年, 董卓廢位, 蟠及爽·融·紀等復俱公車徵, 唯蟠不到. 衆人咸勸之, 蟠笑而不應. 居無幾, 爽等爲卓所脅迫, 西都長安, 京師擾亂. 及大駕西遷, 公卿多遇兵飢, 室家流散, 融等僅以身脫. 唯蟠處亂末, 終全高志. 年七十四, 終于家.

47) 蓋先生之心出乎日月之上; 光武之量包乎天地之外. 微先生不能成光武之大; 微光武豈能遂先生之高哉.

48) 亮躬畊隴畝, 好爲〈梁父吟〉. 身長八尺, 每自比于管仲·樂毅, 時人莫之許也.

49) 臣本布衣, 躬耕于南陽, 苟全性命於亂世, 不求聞達於諸侯.

50) 先王見敎之可以化民也, 是故先之以博愛, 而民莫遺其親; 陳之于德義, 而民興行, 先之以敬讓, 而民不爭; 導之以禮樂, 而民和睦; 示之以好惡, 而民知禁. (《孝經·三才》)

51) 公卿大夫所使總方略, 壹統類, 廣教化, 美風俗也.

52) (隱士)與夫沒身亂世, 爭利千時者, 豈同年而語哉. 孟子曰:『今人之于爵祿, 得之若其生, 失之若其死』《淮南子》曰:『人皆鑒于止水, 不鑒于流潦』夫可以揚淸激濁, 抑貪止競, 其唯隱者乎! 自古帝王, 莫不崇尙其道. 雖唐堯不屈巢許, 周武不降夷齊. 以漢高肆慢, 而長揖黃綺; 光武按法, 而折意嚴周.

53) 九歲喪父, 哀毁過禮. 服除, 不進酒肉十餘年. 每忌日, 輒三日不食.

54) 家至貧儉, 躬耕供養. 親沒, 負土成墳, 廬于墓側. (《晉書 · 范宣傳》)

55) 戴顒, 字仲若……顒年十六, 遭父憂, 幾于毁滅, 因此長抱羸患, 以父不仕, 復修其業. 父善琴書, 顒幷傳之. (《宋書 · 隱逸傳》)

56) 劉訏, 字彦度……訏幼稱純孝, 數歲父母繼卒, 訏居喪, 哭泣孺慕, 幾至滅性. 赴弔者莫不傷焉. 後爲伯父所養, 事伯母及昆姉, 孝友篤至, 爲宗族所稱……. (《梁書 · 處士傳》)

57) 李士謙, 字子約……髫齔喪父, 事母以孝聞. 母曾嘔吐, 疑爲中毒, 因跪而嘗之. (《隋書 · 隱逸傳》)

58) 戚同文, 字同文……幼孤, 祖母携育于外氏, 奉養以孝聞. 祖母卒, 晝夜哀號, 不食數日, 鄕里爲之感動. (《宋史 · 隱逸傳》)

59) 朱雪, 字元白……素性至孝, 執母喪甚哀. 嘗侍父往東莊, 父指石失足, 後過其處, 必長號, 人因名曰孝思岩. (《天台縣志》)

60) 高鳳, 字文通……鄰里有爭財者, 持兵而鬪, 鳳往解之, 不已, 乃脫巾叩頭, 固請曰:『仁義遜讓, 奈何棄之!』于是爭者懷感, 投兵謝罪. (《後漢書 · 逸民傳》)

61) 同郡緱氏女玉爲父報仇, 殺夫氏之黨, 吏執玉以告外黃令梁配, 配欲論殺玉. 蟠時年十五, 爲諸生, 進諫曰:『玉之節義, 足以感無恥之孫, 激忍辱之子. 不遭明時, 尙當表旌廬墓, 況在淸聽, 而不加哀矜!』配善其言, 乃爲讞 得減死論. 鄕人稱美之. (《後漢書 · 申屠蟠傳》)

62) 苗……性抗烈, 輕財貴義……其兄弟皆早亡, 撫養遺孤, 慈愛聞于州里. 田宅奴婢, 盡推與之鄕. 鄰有死者, 便輟耕助營棺槨. 門生亡于家, 卽斂于講堂. 其行已純至, 類皆如此. 遠近咸歸其義, 師其行焉. (《晉書 · 徐苗傳》)

63) 士謙……家富于財, 躬處節儉, 每以振施爲務. 州里有喪事不辦者,士謙輒奔走赴之, 隨乏供濟……其後出粟數千石以貸鄉人, 値年谷不登, 債家無以償, 皆來致謝. 士謙曰: 『吾家餘粟, 本圖賑贍, 豈求利哉』 于是悉召債家, 爲設酒食, 對之燔契, 曰: 『債了矣, 幸勿爲念也』 各令罷去. 明年大熟, 債家爭來償, 謙謙拒之, 一無所受. 他年又大飢, 多有死者, 士謙罄竭家資爲之糜粥, 賴以全活者將萬計. 收埋骸骨, 所見無遺. 至春又出粮種分給貧乏. 趙郡農民德之撫其子孫曰: 此乃李參軍遺惠也.

64) 天下英雄入吾彀中矣! (《唐摭言 · 述進士》)

65) 驎之少尙質素, 虛退寡欲, 不修儀操, 人莫之知. 好游山澤, 志存遯逸.

66) 我豈能爲五斗米折腰向鄕理小兒. (《宋書 · 隱逸傳》)

67) 少無適俗韻, 性本愛丘山. 誤落塵網中, 一去三十年. 羈鳥戀舊林, 池魚思故淵……久在樊籠裏, 復得返自然.

68) 陳摶, 字圖南……後唐長興中, 擧進士不第, 遂不求祿仕, 以山水爲樂……周世宗好黃白術, 有以摶名聞者. 顯德三年, 命華州送至闕下, 留止禁中月餘, 從容問其術, 摶對曰: 『陛下爲四海之主, 當以致治爲念, 奈何留意黃白之事乎!』 世宗不之責, 命爲諫議大夫, 固辭不受. 旣知其無他術, 放還所止, 詔本州長吏歲時存問. 五年, 成州刺史朱憲陛辭赴任, 世宗令齎帛五十匹, 茶三十斤賜摶. 太平興國中來朝, 太宗待之甚厚. 九年, 復來朝, 上益加禮重……下詔賜號希夷先生, 仍賜紫衣一襲, 留摶闕下. 下令有司增葺所止雲臺觀. 上屢與之屬和詩賦, 數月, 放還山.

69) 姜歧字子平……少無父, 獨與母 · 兄居……延嘉中, 沛國橋元爲漢陽太守. 召歧, 欲以爲功曹, 歧稱病不就. 元怒, 勑督郵尹益收歧, 若不起者, 欲嫁其母而後殺歧.

70) 卽有身在江湖之上, 心游魏闕之下, 托薜夢以射利, 假巖壑以釣名, 退無肥遯之貞, 進泛濟時之具, 山移見誚, 海鳥興譏, 無足多也.

71) 盧藏用, 始隱于終南山中. 中宗朝, 累居要職. 有道士司馬承禎者, 睿宗遣至京, 將還, 藏用指終南山謂之曰: 『此中大有佳處, 何必在遠』 承禎答曰: 『以僕所見, 乃仕宦捷徑耳』 藏用有慙色. 藏用博學工文章, 善草隸, 投壺彈琴, 莫不盡妙. 未仕時, 嘗辟谷練氣, 頗有高尙之致, 及登朝, 附權要, 縱情奢逸, 卒陷憲綱, 悲夫.

72) 淹才辯多聞, 有美名. 隋開皇中, 與其友韋福嗣謀曰: 『上好用隱民, 蘇威以隱者召, 得美官.』 乃共入太白山, 爲不仕者. 文帝惡之, 謫戍江表.

73) 笑殺汝陽常處士, 十年騎馬聽朝鷄.

74) 笑殺汝陰歐少保, 新來處士聽朝鷄.

75) 梁陶弘景隱茅山, 武帝每有徵討吉凶大事, 無不前以咨詢, 月中嘗有數信, 時人謂爲山中宰相.

76) (陶弘景)未弱冠, 齊高帝作, 相引爲諸王侍讀, 除奉朝請, 雖在朱門, 閉影不交外物, 唯以披閱爲務, 朝儀故事, 多取決焉.

77) 杜瑛字文玉……世祖南伐至相, 召見問計. 瑛從容對曰: 『漢唐以還, 人君所恃以爲國者, 法與兵食三事而已. 國無法不立, 人無食不生, 亂無兵不守. 今宋皆蔑之, 殆將亡矣. 興之在聖主, 若控襄樊之師, 委戈下流以擣其背, 大業可定矣.』 帝大悅曰: 『儒者中乃有此人乎!』 瑛復勸帝數事, 以謂: 事不如此, 後當如彼. 帝納之. (《元史・隱逸傳》)

78) 然祿賜旣優, 晩節頗飾輿服. 于長安廣置良田, 歲利甚博. 亦有强市者, 遂至爭訟. 門人族屬, 依倚恣橫. 王嗣宗守京兆, 放嘗乘醉慢罵之. 嗣宗屢遣人責放, 仍條上其事. 詔工部郎中施護推究, 會赦恩而止……往來終南, 按視田畝, 每行必給驛乘・在道或親詬驛吏……時議浸薄之. 嘗曲宴, 令群臣賦詩, 杜鎬以素不屬辭, 誦〈北山移文〉以譏之. 上嘗語近臣曰: 『放爲朕言事甚衆, 但外廷無知者.』 因出所上時議十三篇…….

79) 山林之樂, 入而忘焉者爲深. 夫人久處闤闠, 喧卑之與俱, 塵坱之與交, 必自厭其稠濁. 一旦適蒼奔・登高丘, 覽夫雲峰之逶迤・泉流之淡澍・材木之翳蔚, 無不忽然以喜, 心曠神開者. 及興盡而返, 則稠濁如故. 彼于山林之樂, 如膏粱之子, 暫甘疏茹, 適焉而已, 而豈其中之所有哉! 若夫山林高蹈者不然. 其視連崗接岫也, 猶之屛障也; 其視嵌竇絶壑也, 猶之甁盎也. 淡然泊然, 欣與厭俱冥, 然後能以山光潭影蘊之爲眞趣, 而發之爲淸音. 蓋驟然而遇之與久而忘, 其所得淺深大有間矣.

80) 山中何所有, 嶺上多白雲. 只可自怡悅, 不堪持贈君.

81) 馮亮, 字靈通, 南陽人……亮旣雅愛山水, 又兼巧思, 結架巖林, 甚得棲游之適, 頗以此聞.

82) 潛虯媚幽姿, 飛鴻響遠音. 薄霄愧雲浮, 棲川怍淵沈. 進德智所拙, 退耕力不任 ……傾耳聆波瀾, 擧目眺嶇嶔. 初景革緖風, 新陽改故陰. 池塘生春草, 園柳變鳴禽. 祁祁傷豳歌, 萋萋感楚吟. 索居易永久, 離群難處心, 持操豈獨古, 無悶徵在今!

83) 山光忽西落, 池月漸東上. 散發乘夕凉, 開軒臥閑敞. 荷風送香氣, 竹露滴淸響. 欲取鳴琴彈, 恨無知音賞. 感此懷故人, 中宵勞夢想.

84) 崇禎五年十二月, 余住西湖, 大雪三日, 湖中人鳥聲俱絶, 是日, 更定矣, 余挐一小舟, 擁毳衣爐火, 獨經湖心亭看雪. 霧凇沆碭, 天與雲 · 與山 · 與水, 上下一白, 湖上影子, 惟長堤一痕, 湖心亭一點, 與余舟一芥, 舟中人兩三粒而已…….

85) 燕雁無心, 太湖西畔隨雲去. 數峰淸苦, 商略黃昏雨. 第四橋邊, 擬共天隨住. 今何許, 凭欄懷古, 殘柳參差舞.

86) 種桑百餘樹, 種黍三十畝. 衣食旣有餘, 時時會親友. 夏來菰米飯, 秋至菊花酒. 孺人喜逢迎, 稚子解趨走. 日暮閑園裏, 團團蔭楡柳, 酩酊乘夜歸, 凉風吹戶牖. 淸淺望河漢, 低昻看北斗. 數瓮猶未開, 明朝能飮否?

87) 時又有史德義者, 崑山人, 居虎丘山. 騎牛帶瓢, 出入廛野.

88) 少無適俗韻, 性本愛丘山. 誤落塵網中, 一去三十年. 羈鳥戀舊林, 池魚思故淵. 開荒南野際, 守拙歸園田. 方宅十餘畝, 草屋八九間. 楡柳蔭後檐, 桃李羅堂前. 曖曖遠人村, 依依墟里烟. 狗吠深巷中, 鷄鳴桑樹巓. 戶庭無塵雜, 虛室有餘閑. 久在樊籠裏, 復得返自然.

89) 結廬在人境, 而無車馬喧. 問君何能爾? 心遠地自偏. 採菊東籬下, 悠然見南山. 山氣日夕佳, 飛鳥相與還. 此中有眞意, 欲辨已忘言.

90) 我方出門行, 飛鳥已倦還. 行止雖不同, 各自娛其天. 昨夜雨初足, 田疇媚娟娟. 牧子抱犢臥, 今日聊息肩.

91) 白洋洋麥秀風斜, 淡茫茫黃梅雨下, 綠尖尖秧水才添, 絮啾啾燕雛初大. 我和爾趁良辰, 拈故事, 道屈平長, 說漁父短, 把古今閑話, 高懷自賞, 風流可誇. 一會裏解衣科帽, 戱插榴花.

92) 所居曰有竹莊, 修閑居奉母之樂……所居有水竹亭館之勝, 圖書彝鼎, 充牣錯列, 戶屨塡咽, 賓客墻進, 撫玩品題, 談笑移日.

93) 戶外長江江外山, 任情來往水雲間. 漁樵問我行藏事, 心與無游睡夢間.

94) 倪瓚, 字元鎭, 無錫人也. 家雄于貲……所居有閣曰淸閟, 幽逈絶塵. 藏書數千卷, 皆手自勘定. 古鼎法書·名琴奇畵陳列左右, 四時卉木, 縈紆繚繞, 而其外高木修篁, 蔚然深秀, 故自號雲林居士.

95) 雲林有淸閟閣·雲林堂, 客非佳流不得入. 嘗有一人, 道經無錫, 聞瓚名, 欲見之, 以沈香百斤爲贄. 始云: 『適往惠山.』 翌日再至, 又云: 『出探梅花.』 其人以傾慕不得一見, 徘徊其家, 瓚密令人開雲林堂, 使賞焉. 前植碧梧, 四周奇石, 東設古玉器, 西設古鼎彝罍, 法書名畵. 其人方驚顧問, 謂其家人曰: 『聞有淸閟閣, 能一觀否?』 家人曰: 『此閣非人所易入, 且吾主已出, 不可得也.』 其人望閣再拜而去.

96) 空山不見人, 但聞人語響. 返景入深林, 復照靑苔上. (〈鹿柴〉)

97) 木末芙蓉花, 山中發紅萼. 澗戶寂無人, 紛紛開且落. (〈辛夷塢〉)

98) 隨園乃深谷中依山厓而建坡陀, 上下悉出天然. 谷有流水, 爲湖·爲橋·爲亭·爲舫. 正屋數十楹在最高處, 如碧山紅雪·琉璃世界·小眠齋·金石齋群玉頭·小倉山房, 玲瓏宛轉, 極水明木瑟之致, 一榻一几皆具逸趣. 余曾於春時下榻其中旬日, 鶯聲掠窓, 鶴影在岫, 萬花競放, 衆綠環生. 覺此老淸福, 同時文人眞不及也. 下有牡丹廳, 甚宏敞. 園門之外無垣墻, 惟修竹萬竿, 一碧如海, 過客杳不知中有如許臺榭也.

99) 四皓潛南岳, 老萊竄河濱, 顔回樂陋巷, 許由安賤貧, 伯夷餓首陽, 天下歸其仁. 何患處貧苦, 但當守明眞.

100) 無恒産而有恒心, 唯士唯能.

101) 不義而富且貴, 于我如浮雲.

102) 或曰: 『天道無親, 常與善人.』 若伯夷·叔齊, 可謂善人者非邪? 積仁絜行如此而餓死! 且七十子之徒, 仲尼獨荐顔淵爲好學. 然回也屢空, 糟糠不厭, 而卒早夭. 天之報施善人, 其何如哉……若至近世, 操行不軌, 專犯忌諱, 而終身逸樂, 富厚累世不絶. 或擇地而蹈之, 時然後出言, 行不由徑, 非公正不發憤, 而遇禍災者, 不可勝數也. 余甚惑焉, 儻所謂天道, 是邪非邪?

103) 袁安困積雪, 邈然不可干; 阮公見錢入, 卽日去其官. 芻藁有常溫,採莒足朝湌. 豈不實辛苦, 所懼非飢寒. 貧富常交戰, 道勝無戚顔. 至德冠邦閭, 淸節暎西關.

104) 性嗜酒, 家貧不能恒得, 親舊知其如此, 或置酒而招之, 造飮輒盡, 期在必醉. 旣醉而退, 曾不吝情去留.

105) 故人賞我趣, 挈壺相與至. 班荊坐松下, 數斟已復醉. 父老雜亂言, 觴酌失行次. 不覺知有我, 安知物爲貴. 悠悠迷所留, 酒中有深味!

106) 榮叟老帶索, 欣然方彈琴; 原生納決履, 淸歌暢商音. 重華去我久, 貧士世相尋. 弊襟不掩肘, 藜羹常乏斟. 豈忘襲輕裘? 苟得非所欽. 賜也徒能辯, 乃不見吾心.

107) 山不在高, 有仙則名; 水不在深, 有龍則靈. 斯是陋室, 唯吾德馨. 苔痕上階綠, 草色入簾靑, 談笑有鴻儒, 往來無白丁. 可以調素琴, 閱金經. 無絲竹之亂耳, 無案牘之勞形. 南陽諸葛廬, 西蜀子雲亭. 孔子云: 何陋之有!

108) 丹崖百丈, 靑壁萬尋, 奇木蓊郁, 蔚若鄧林. 其人如玉, 維國之琛, 室邇人遐, 實勞我心.

109) 紫閣氣沈沈, 先生住處深. 有人時得見, 無人可相尋. 夜鹿伴茅屋, 秋猿守栗林. 唯應採靈藥, 更不別營心.

110) 盡室居幽谷, 亂山爲四鄰. 霧深知有術, 窓靜似無人. 鶴語松上月, 花明雲裏春. 生涯更何許, 尊酒與垂綸.

111) 朝來風色暗高樓, 偕隱名山誓白頭. 好事只愁天妬我, 爲君先買五湖舟.

112) 梁鴻字伯鸞……後受業太學, 家貧而尙節介, 博覽無不通, 而不爲章句……勢家慕其高節, 多欲女之, 鴻幷絶不娶. 同縣孟氏有女, 狀肥丑而黑, 力擧石臼, 擇對不嫁, 至年三十. 父母問其故, 女曰: 『欲得賢如梁伯鸞者.』 鴻聞而聘之……居有頃, 妻曰: 『常聞夫子欲隱居避患, 今何爲默默? 無乃欲低頭就之乎?』 鴻曰: 『諾』 乃共入霸陵山中, 以耕織爲業, 詠《詩》《書》, 彈琴以自娛……遂至吳, 依大家皐伯通, 居廡下, 爲人賃舂. 每歸, 妻爲具食, 不敢于鴻前仰視, 擧案齊眉. 伯通察而異之, 曰: 『彼傭能使其妻敬之如此, 非凡人也.』 乃方舍之於家.

113) 及其老也, 自娶孔氏, 入門成禮, 貯之別室, 不與相見, 此何爲者耶! 任適己性, 幽閉少女, 悖倫理, 拂人情, 近於行怪者矣. 故曰: 未聞道也.

114) 林逋隱居杭州孤山, 常畜兩鶴. 縱之則飛入雲霄, 盤旋久之, 復入籠中. 逋常泛小艇, 游西湖諸寺, 有客至逋所居, 則一童子出右門, 延客坐, 爲開籠縱鶴. 良久, 逋必棹小船而歸, 蓋嘗以鶴飛爲驗也.

115)《易》曰: 鶴鳴在陰, 其子和之.《詩》曰: 鶴鳴於九皐, 聲聞於天. 蓋其爲物, 淸遠閑放, 超然於塵埃之外, 故《易》·詩人以比賢人君子. 隱德之士, 狎而玩之, 宜若有益而無損者.

116) 自唐虞三代以降, 漢·唐·宋·元, 上下數千百年, 中間聖經賢傳, 諸子百氏, 該覽貫穿, 問無不知.

117) 名者, 所以別同異, 明是非, 道義之門, 政化之準繩也. 孔子曰:『必也正名, 名不正則事不成』墨子著書, 作《辯經》以立名本, 惠施·公孫龍祖述其學, 以正刑名顯於世.

118) 顧歡字景怡, 吳郡鹽官人也……母亡……遂隱遁不仕, 於剡天台山開館聚徒, 受業者常近百人. (《南齊書·高逸傳》)

119) 宋纖字令艾, 敦煌效谷人也. 少有遠操, 沈靖不與世交, 隱居于酒泉南山. 明究經緯, 弟子受業三千餘人. (《晉書·隱逸傳》)

120) 向長字子平, 河內朝歌人也. 隱居不仕, 性尙中和, 好通《老》《易》……讀《易》至〈損〉〈益〉卦, 喟然嘆曰:『吾已知富不如貧, 貴不如賤, 但未知死何如生耳』(《後漢書·隱逸傳》)

121) 關康之字伯愉, 河東楊人……晉陵顧悅之難王弼《易》義四十餘條, 康之申王難顧, 遠有情理. (《宋書·逸民傳》)

122) 衛大經, 蒲州解人. 卓然高行, 口無二言……大經邃于《易》人謂之〈《易》聖〉. 豫筮死日, 鑿墓自爲志, 如言終. (《新唐書·隱逸傳》)

123) 王樵字肩望, 淄州淄川人, 居縣北梓桐山. 博通群書, 不治章句, 尤善考《易》. 與賈同·李冠齊名, 學者多從之. (《宋史·隱逸傳》)

124) 高仲振字正之, 遼東人……博極群書, 尤深《易》·《皇極經世》學. (《金史·隱逸傳》)

125) 張特立字文擧, 東明人……特立通程氏《易》, 晩教授諸生, 東平嚴實每加禮也. (《元史·隱逸傳》)

126) 甲戌, 張彥澤遷帝於開封府, 頃刻不得留, 宮中慟哭. 帝與太后·皇后乘肩輿, 宮人宦者十餘人步從. 見者流涕.

127) 畜素琴一張, 弦徽不具, 每朋酒之會, 則撫而叩之, 曰:『但識琴中趣,何勞弦上聲.』

128) 一般禮物幾封金, 日日舟窓幾局棋. 輸贏幾子必書之, 忽然大怒因棋負.

129) 小檻明高雪, 幽人鬪智棋. 日斜拋作劫, 月午蹙成遲. 倚杖湘僧算, 翹松野鶴窺. 側揪敲醒睡, 片石夾吟詩. 雨點奩中漬, 燈花局上吹. 秋濤寒竹寺, 此興謝公知.

130) 圍棋白日靜, 擧袂淸風吹. 神機衆未識, 妙着時出奇. 我老天宇內, 白雪凝鬢眉. 坐閱幾輸贏, 歷觀迭興衰. 古今豪傑輩, 謀略正類棋. 局終一大笑, 驚起山雲飛.

131) 劉慧斐字文宣, 彭城人也……慧斐尤明釋典, 工篆隷, 在山手寫佛經二千餘卷, 常所誦者百餘卷. (《梁書 · 處士傳》)

132) 盧鴻一, 字浩然, 本范陽人, 徙家洛陽. 少有學業, 頗善籒篆楷隷, 隱於嵩山. (《舊唐書 · 隱逸傳》)

133) 司馬承禎, 字子微, 洛州溫人……善篆 · 隷, 帝命以三體寫《老子》, 刊正文句. (《新唐書 · 隱逸傳》)

134) 楊黼, 雲南太和人也. 好學, 讀《五經》皆百遍. 工篆籒, 好釋典. (《明史 · 隱逸傳》)

135) 居山林間, 常危坐終日, 縱目四顧, 以求其趣. 雖雪月之際, 必徘徊凝覽, 以發思慮. (《圖畵見聞志》)

136) 隱居昆山之陽……暇則與黃冠老衲窮峰泖之勝, 吟嘯忘返, 足亦罕入城市.

137) 我家洗硯池邊樹, 個個花開淡墨痕. 不要人夸好顔色, 只留淸氣滿乾坤.

138) 精衛銜微木, 將以塡滄海. 刑天舞干戚, 猛志固常在. 同物旣無慮, 化去不復悔. 徒設在昔心, 良晨詎可待!

139) 孟浩然, 襄州襄陽人. 少好節義, 喜拯人患難. 隱鹿門山, 年四十, 乃游京師. 嘗於太學賦詩, 一座嘆服, 無敢抗. 張九齡 · 王維雅稱道之.

140) 吾愛孟夫子, 風流天下聞. 紅顔棄軒冕, 白首臥松雲. 醉月頻中聖, 迷花不事君. 高山安可仰! 徒此揖淸芬.

141) 八月湖水平, 涵虛混太淸. 氣蒸雲夢澤, 波撼岳陽城. 欲濟無舟楫, 端居耻聖明. 坐觀垂釣者, 徒有羨魚情.

142) 喜爲詩, 其詞澄浹峭特, 多奇句, 旣就稿, 隨輒棄之. 或謂: 『何不錄以示後世乎?』 逋曰: 『吾方晦迹林壑, 且不欲以詩名一時, 況後世乎?』 然好事者往往竊記之, 今所傳尙三百餘篇.

143) 衆芳搖落獨暄姸, 占盡風情向小園. 疏影橫斜水淸淺, 暗香浮動月黃昏. 霜禽欲下先偸眼, 粉蝶如知合斷魂. 幸有微吟可相狎, 不須檀板共金樽.

144) 寒山轉蒼翠, 秋水日潺湲. 倚杖柴門外, 臨風聽暮蟬. 渡頭餘落日, 墟里上孤煙. 復値接輿醉, 狂歌五柳前.

145) 空山新雨後, 天氣晩來秋. 明月松間照, 淸泉石上流. 竹喧歸浣女, 蓮動下漁舟. 隨意春芳歇, 王孫自可留.

146) 君思潁水綠, 忽復歸嵩岑. 歸時莫洗耳, 爲我洗其心. 洗心得眞情, 洗耳徒買名. 謝公終一起, 相與濟蒼生.

147) ……我心亦懷歸, 屢夢松上月, 傲然遂獨往, 長嘯開岩扉.

148) 素處以默, 妙機其微. 飮之太和, 獨鶴與飛. 猶之惠風, 荏苒在衣. 閱音修篁, 美曰載歸. 遇之匪深, 卽之愈希. 脫有形似, 握手已違.

149) 玉壺買春, 賞雨茆屋. 坐中佳士, 左右修竹. 白雲初晴, 幽鳥相逐. 眠琴綠蔭, 上有飛瀑. 落花無言, 人淡如菊. 書之歲華, 其曰可讀.

150) 惟性所宅, 眞取弗羈. 控物自富, 與率爲期. 築室松下, 脫帽看詩. 但知旦暮, 不辨何時. 倘然適意, 豈必有爲. 若其天放, 如是得之.

151) 詩以言志, 亦以見品, 則志立而品與俱立. 讀《三百篇》, 因其詩, 論其世, 猶穆然想見其爲人. 唐至中晩, 頌美而流于諂諛, 譏刺而失之輕薄, 不可以爲詩, 安見其有品. 司空表聖約定詩品二十四, 倘亦有感于詩敎之原, 而欲人之于詩求品者, 亦先有以養其志歟?

152) (魏野)居州之東郊, 手植竹樹, 淸泉環繞, 旁對雲山, 景趣幽絶. 鑿土袤丈, 曰樂天洞, 前爲草堂, 彈琴其中, 好事者多載酒肴從之游, 嘯詠終日……野不喜巾幘, 無貴賤, 皆紗帽白衣以見, 出則跨白驢, 過客居士往來留題命話, 累宿而去. (《宋史 · 隱逸傳》)

153) 天下有四人. 四人者年老矣. 皆以爲上慢侮人, 故逃匿山中, 義不爲漢臣.

154) 園公姓唐, 字宣明, 居園中, 因以爲號. 夏黃公姓崔名廣, 字少通, 齊人, 隱居夏里修道, 故號曰夏黃公. 甪里先生, 河內軹人, 太伯之後,姓周名術, 字元道, 京師號曰覇上先生, 一曰甪里先生.

155) (孔淳之)服闋, 與征士戴顒·王弘之及王敬弘等共爲人外之游, 又申以婚姻. 敬弘以女適淳之子尙, 遂以烏羊繫所乘車轅, 提壺爲禮. 至則盡歡共飮, 迄暮而歸. 或怪其如此, 答曰:『固亦農夫田父之禮也』

156) (孫)一元, 字太初……嘗西入華, 南入衡, 又東登岱, 又南入吳會, 遂棲遲不去……正德中, 逆瑾亂政, 紹興守劉麟去官, 卜築吳興之南垣; 建業龍霓, 以按察掛冠, 隱西溪; 郡人御史陸昆, 亦在罷; 而長興吳琉, 隱居蒙山, 窮經著書, 諸公皆主焉. 琉乃以書招太初, 太初至, 相與盟于社, 稱苕溪五隱, 而琉爲之長. (《列朝詩集小傳·丙集》)

157) 耆宿已盡, 而寓公漸集, (光文)乃與宛陵韓文琦, 關中趙行可, 無錫華袞·鄭廷桂, 榕城林奕丹, 山陽宗城, 螺陽王際慧等結詩社, 所稱〈福臺新咏〉者也.

158) 或隱居以求其志, 或曲避以全其道, 或靜己以鎭其躁, 或去危以圖其安, 或垢俗以動其槪, 或疵物以激其淸.

159) 交游愈久愈情深, 方外于今數道林. 淸白不移人自老, 雙娥峰下月如心.

160) 別師方一月, 再到已初冬. 白屋寒檠火, 黃昏古寺鐘. 風廊行落葉, 月壁暎高松. 香柱茶杯裏, 更闌話尙濃.

161) 佛是破惡之方, 道是興善之術, 興善則自然爲高, 破惡則勇猛爲貴. 佛迹光大, 宜以化物. 道迹密微, 利用爲己. 優劣之分, 大略在玆.

162) 至王莽專僞, 終于簒國, 忠義之流, 耻見纓紼, 遂乃榮華丘壑, 甘足枯槁……逮桓靈之間, 主荒政謬, 國命委于閹寺, 士子羞與爲伍, 故匹夫抗憤, 處士橫議, 遂乃激揚名聲, 互相題拂, 品覈公卿, 裁量執政, 婞直之風, 于斯行矣!

163) 若戴氏者……當是時, 知中夏黲黯不可爲, 爲之無魚子蟣虱之勢足以藉手, 士皆思媮愒祿仕久矣, 則懼夫諂媚爲疏附, 竊仁義于侯之門者. 故敎之古學, 絶其恢譎異謀, 使廢則中權, 出則朝隱. 如是足也!

164) 林逋傲許洞, 洞作詩嘲逋, 余杭人以爲中的: 寺裏掇齋餓老鼠, 林間咳嗽病獼猴. 豪氏遺物鵝伸頸, 好客臨門鱉縮頭.

165) 今之所謂處士者, 無能而云能者也; 無知而云知者也. 利心無足, 而佯無欲者也. 行僞險穢, 而强高言謹愨者也. 以不俗爲俗, 離縱而跂訾者也.

166) 漁父, 楚人也. 楚亂, 乃匿名隱釣於江濱……屈原……被發行吟於澤畔, 漁父見而問之曰:『子非三閭大夫歟? 何故至於斯?』原曰:『擧世混濁而我獨淸, 衆人皆醉而我獨醒, 是以見放.』漁父曰:『夫聖人不凝滯於萬物, 故能與世推移. 擧世混濁, 何不揚其波·汨其泥? 衆人皆醉, 何不餔其糟·啜其醨? 何故懷瑾握瑜, 自令放爲?』乃歌曰:『滄浪之水淸, 可以濯我纓, 滄浪之水濁, 可以濯我足.』

167) 漢世人主, 非無重士者, 顧行之無效, 而士貴王不貴之論無自而萌; 士之貴賤隆替, 遂視夫施治者待遇之如何, 而爲士者, 卽不能自伸其勢力. 彼矯激者, 或因是而擇一途以自處, 相約不爲世用, 而世主或僅高其矯激, 不惜奉以尊重之名. 東漢之逸民, 兩晉之隱逸, 南北朝之逸士處士, 其人固皆與一代之儒林文學齊聲, 其名隱而不隱, 其事逸而不逸, 于是歷史上遂多一閑人之位置. 中世以降, 沿而勿易, 斯冒其名譽者日衆.

168) 紅黃樹草留秋色, 碧綠琉璃照晩晴. 爲語麻姑橋下水, 出山要比在山淸.

색 인

강경범(姜炅範)
경남 하동 출생. 경상대학 중문과 졸업.
성균관대학 중문과 석사 및 박사과정 수료
현 성균관대학 강사

천현경(千賢耕)
서울 출생. 성균관대학 중중문과 졸업.
성균관대학 중문과 석사 및 박사과정 수료
현 성균관대학 강사

중국은사문화

초판발행 : 1997년 11월 30일

지은이 : 馬 華 / 陳正宏
옮긴이 : 姜炅範 / 千賢耕
펴낸이 : 辛成大
펴낸곳 : 東文選
제10-64호, 78. 12. 26 등록
서울 용산구 문배동 40-21
전화 : 719-4015

편집설계 : 朴芝薰

ISBN 89-8038-022-4 04150

【東文選 文藝新書】

1 저주받은 詩人들	앙리 뻬이르 / 최수철·김종호	개정근간
2 民俗文化와 民衆意識	沈雨晟	절판
3 인형극의 기술	A. 훼도토프 / 沈雨晟	절판
4 전위연극론	J. 로스 에반스 / 沈雨晟	절판
5 남사당패연구	沈雨晟	10,000원
6 현대영미희곡선 (전4권)	노엘 코워드 外 / 李辰洙	각 4,000원
7 행위예술	로스리 골드버그 / 沈雨晟	10,000원
8 문예미학	蔡 儀 / 姜慶鎬	절판
9 神의 起源	何 新 / 洪 熹	10,000원
10 중국예술정신	徐復觀 / 權德周	18,000원
11 中國古代書史	錢存訓 / 金允子	8,000원
12 이미지	존 버거 / 편집부	10,000원
13 연극의 역사	필리스 하트놀 / 沈雨晟	12,000원
14 詩 論	朱光潛 / 鄭相泓	9,000원
15 탄트라	A. 무케르지 / 金龜山	10,000원
16 조선민족무용기본	최승희	재판근간
17 몽고문화사	D. 마이달 / 金龜山	8,000원
18 신화 미술 제사	張光直 / 李 徹	8,000원
19 아시아 무용의 인류학	宮尾慈良 / 沈雨晟	8,000원
20 아시아 민족음악순례	藤井知昭 / 沈雨晟	5,000원
21 華夏美學	李澤厚 / 權 瑚	10,000원
22 道	張立文 / 權 瑚	18,000원
23 朝鮮의 占卜과 豫言	村山智順 / 金禧慶	15,000원
24 원시미술	L. 아담 / 金仁煥	9,000원
25 朝鮮民俗誌	秋葉隆 / 沈雨晟	12,000원
26 神話의 이미지	조셉 캠벨 / 扈承喜	근간
27 原始佛敎	中村元 / 鄭泰爀	8,000원
28 朝鮮女俗考	李能和 / 金尙憶	12,000원
29 朝鮮解語花史	李能和 / 李在崑	15,000원
30 조선창극사	鄭魯湜	7,000원
31 동양회화미학	崔炳植	9,000원
32 性과 결혼의 민족학	和田正平 / 沈雨晟	9,000원
33 農漁俗談辭典	宋在璇	12,000원
34 朝鮮의 鬼神	村山智順 / 金禧慶	12,000원
35 道敎와 中國文化	葛兆光 / 沈揆昊	15,000원
36 禪宗과 中國文化	葛兆光 / 鄭相泓·任炳權	8,000원
37 오페라의 역사	레슬리 오레이 / 류연희	12,000원
38 인도종교미술	A. 무케르지 / 崔炳植	14,000원
39 힌두교 그림언어	안넬리제 外 / 金在星	9,000원

40 중국고대사회	許進雄 / 洪 熹	17,000원
41 중국문화개론	李宗桂 / 李宰碩	15,000원
42 龍鳳文化源流	王大有 / 林東錫	17,000원
43 甲骨學通論	王宇信 / 李宰錫	근간
44 朝鮮巫俗考	李能和 / 李在崑	12,000원
45 미술과 페미니즘	노르마 부루드 外 / 扈承喜	9,000원
46 아프리카미술	프랑크 윌레뜨 / 崔炳植	10,000원
47 美의 歷程	李澤厚 / 尹壽榮	15,000원
48 曼茶羅의 神들	立川武藏 / 金龜山	10,000원
49 朝鮮歲時記	洪錫謨 外/李錫浩	재판근간
50 河　殤	蘇曉康 外 / 洪 熹	8,000원
51 武藝圖譜通志 實技解題	正 祖 / 沈雨晟 · 金光錫	15,000원
52 古文字學첫걸음	李學勤 / 河永三	9,000원
53 體育美學	胡小明 / 閔永淑	10,000원
54 아시아 美術의 再發見	崔炳植	9,000원
55 曆과 占의 科學	永田久 / 沈雨晟	8,000원
56 中國小學史	胡奇光 / 李宰碩	20,000원
57 中國甲骨學史	吳浩坤 外 / 梁東淑	근간
58 꿈의 철학	劉文英 / 河永三	15,000원
59 女神들의 인도	立川武藏 / 金龜山	13,000원
60 性의 역사	J. L. 플랑드렝 / 편집부	13,000원
61 쉬르섹슈얼리티	휘트니 챠드윅 / 편집부	10,000원
62 여성속담사전	宋在璇	18,000원
63 박재서희곡선	朴栽緖	10,000원
64 東北民族源流	孫進己 / 林東錫	13,000원
65 朝鮮巫俗의 硏究 (상 · 하)	赤松智城 · 秋葉隆 / 沈雨晟	28,000원
66 中國文學 속의 孤獨感	斯波六郎 / 尹壽榮	8,000원
67 한국사회주의 연극운동사	李康列	8,000원
68 스포츠인류학	K. 블랑챠드 外 / 박기동 外	12,000원
69 리조복식도감	리팔찬	10,000원
70 娼　婦	알렝 꼬르벵 / 李宗旼	20,000원
71 조선민요연구	高晶玉	근간
72 楚文化史	張正明	근간
73 시간 욕망 공포	알렝 꼬르벵	근간
74 本國劍	金光錫	30,000원
75 노트와 반노트	E. 이오네스코 / 박형섭	8,000원
76 朝鮮美術史研究	尹喜淳	7,000원
77 拳法要訣	金光錫	10,000원
78 艸衣選集	艸衣意恂 / 林鍾旭	14,000원
79 漢語音韻學講義	董少文 / 林東錫	10,000원

80 이오네스코 연극미학 크로드 위베르 / 박형섭 9,000원
81 中國文字訓詁學辭典 全廣鎭 편역 15,000원
82 상말속담사전 宋在璇 10,000원
83 書法論叢 沈尹默 / 郭魯鳳 8,000원
84 침실의 문화사 빠스깔 디비 / 편집부 9,000원
85 禮의 精神 柳 肅 / 洪 熹 10,000원
86 조선공예개관 日本民芸協會 편 / 沈雨晟 30,000원
87 性愛의 社會史 자크 솔레 / 李宗旼 12,000원
38 러시아미술사 A. I. 조토프 / 이건수 16,000원
89 中國書藝論文選 郭魯鳳 選譯 18,000원
90 朝鮮美術史 關野貞 근간
91 美術版 탄트라 필립 로슨 / 편집부 8,000원
92 군달리니 A. 무케르지 / 편집부 7,000원
93 카마수트라 바짜야나 / 鄭泰爀 10,000원
94 중국언어학총론 J. 노먼 / 全廣鎭 18,000원
95 運氣學說 任應秋 / 李宰碩 8,000원
96 동물속담사전 宋在璇 20,000원
97 자본주의의 아비투스 P. 부르디외 / 최종철 6,000원
98 宗教學入門 F. 막스 뮐러 / 金龜山 10,000원
99 변 화 P. 바츨라빅크 外 / 박인철 10,000원
100 우리나라 민속놀이 沈雨晟 15,000원
101 歌 訣 李宰碩 편역 20,000원
102 아니마와 아니무스 에마 융 / 박해순 8,000원
103 나, 너, 우리 L. 이리가라이 / 박정오 8,000원
104 베케트 연극론 미셸 푸크레 / 박형섭 8,000원
105 포르노그래피 A. 드워킨 / 유혜련 12,000원
106 셸 링 M. 하이데거 / 최상욱 10,000원
107 프랑수아 비용 宋 勉 18,000원
108 중국서예 80제 郭魯鳳 편역 12,000원
109 性과 미디어 W. B. 키 / 박해순 12,000원
110 中國正史朝鮮列國傳 (전2권) 金聲九 편역 120,000원
111 질병의 기원 토마스 매큐언 / 서일 · 박종연 12,000원
112 과학과 젠더 E. F. 켈러 / 민경숙 · 이현주 10,000원
113 물질문명 · 경제 · 자본주의 (전6권) F. 브로델 / 이문숙 外 절판
114 이탈리아인 태고의 지혜 G. 비코 / 李源斗 8,000원
115 中國武俠史 陳 山 / 姜鳳求 12,000원
116 공포의 권력 J. 크리스테바 / 서민원 근간
117 주색잡기속담사전 宋在璇 15,000원
118 죽음 앞에 선 인간 (상 · 하) P. 아리에스 / 劉仙子 각권 8,000원
119 철학에 관하여 L. 알튀세르 / 서관모 · 백승욱 10,000원

120 다른 곶	J. 데리다 / 김다은 · 이혜지	8,000원
121 문학비평방법론입문	다니엘 베르제 外 / 민혜숙	12,000원
122 자기의 테크놀로지	미셸 푸코 / 이희원	12,000원
123 새로운 학문	G. 비코 / 李源斗	22,000원

【기 타】

■ 甲骨文合集 (전18권)		60만원
■ 古陶文字徵	高 明 · 葛英會	20,000원
■ 古文字類編	高 明	24,000원
■ 金文編	容 庚	36,000원
■ 碑別字新編	秦 公	9,000원
■ 隸字編	洪鈞陶	40,000원
■ 古文字學論集 (第一輯)	中國古文字學會편	12,000원
■ 어린이수묵화의 첫걸음 (전6권)	趙 陽	42,000원
▨ 텍스트의 즐거움	R. 바르트 / 김희영	10,000원
▨ 현대의 신화	R. 바르트 / 이대기호학연구소	15,000원

【完譯詳註 漢典大系】

1 說 苑 · 上	林東錫 譯註	30,000원
2 說 苑 · 下	林東錫 譯註	30,000원
3 韓詩外傳	林東錫 譯註	근간
4 晏子春秋	林東錫 譯註	30,000원
5 潛夫論		이하 근간
6 世說新語 · 上		
7 世說新語 · 中		
8 世說新語 · 下		
9 戰國策 · 上		
10 戰國策 · 下		
11 唐才子傳		
12 新 序		

【통신판매】 가까운 서점에서 小社의 책을 구입하기 어려운 분은 국민은행(006-21-0567-061 : 신성대)으로 책값을 송금하신 후 전화 또는 우편으로 주소를 알려 주시면 책을 보내 드립니다. (보통등기, 송료 출판사 부담)

■ 국 민 : 006-21-0567-061 신성대

보낸곳 : 110-300 서울 종로구 관훈동 74번지
東文選 書店 고객관리부
전 화 : (02)736-7796

道教와 中國文化

葛兆光……著
沈揆昊……譯

중국에서의 도교는 단지 종교적인 의미보다는 중국문화 전반에 걸친 역사이자 중국인의 삶의 흔적이다. 본서에서는 중국문화의 토양 속에서 도교의 철리와 신의 계보, 의식과 방법 등의 형성과 정형화 되는 과정, 도교의 발전과정, 도교와 사대부, 도교와 문화, 도교와 세속문화의 관계를 상세히 논술하고 있다.

중국문화를 받치고 있는 세 가지 커다란 기둥인 유학·불교·도교를 각기 구분한다는 것은 불가능할 뿐만 아니라 아무짝에도 쓸모없는 일일 것이다.

그러나 보다 정밀하게 살펴본다면, 이 세 가지가 중국문화에 끼친 영향 가운데에는 각기 나름의 고유한 영역이 있으며 그 흔적이 남아 있음을 알 수 있다.

만약 유가의 학설이 사람들의 사회생활 속에서 자아가치를 실현하는 측면에 치중하고 있다면, 불교는 사람들의 내재적인 정신생활의 심리적 만족의 측면에 치중해 있고, 도교는 사람들의 생명의 영원함과 즐거움에 치중해 있다고 말할 수 있다. 또한 유가의 학설이 인간의 의식 심층에 잠재되어 있는 욕망의 역량을 매우 다양하게 사회이상의 방향으로 승화시키고, 전화시키는 방향으로 노력하고 있다고 말한다면, 불교의 경우는 내심으로 억압하고 소멸시키는 방향으로 나아가고, 도교의 경우는 오히려 이러한 것에 영합하는 쪽으로 나아가 허황된 것일망정 만족과 배설의 기쁨을 만끽하도록 만든다고 말할 수 있을 것이다.

〈중국의 뿌리는 도교이다〉라고 일찍이 노신이 말한 것처럼 이 도교를 모르고서 중국문화, 더 나아가 동양문화를 이해한다는 것은 불가능하리라. 중국에서의 도교는 단지 종교적인 의미보다는 중국문화 전반에 걸친 역사이자 중국인의 삶의 흔적이다.

북경의 청화대학清華大學의 젊은 학자인 저자는 이 책의 상편에서 중국문화의 토양 속에서 도교의 철리와 신의 계보, 의례와 방술 등의 형성과 정형화되는 과정을, 중편에서는 도교의 발전과정을, 하편에서는 도교와 사대부, 도교와 문학, 도교와 세속문화와의 관계에 대해 논술하고 있다.

그는 특히 이 책에서 이제까지 중국 대륙에서 유행해 온 교조주의적이거나 판에 박은 듯한 틀을 벗어나 사상사나 철학사에 예속된 종교연구이거나, 다만 종교 자체에 대한 논술에 그치지 않고 도교를 완전한 의미의 종교로 환원시키고자 하였으며, 또한 중국문화의 관점에서 이를 연구 검토하고 있다. 한 걸음 더 나아가 도교 역시 인간이 만든 문화일 뿐이라는 사실을 새삼 주지시켜 주고 있다. 이 점은 자칫 빠지기 쉬운 함정, 도교는 귀신에 관한 허황된 이야기일 뿐 우리의 삶과는 하등의 관계가 없다는 오해를 불식시켜 준다.

기독교를 앞세운 서양문화가 이 땅에 밀려오면서 현대화·과학화·사대주의 탈피·미신타파라는 구호 아래 뿌리째 뽑혀 사라져간 우리의 소중한 것들, 민속·무속, 등등. 이것들과 함께 불태워진 우리의 도교문화를 되돌아보고 연구하는 데 일조를 할 것으로 믿으며, 아울러 민족종교라는 이름으로 번창하는 〈종교사업〉들 실상을 냉철하게 바라볼 수 있는 가늠자 역할을 충분히 해낼 수 있으리라고 생각한다.

꿈의 철학 — 꿈의 미신, 꿈의 탐색

劉文英 ………… 著
河永三 ………… 譯

꿈의 미신과 꿈의 탐색은 종교와 과학이라는 서로 다른 두 개의 범주에 속한다. 저자는 꿈의 미신에서 占夢의 기원과 발전, 占夢術의 비밀과 流傳, 꿈에 대한 갖가지 실례와 해석을 들어 고대인들의 꿈에 대한 미신을 종교학적 측면에서 다루고 있으며, 꿈의 탁색에서는 꿈의 본질과 특징, 꿈에 관한 구체적 문제들과 꿈을 꾸는 생리적, 정신적 원인들에 관한 토론을 계통적으로 연구하고 있다.

이 책은 중국 남개대학南開大學 철학계 교수인 리우원잉劉文英 교수의《꿈의 미신과 꿈의 탐색 夢的迷信與夢的探索》을 완역한 것이다. 1989년 초판이 나온 이래 여러 차례 인쇄를 거듭하고 있다. 또한 이 책은 1991년 중국〈광명배光明杯〉최우수 저작상을 획득하였으며, 대만판에 이어 영문판도 곧 출간될 예정이다.

프로이트 이후 최대의 업적으로 평가받고 있는 이 책은, 그 동안 꿈에 대한 서양식의 절름발이 해석에서 벗어나 동양인의 서양인과는 다른 독특한 사유구조와 이에 반영되어 있는 문화체계를 이해하는 데에 크게 도움을 줄 것이다.

이 책은 꿈의 미신과 탐색이라는 부분을 중국 고대문화의 한 측면으로서 고찰하고 있다. 꿈에 대한 미신은 인간의 꿈에 대한 일종의 몽매성을 반영하고 있으므로 해서중국문화를 연구하는 현대 학자들은 오랫동안 일고의 가치도 없는 것으로 여겨왔다. 그러나 꿈에 대한 미신은 하나의 문화현상으로 그 역사적인 측면에서도 매우 오랜 원류를 갖고 있을 뿐만 아니라 사회생활과 사회심리학적인 수많은 부분에 대해 영향을 미쳐왔으니 만큼 각종의 다른 종교를 대하는 것과 마찬가지로 진지하게 이를 분석하고 연구해야 할 것이다.

이 책의 저자는 오랫동안 중국 고대철학을 전공한 학자로서 꿈에 관련된 갖가지 문화현상을 둘러보고, 그로부터 고대 중국인들의 심리상태와 그들이 추구하고자 했던 바와 사유방식 등을 이해하고자 하였다. 이를 위해 저자는 중국 고대의 해몽의 기원과 발전에서부터 현대의 꿈에 대한 정신적 분석에 이르기까지 방대한 자료와 해박한 지식으로 명쾌하게 꿈을 분석해 나가고 있다.

儒家는 유구하고 심원한 사회 역사적 기초를 갖고 名家의 學說을 부단히 수용하고 동화시켰기 때문에 華夏文化의 主流基幹을 구성하고 있다. 본서는 儒家思想을 주제로 하여 〈禮樂傳統〉〈孔門仁學〉〈儒道互補〉〈美在深情〉〈形上追求〉〈走向近代〉의 6대 전제로 나누어 깊이있게 中國美學을 다루고 있다.

華夏美學

李澤厚 ……… 著

權　瑚 ……… 譯

문학예술과 철학사상을 심도있게 다룬 중국미학서.

화하미학은 유가사상을 주체로 하는 중국의 전통 미학을 가리킨다. 그 주요 특징은 미美와 진眞의 관계에 있는 것이 아니고, 미美와 선善의 관계에 있다.

작자는 이러한 미학사상에는 유구하고 견실한 역사적 근원이 있으며, 그것은 비주신형非酒神型적 예악禮樂전통을 계승하여 발전시켰다고 생각했다. 2천년대 화하미학 중의 몇가지 기본 관점과 범주, 그것이 해결하고자 하는 문제, 그것이 포함하고 있는 모순과 충돌은, 이미 이 전통 근원 속에 내재되어 있었다.

사회와 자연, 정감과 형식, 예술과 정치, 하늘과 인간 등등의 관계를 어떻게 처리하고, 자연의 인간화를 어떻게 이해할 것인가 하는, 이러한 것들은 일반 미학의 보편적인 문제일 뿐만 아니라, 동시에 또한 화하미학의 중심이 있는 곳이기도 하다.

작자는 고대의 예악, 공맹의 인도人道, 장자의 소요逍遙, 굴원의 심정深情, 선종禪宗의 형상形上추구를 차례로 논술하여, 다음과 같은 결론을 얻었다.

중국의 철학 미학과 문예, 윤리 정치 등등에 이르기까지는 모두 일종의 심리주의에 기초하여 세워졌는데, 이러한 심리주의는 어떤 경험 과학의 대상이 아니고, 정감情感을 본체로 하는 철학 명제였다. 이 본체는 신령도 아니고 하나님도 아니며 법률도 아니고 이지理知도 아닌, 정리情理가 상호 교융하는 인성人性심리이다. 그것은 초월할 뿐만 아니라 내재하기도 하고, 감성적인 것일 뿐만 아니라 초감성적이기도 한, 심미審美적 형상학形上學이다.

神의 起源

중국에는 신화가 있는가? 한국신화의 뿌리는? 중국의 고대신화를 훈고와 고증이라는 어학적 측면에서 해석한 신화의 세계

著 —— 何 新
譯 —— 洪 熹

중국신화 속 인물들의 실재에 관해서는 아직도 해결되지 않는 문제들이 많이 내재되어 있다. 이 책은 중국 상고의 태양신숭배를 주안점으로 하여, 중국의 원시신화·종교 및 기본적인 철학관념을 계통적으로 거슬러 올라가 그 기원을 추적하고 있다. 저자는 신화의 연구가 고대문화를 이해하는 첩경이라 인식하고 문자와 훈고를 기초로 하여 풍부하고 광범위한 문헌과 고고자료를 인용하여 실증하고 있다. 또한 언어의 분석과 문화인류학의 관점에서 사람들의 이목을 새롭게 하는 다양한 견해를 제시하고 있으며, 중국의 고대신화계통에 대한 심층구조의 탐색을 통하여 전통문화의 뿌리를 찾고자 하였다.